WRTO 世界研学旅游组织"十四五"规划研学旅行管理
与服务专业精品教材

高等教育"十四五"规划研学旅行管理与服务专业系列教材

研学旅行项目开发与运营

主　编：许昌斌　李　玺
副主编：林小凡　潘　富　贾朋社　饶英华
参　编：董之文　吴　矜　彭小舟　陈　蔚
　　　　童　昀　郭晓康　吴文中　王君芙
　　　　黄建波

华中科技大学出版社
http://press.hust.edu.cn
中国·武汉

内 容 提 要

本教材从项目管理者的视角切入研学旅行项目，运用自然教育理论、可持续发展理论、产品周期理论、体验式学习理论、项目学习理论等阐释了研学旅行项目的特点，同时结合大量实操案例为读者从理论到实践给出了一套解决办法。

本教材共有十章，包括导论、研学旅行项目的策划原理、研学旅行项目的体验设计、研学旅行项目的活动策划、研学旅行项目的基地开发与设计、研学旅行项目的质量管理、研学旅行项目的品牌塑造与推广、研学旅行项目管理中的财务控制、研学旅行项目的评估体系构建与研学旅行项目的支撑体系构建。构筑了完整的研学旅行项目管理与运营体系，对旅游专业的学生与行业从业者都大有裨益。

图书在版编目(CIP)数据

研学旅行项目开发与运营/许昌斌，李玺主编．—武汉：华中科技大学出版社，2022.7(2024.7重印)
ISBN 978-7-5680-8430-7

Ⅰ．①研… Ⅱ．①许… ②李… Ⅲ．①教育旅游-教育研究 Ⅳ．①F590.75

中国版本图书馆 CIP 数据核字(2022)第 102608 号

研学旅行项目开发与运营 许昌斌 李 玺 主编
Yanxue lüxing Xiangmu Kaifa yu Yunying

策划编辑：李 欢 汪 杭
责任编辑：陈 然
封面设计：廖亚萍
责任校对：谢 源
责任监印：周治超
出版发行：华中科技大学出版社(中国·武汉)　　电话：(027)81321913
　　　　　武汉市东湖新技术开发区华工科技园　　邮编：430223
录　　排：华中科技大学惠友文印中心
印　　刷：武汉科源印刷设计有限公司
开　　本：787mm×1092mm　1/16
印　　张：15.25　插页：2
字　　数：358千字
版　　次：2024年7月第1版第3次印刷
定　　价：49.80元

本书若有印装质量问题，请向出版社营销中心调换
全国免费服务热线：400-6679-118　竭诚为您服务
版权所有　侵权必究

WRTO 世界研学旅游组织"十四五"规划研学旅行管理与服务专业精品教材

高等教育"十四五"规划研学旅行管理与服务专业系列教材

丛书编审委员会

总主编

马 勇 国家高层次人才特殊支持计划领军人才、国家"万人计划"教学名师
　　　　教育部高等学校旅游管理类专业教学指导委员会副主任
　　　　中国旅游研究院生态旅游研究基地首席专家
　　　　教育部旅游管理专业虚拟教研室负责人
　　　　湖北大学旅游发展研究院院长，教授、博士生导师

杨振之 世界研学旅游组织执行主席
　　　　中国旅游协会地学旅游分会副会长
　　　　四川大学旅游学院教授、博士生导师，四川大学休闲与旅游研究中心主任
　　　　成都来也旅游发展股份有限公司创始人

编 委

（排名不分先后）

郑耀星 福建师范大学旅游学院原院长，教授
李　玺 澳门城市大学国际旅游与管理学院执行副院长，博士、教授、博士生导师
许昌斌 海南职业技术学院校长助理，博士、副教授、硕士生导师
黄安民 华侨大学旅游规划与景区发展研究中心主任，教授、博士生导师
李建刚 湖北师范大学历史文化学院副院长，副教授
卫　红 山西师范大学历史与旅游文化学院旅游管理系主任
谢祥项 海南大学旅游学院博士，副教授、硕士生导师
潘淑兰 湖北经济学院旅游与酒店管理学院副教授
王　军 湖北师范大学历史文化学院旅游管理与服务教育系主任
谷　音 武汉学知悟达国际旅行社副总经理，特级导游
韦欣仪 贵州师范学院旅游文化学院副院长，教授
田志奇 世界研学旅游组织中国区首席代表

吴耿安	华侨大学旅游学院副教授
张胜男	首都师范大学资源环境与旅游学院教授
李　慧	四川大学旅游学院讲师
董良泉	世界研学旅游组织四川代表处首席代表
郭晓康	港珠澳大桥管理局营运发展部副部长，博士、助理研究员
郭晓晴	北京游课教育科技发展有限公司董事长
陈加明	北京游课教育科技发展有限公司联席CEO
贾朋社	三亚学院秘书长、休闲体育研究中心主任，博士、副教授
刘雁琪	北京财贸职业学院旅游与艺术学院院长，副教授
林贤东	广东省旅游职业技术学校继续教育部副主任
陈创光	广东省旅游职业技术学校旅游管理讲师，营运管理中心主任
马庆琳	四川省成都天府新区煎茶小学副校长，中学高级教师
吕　明	华南师范大学旅游管理学院旅游管理系副主任
刘宏申	黑龙江职业学院旅游管理教学团队带头人，副教授
杨　娇	内蒙古财经大学旅游学院副教授
张云萍	烟台文化旅游职业学院教务处副处长
张　超	烟台文化旅游职业学院教师、烟台市导游大师工作室负责人
姜　雪	长春大学旅游学院文化产业管理教研室主任
钟　畅	世界研学旅游组织（WRTO）课程及导师培训专委会主任
董之文	澳门国际旅游与区域发展学会理事长，博士
饶英华	海南代际教育科技有限责任公司总经理、博士研究生
林小凡	海南洲皓教育科技有限公司教育总监
陈金龙	乐山师范学院副教授
黄　文	西南民族大学旅游与历史文化学院副教授
王　英	成都信息工程大学副教授
孟玲玉	成都银杏酒店管理学院教师
吴　矜	广东财经大学文化旅游与地理学院博士、讲师
陈　蔚	浙江旅游职业学院博士、副教授
童　昀	海南大学旅游学院博士、副教授、博士生导师
彭小舟	湖南第一师范学院商学院旅游管理系主任，博士、讲师
吴文中	珠海市农控海洋产业发展有限公司副总经理、博士
潘　富	海南职业技术学院旅游学院旅游管理专业主任、副教授
林晓敏	海南职业技术学院乡村振兴学院旅游管理项目主任

序一
Foreword

　　读万卷书,行万里路。游学,传统自古以来便是我国学子增长见识、提高学问的方式。自2016年教育部等11部门印发《关于推进中小学生研学旅行的意见》以来,研学旅行在我国迅速发展并呈现出强劲的增长势头。2019年,教育部在普通高等学校高等职业教育专科层次增补研学旅行管理与服务专业。2021年,文化和旅游部印发《"十四五"文化产业发展规划》,提出开发集文化体验、科技创新、知识普及、娱乐休闲、亲子互动于一体的新型研学旅游产品。

　　研学旅行这一新业态的迅速发展,迫切需要大量的专业人才,因此,编制出版一套高水平、高质量、适应产业发展要求的教材十分必要。

　　教育部直属全国"双一流"大学华中科技大学出版社联合世界研学旅游组织,立项重点课题"基于研学旅行专业人才培养目标的课程体系建设与教材开发",旨在编写一套既具有国际视野,又具有中国特色;既有科学理论,又有实操指导;既适用于高等院校,又适用于行业从业者的高水平教材。2020年世界研学旅游大会正式发布了本课题及组稿邀请函,得到全国40余所知名院校的教授、专家、学科带头人,以及近百所研学旅行基地(营地)、研学旅行服务机构专家,以及中小学骨干教师的积极响应和参与。课题成果最终凝结为本系列教材。

　　本系列教材首批规划9本,包含《研学旅行概论》《研学旅行资源导论》《研学旅行课程开发与管理》《研学导师实务》《研学营地基地运营管理》《研学旅行产品设计》《研学旅行项目开发与运营》《研学旅行市场营销》《研学旅行安全管理》,基本涵盖了当下研学旅行业态的各重要环节。本系列教材具有如下特点。

　　一、国际视野,中国特色

　　本系列教材的作者来自全国各地,他们不仅有国际化视野与丰富的海外学习或教学经验,同时还是高等院校或研学基地(营地)的负责人,在撰写书稿时,既参考吸收了国际先进方法,又融入了中国特色、家国情怀与实操经验。

　　二、名师团队,先进引领

　　本系列教材由中组部国家高层次人才"特支计划"领军人才、教育部旅游管理类专业教学指导委员会副主任马勇教授和世界研学旅游组织主席杨振之教授担任总主编,各分册主编由来自四川大学、湖北大学、福建师范大学、湖北师范大学、山西师范大学、华侨大学、澳门城市大学等知名院校的院长、教授、学科带头人以及研学基地(营地)、研学服务机构的负责人担任,他们有着丰富的执教与从业经验,紧跟教育部、文旅部指导意见,确保了本系列教材的权威性、准确性、先进性。

三、理实结合,校企融合

本系列教材各分册均采取校企"双元"合作编写模式,除了具有完备的理论,还引入大量实务案例和经典案例,并在编写体例上注重以工作过程为导向,设置教学项目与教学任务,确保理论与实操相结合。

四、配套资源,纸数融合

华中科技大学出版社为本系列教材建设了线上资源服务平台,在横向资源配套上,提供教学计划书、教学课件、习题库、案例库、参考答案、教学视频等系列配套教学资源;在纵向资源开发上,构建了覆盖课程开发、习题管理、学生评论、班级管理等集开发、使用、管理、评价于一体的教学生态链,打造出线上线下、课堂课外的新形态立体化互动教材。

研学旅行管理与服务作为新增设专业和新兴行业,正步入发展快车道。希望这套教材能够为学子们带来真正的养分,为我国的研学旅行事业发展贡献力量。在此希望并诚挚邀请更多学者加入我们!

马勇
2022 年 5 月

序二

Foreword

本系列教材是世界研学旅游组织重点课题"基于研学旅行专业人才培养目标的课程体系建设与教材开发"的研究成果。

在中国,研学旅行正如火如荼地开展,各级政府部门、学校、家长、学生及社会公众对研学旅行的发展,正翘首以待。研学旅行对人的成长、综合素质的提升,已被千百年来的实践所证实,无论是中国古代的游学,还是西方的"大游学"(Grand Tour),都无一例外地证明了回归户外、自然课堂的研学旅行是提高个人综合素质的不二之选。

在中国,现代意义上的研学旅行才刚刚兴起,如何借鉴西方发达国家一百多年来自然教育的先进经验,建立有中国特色的研学旅行教育体系,厘清各种误解,包括理念认知、基本概念和运作上的误解,是我们这套教材编写的出发点。

因此,本系列教材从编写之初就确立了这样一个原则:国际视野、中国特色,重实践、重运营,将理论与实践结合,做到知行合一。在编写作者的选择上,我们让一些既了解中国国情,又了解国际研学旅行情况的从业人员参与编写,并要求他们尽量研判国际自然教育的发展趋势及研学案例;将高校教师的理论研究与一线研学企业的实操经验相结合。这是本系列教材的一大特色。

本系列教材可用作高校教材,特别是高等职业学校研学旅行管理与服务专业的教材。

世界研学旅游组织重视研学旅行对人的成长和修养的价值,倡导研学旅行要从幼儿园儿童、中小学生抓起。研学旅行的目标是提高人的综合素质,真正实现知行合一。研学旅行倡导学生走出课堂,回归大自然,与大自然亲密接触,更注重学生在大自然中的体验和实践,反对走出课堂后又进入另一个教室,反对在博物馆和大自然中还是走灌输知识和说教的老路。没有实践和行动的研学,都达不到研学的目的。

希望这套教材能为中国方兴未艾的研学旅行事业添砖加瓦,能为读者,尤其是家长带来益处,也算是我们为社会做出的贡献。

是为序。

杨振之
2022年5月

前言
Preface

　　研学旅行的实践教育作用日益凸显,作为校外实践教育的有效途径,研学产业的发展逐渐受到社会各界重视。"双减"背景下的后疫情时代,研学产业逐渐复苏,但依然面临着市场不规范、专业人才缺乏、研学项目执行标准不统一等现实问题。教育部等11部门联合公布《关于推进中小学生研学旅行的意见》后,研学产业与学术界共同发力,建立了一大批优秀的研学基地(营地),部分高校开设了相应的专业为研学旅行提供人才支撑,专家学者也陆续出版了相关教材或者指导手册来帮助学生更好地理解研学产业。

　　本教材有别于其他研学教材和指导手册,从项目管理者的视角对研学旅行进行了深入的理论研究和实地调研,目的是为读者奉献一本能使用的工具书,从实践出发,在研学旅行的内涵与特征、利益相关者的组成以及项目管理和运营方面给出了翔实的指导与说明。

　　本教材是基于利益相关者理论编写的,主要包括导论、研学旅行项目的策划原理、研学旅行项目的体验设计、研学旅行项目的活动策划、研学旅行项目的基地开发与设计、研学旅行项目的质量管理、研学旅行项目的品牌塑造与推广、研学旅行项目管理中的财务控制、研学旅行项目的评估体系构建与研学旅行项目的支撑体系构建共计十章的内容。同时,本教材对研学旅行项目执行过程中可能遇到的问题给予了解答。

　　在本教材的编写过程中,李玺教授对教材的结构设计、编写、统稿进行全过程指导。林小凡负责协调、联络、版式调整等工作。贾朋社、饶英华提供教材的大部分案例。

　　具体章节编写安排如下:

　　第一章至第四章、第十章:许昌斌;

　　第五章:董之文、吴矜;

　　第六章:彭小舟;

　　第七章:陈蔚;

　　第八章:饶英华;

　　第九章:童昀、郭晓康;

　　本教材编写团队在调研、编写过程中得到了海南省青少年事业发展中心、贵州十二背后旅游开发有限公司、儋州东坡书院、九嶷山国防教育基地、珠海市农控海洋产业发展有限公司、海南代际教育科技有限责任公司等单位的大力支持,在此表示衷心的感谢！同时，由衷感谢吴文中博士、王君芙理事长、黄建波总经理对本教材提出的宝贵建议。本教材在编写过程中还得到了策划编辑汪杭与责任编辑陈然的悉心指导，在此一并感谢。

研学旅行项目是旅游项目中的一种，是以中小学生为主体对象，以集体旅行生活为载体，以提升学生素质为教学目的，进行项目规划、参与者投资、政策扶持、机构参与及各方面的综合体。本教材作为一本项目管理视角的研学旅行教材，希望得到广大师生、研学行业从业人员及相关专家的指导，对存在的不足请多批评指正。希望经过各方努力，研学产业能更加健康、有序地发展！

许昌斌

2022 年 7 月 1 日 于海口

目录
Contents

第一章 导论 /001

第一节 研学旅行项目概述 /002
　一、研学旅行的基本概念 /002
　二、研学旅行项目的基本概念 /004

第二节 研学旅行的发展与趋势 /007
　一、研学旅行的发展与演变 /007
　二、我国研学旅行的政策发展演变 /009
　三、国外研学旅行的发展经验 /012

第二章 研学旅行项目的策划原理 /014

第一节 研学旅行项目策划的概念 /017
　一、策划与旅游策划的概念 /017
　二、研学旅行项目策划的概念 /019
　三、研学旅行策划的理论基础 /019

第二节 研学旅行项目策划的原则 /021
　一、研学旅行项目策划的基本原则 /021
　二、研学旅行项目策划的其他原则 /022

第三节 研学旅行项目策划的程序 /024
　一、研学旅行项目策划的运营模式 /024
　二、研学旅行项目策划的总体步骤 /025
　三、研学旅行项目策划的具体流程 /028

第四节　研学旅行项目策划的方法　　　/030
　一、研学旅行项目的市场调研　　　　/030
　二、研学旅行项目的营销战略　　　　/032

第三章　研学旅行项目的体验设计　　　/040

第一节　研学旅行项目体验概述　　　　/044
　一、旅游体验的基本概念　　　　　　/044
　二、研学旅行项目体验的基本概念　　/046
第二节　研学旅行项目体验的构面　　　/046
　一、研学旅行项目功能性层面的体验　/046
　二、研学旅行项目认知性层面的体验　/050
　三、研学旅行项目情感性层面的体验　/051
第三节　研学旅行项目体验的影响因素　/051
　一、外在因素　　　　　　　　　　　/053
　二、内在因素　　　　　　　　　　　/055
第四节　研学旅行项目体验设计的重点环节　/056
　一、研学旅行项目体验主题的设计　　/056
　二、研学旅行项目体验内容的设计　　/057

第四章　研学旅行项目的活动策划　　　/061

第一节　研学旅行项目活动的目标设定　/063
　一、目标的定义　　　　　　　　　　/063
　二、研学旅行项目活动的宏观目标　　/063
　三、研学旅行项目活动的具体目标　　/066
　四、研学旅行项目目标的设定方法　　/068
第二节　研学旅行项目活动的内容创意　/070
　一、研学旅行项目活动的策划设计原则　/070
　二、研学旅行项目活动的类型辨析　　/071
　三、研学旅行项目活动的资源　　　　/077
　四、研学旅行项目活动的创意策划　　/078
第三节　研学旅行项目活动的时间管理　/085
　一、研学旅行项目活动的时间管理意义　/085
　二、研学旅行项目活动的时间管理方法　/087

第五章　研学旅行项目的基地开发与设计　/090

第一节　研学旅行基地开发概述　/092
一、研学旅行基地与研学旅行基地开发　/092
二、研学旅行基地开发的影响因素　/092
三、研学旅行基地的开发理念　/093
四、研学旅行基地的开发原则　/095
五、研学旅行基地的开发理论　/097

第二节　研学旅行基地开发的模式　/097
一、研学旅行基地的基本分类与基本功能　/097
二、研学旅行基地建设的核心要素与常见模式　/099
三、研学旅行基地开发的主题策划与创新思维　/100

第三节　研学旅行基地开发的基本程序　/102
一、基地资源调查与评价　/102
二、项目建设可行性分析　/102
三、基地产品的市场分析　/103
四、基地产品与服务的规划方案　/104
五、基地概况与土建总规　/104
六、环保节能与劳动安全方案　/104
七、组织建构和人力资源安排　/104
八、项目建设时序安排　/105
九、开发定位与规划编制　/106

第四节　研学旅行基地设计概述　/107
一、研学旅行基地的构成　/107
二、研学旅行基地的设计原则　/108
三、研学旅行基地的设计特点　/109

第五节　研学旅行基地的专项设计　/109
一、研学旅行基地的总体环境规划　/110
二、研学旅行基地建筑的功能与空间组合　/111
三、研学旅行基地的建筑造型艺术设计　/113
四、研学旅行基地的设施设计　/115

第六节　研学旅行基地的专题设计　/116
一、知识科普型基地设计　/117
二、自然观赏型基地设计　/117
三、体验考察型基地设计　/118
四、励志拓展型基地设计　/118

五、文化康乐型基地设计　　/118

第六章　研学旅行项目的质量管理　/120

第一节　研学旅行项目质量管理概述　/122
一、研学旅行项目质量管理的定义　/122
二、研学旅行项目质量管理的功能　/122
三、研学旅行项目质量管理的基本特征　/123
四、研学旅行项目质量管理的原则　/125
五、研学旅行项目质量管理存在的问题　/126

第二节　研学旅行项目质量管理的基本理论　/127
一、全面质量管理理论　/127
二、体验学习理论　/131
三、服务质量理论　/132
四、其他理论　/134

第三节　研学旅行项目质量管理的内容与过程　/135
一、研学旅行项目质量管理的内容　/135
二、研学旅行项目质量管理的过程　/135

第四节　研学旅行项目质量管理的标准与维度　/138
一、研学旅行项目质量管理的标准　/138
二、研学旅行项目质量管理的关键成功因素　/141
三、研学旅行项目质量管理的优化策略　/142

第七章　研学旅行项目的品牌塑造与推广　/144

第一节　研学旅行项目品牌资产与品牌的内涵　/146
一、研学旅行项目品牌资产　/146
二、研学旅行项目的品牌内涵　/147

第二节　研学旅行项目品牌的塑造原则　/148
一、因地制宜原则　/149
二、创新性原则　/149
三、独特性原则　/149
四、战略性原则　/150

五、可持续发展原则　　/150
　　六、机制协调一致原则　　/150
第三节　研学旅行项目品牌的塑造过程　　/151
　　一、品牌定位　　/151
　　二、品牌设计　　/152
　　三、内部品牌建设　　/153
　　四、品牌生命周期管理　　/153
第四节　研学旅行项目品牌的推广路径　　/154
　　一、精细品牌推广渠道管理，推进高质量研学
　　　　品牌传播　　/155
　　二、优化研学品牌理念，提高研学品牌吸引力　　/155
　　三、规范研学品牌服务，逐步培养市场忠诚度　　/156
　　四、升级研学产品链，开发研学旅行新产品　　/156
　　五、创新研学市场营销机制，保障研学旅行项目
　　　　品牌传播　　/157
　　六、建立健全人才培养体系，促进人力资源提质升级　　/158
　　七、创新研学旅行项目品牌发展模式，深化品牌发展　　/158

第八章　研学旅行项目管理中的财务控制　/159

第一节　研学旅行项目管理与财务控制概述　　/161
　　一、项目管理与研学旅行项目管理的定义　　/161
　　二、研学旅行项目管理中的财务控制　　/164
第二节　财务控制在研学旅行项目管理中的
　　　　应用　　/165
　　一、研学旅行项目管理中财务控制的有效性　　/165
　　二、研学旅行项目财务可行性分析的要素　　/166
　　三、研学旅行项目成本管理　　/174

第九章　研学旅行项目的评估体系构建　/179

第一节　研学旅行项目评估概述　　/180
　　一、项目评估与研学旅行项目评估　　/180
　　二、研学旅行项目评估的主要功能　　/181
　　三、研学旅行项目评估的主要特征　　/183
　　四、研学旅行项目评估的基本原则　　/184

第二节　研究旅行项目评估的主要内容　　　/185
　一、研学旅行课程评估　　　/185
　二、研学旅行导师评估　　　/189
　三、研学旅行基地评估　　　/191
第三节　研学旅行项目的评估实施主体
　　　　与基本流程　　　/199
　一、研学旅行项目评估的实施主体　　　/199
　二、研学旅行项目评估的基本流程　　　/199

第十章　研学旅行项目的支撑体系构建　　　/201

第一节　研学旅行项目的决策支持系统　　　/204
　一、核心概念　　　/204
　二、研学旅行项目决策支持系统的构建　　　/207
第二节　研学旅行项目的政策保障系统　　　/208
　一、研学旅行项目相关政策的演进　　　/208
　二、研学旅行项目相关政策的主要特点　　　/210
　三、建立研学旅行项目政策保障体系的必要性　　　/211
　四、研学旅行项目的宏观政策保障　　　/212
　五、研学旅行项目的关键政策保障　　　/213
第三节　研学旅行项目的社会支持系统　　　/217
　一、核心概念　　　/217
　二、研学旅行项目社会支持的必要性　　　/219
　三、研学旅行项目社会支持的主体选择　　　/220
　四、社会对研学旅行项目的支持情况　　　/221

参考文献　　　/224

第一章
导　论

学习目标

1. 了解研学旅行的基本知识。
2. 了解研学旅行项目的相关知识。
3. 了解研学产业的发展变迁。
4. 了解研学旅行的政策演变。
5. 了解研学旅行的国外经验。

知识框架

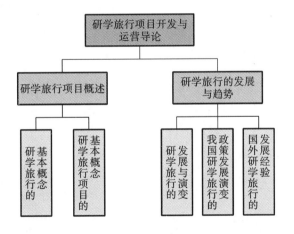

学习重难点

1. 学习重点：研学旅行的概念辨析及基本特征，研学旅行项目的定义、功能、分类及特征。

2. 学习难点：研学旅行的特征、研学旅行项目的类型划分，以及各项目的区别。

研学旅行不仅仅是旅行，作为综合实践课程的一种，它承担着"实践育人"的重要责任。正当年少的你，在完成学校繁忙的课业的同时，是否向往与同学们一同游历大好河山，一同探究、学习、实践课本外的知识？近几年，这种新兴的教育模式正走入大众的视野，在校内教育的同时，通过旅行的方式让学生接受校外教育。研学旅行就是实现素质教育的有效途径之一。

研学旅行要学生走出去，切身实践体验。在西安，开展以历史文化为主题的研学活动，从陕西历史博物馆，到秦始皇兵马俑博物馆，再到大雁塔、大明宫遗址，透过历史文物，带领学生领略古代文明成就，汲取文化营养。在井冈山，开展红色研学旅行活动，在中国革命的摇篮，实践体验红色文化，在井冈山革命烈士陵园敬仰先烈，在井冈山革命历史博物馆追寻先辈的红色足迹，在茨坪故居重温毛主席著作，身体力行重走当年红军路，是学生了解革命历史，学习井冈山精神的有效方式。在北京，开展国情教育，在天安门广场观看升旗仪式激发民族自信，游览颐和园观古思今，参观故宫感受中华文化渊源，再到中国科学技术馆领略我国科技发展的迅速与繁荣，这些活动对于学生的国情教育具有重要意义。

除了上述地区，我国各地都在积极开展研学旅行活动。例如，海南三亚的热带风情、贵州苗寨的少数民族文化、浙江杭州的江南盛景、上海的现代化发展，等等，每一个地区都具有独有的特质，学生通过研学旅行切身感受各地风光，寓教于乐，这是课本上的知识给予不了的独特学习体验。

研学旅行是教育回归自然、回归生活、回归社会的本真选择，符合我国和世界的教育发展趋势。目前，研学旅行虽在我国蓬勃发展，但仍然处于发展的初级阶段，总体的实施效果不佳。本书将从研学旅行项目开发与运营的视角，讲解研学旅行相关知识，让学生更好地了解研学旅行项目，实践研学旅行项目。

第一节　研学旅行项目概述

一、研学旅行的基本概念

（一）研学旅行的定义

研学旅行具有广义和狭义两种定义。

广义的研学旅行并不限于中小学生，而是指任何旅游者，不论年龄、学历或职业，旅游者出于文化求知的需要,在人生的任何阶段暂时离开居住地,独自、结伴或者与团队在异地开展的文化考察活动。例如,中小学生的夏(冬)令营活动、高中生的交换生活动、大学生的专业实习、生产实习等活动,以及其他年龄阶段离开居住地在异地进行的以学习、研究或实践为目的的旅游活动都可以称作研学旅行。

狭义上的研学旅行,如《关于推进中小学生研学旅行的意见》中定义的那样:"由教育部门和学校有计划地组织安排,通过集体旅行、集中食宿方式开展的研究性学习和旅行体验相结合的校外教育活动。"研学旅行是学校教育和校外教育衔接的创新形式,是教育教学的重要内容,是综合实践育人的有效途径。2019年颁布的《研学旅行指导师(中小学)专业标准》(T/CATS 001—2019)和《研学旅行基地(营地)设施与服务规范》(T/CATS 002—2019)中也对研学旅行进行了定义:"以中小学生为主体对象,以集体旅行生活为载体,以提升学生素质为教学目的,依托旅游吸引物等社会资源,进行体验式教育和研究性学习的一种教育旅游活动。"从中不难看出,狭义上的研学旅行是特指参与旅游活动,并且以学习、研究和实践为目的中小学生集体出行的旅行方式。本书主要采用狭义的研学旅行的定义,讨论研学旅行项目开发与运营的相关知识。

（二）研学旅行的概念辨析

一般情况下,研学旅行主要涉及两大领域——教育与旅游,并且在这两个领域中都存在着与研学旅行类似的活动,因此以下对研学旅行和其他类似活动进行概念上的区分。

1. 研学旅行不同于夏(冬)令营

相关文件明确提出,研学旅行是在校期间进行的学生集体活动,要求学生都尽可能参加,与夏(冬)令营在假期间自愿参加的形式有所区别。

2. 研学旅行不同于春(秋)游

研学旅行与春游、秋游的最大区别在于时间周期。一般情况下,研学旅行的时间会根据不同年龄阶段进行调整,但绝大部分研学旅行的时间周期都会超过一天;而在春游、秋游的活动中,一般都是一天左右,并且存在周期短、"游"大于"学"等特征。

3. 研学旅行不同于留学

留学一般特指离开居住地前往国外进行的一种学习活动,具有时间周期较长、学习目的明确的特征,一般周期都在一年以上,并且通常具有自发性、个体性等特征;而研学旅行是由学校组织的集体活动,目的地并不限于国外,并且时间周期比留学短,具有集体性、组织性等特征。

（三）研学旅行的基本特征

研学旅游具有集体性特征,是一种有组织的、集体性的外出旅游活动,是学生在青少年时期不可多得的人生体验。研学旅行具有教育性、体验性、实践性、集体性、系统性、知识性、科学性和趣味性、公益性等特点。其中,研学项目的实践性与集体性的作用需要重视。实践性是指学生在研学活动中自己进行学习探究的过程,集体性强调学生之间的自主交流、分享等环节。在研学旅行实施过程中,要注重学生的自主性、研学内容的开放性以及课程方法的探究性。研学旅行从研学内容及研学范围来看,呈现出由小及大、由近及远的特征。从学段特点和地域特色来看，我国现代研学建立了小学阶段以乡土乡情为主、初中阶段以县情市情为主、高中阶段以省情国情为主的研学旅行体系。

（四）研学旅行的教育目标

研学旅行承担着落实素质教育，促进教育改革的重要目标，根本目的是立德树人、培养人才。具体为：让广大中小学生在研学旅行中感受祖国的大好河山，感受中华传统美德，感受革命光荣历史，感受改革开放伟大成就，增强对坚定"四个自信"的理解与认同的爱国主义；让学生学会动手动脑，学会生存生活，学会做人做事，促进身心健康、体魄强健、意志坚强，促进形成正确的世界观、人生观、价值观，培养学生成为德智体美全面发展的社会主义建设者和接班人。

（五）研学旅行的教育意义

研学旅行的教育意义自古有之，春秋时期孔子率众弟子周游列国，游学四方，宣扬学说，传道授业。而在近代，游学的形式更加多元化，人们更多使用"海外修学旅游"一词来代表游学，也就是所谓的"留学"，其中比较有代表性的游学项目有洋务运动时期的赴美留学、甲午战争后的日本留学以及五四运动后的法国勤工俭学等，这些留学经历为我国培养了一批具有先进思想的人才，如李大钊、周恩来等革命家。

而如今，从国家层面上看，研学旅行是培育学生践行社会主义核心价值观的重要载体，是拓宽旅游产业发展的重要措施。从学校层面来看，研学旅行是深化基础教育课程改革的重要途径，是推进实施素质教育的重要抓手，是学校教育与校外教育结合的重要组成部分。从学生层面来看，研学旅行中的"读万卷书，行万里路"为学生的综合素养提供了助力。白长虹和王红玉（2017）认为，研学旅行在学生的"问题解决和思考能力、人际沟通能力、信息管理能力、自我管理的学习能力、适应能力、对社会与文化的包容能力、时间及财务管理能力、自我激励和独立个人品性能力"等八项能力方面具有教育功能。

二、研学旅行项目的基本概念

（一）研学旅行项目与旅游项目的区分

1. 旅游项目的定义

在认识研学旅行项目之前，需要先清楚旅游项目的定义。

旅游项目是项目的一种，美国项目管理协会（Project Management Institute）编写的《项目管理知识体系》对项目的定义为："项目是为创造独特的产品、服务或成果而进行的临时性工作。"世界银行对项目的定义为："项目是投资项目的简称。它是指在规定的期限内，为完成某项或一组开发目标而规划的投资、政策、机构以及其他各方面的综合体。"

苏敏、王林（2004）认为，旅游项目涉及"食、住、行、游、购、娱"过程中的方方面面，是在旅游过程中游客所参与的具体休闲活动及其方式，旅游项目贯穿整个旅游过程。需要注意的是,旅游项目与旅游产品有所区别,旅游项目是旅游产品的核心组成部分,但旅游项目并不是旅游产品,旅游项目是旅游产品最直接的前提(马勇,李玺,2002)。

旅游项目的表现形式丰富多样,有资源开发、住宿、娱乐、交通、会议、节事活动等。张汛翰(2001)从规划设计角度,按照旅游活动与场地的对应关系,将旅游项目分为硬质项目和软性项目;从层次性的角度又可以分为集合项目、元素项目和单元项目。刘琴(2011)将旅游项目界定为一种设施或活动。它是具体可见的,可以落实到具体的地块上,有特定的主题和明确的功能。

因此,本书将旅游项目定义为:旅游项目是指为了旅游活动创造的产品,其中包含为开发目标而规划的投资、政策、机构以及各方面的综合体。

2. 研学旅行项目的定义

研学旅行项目是旅游项目中的一种,本书将研学旅行项目定义为:以中小学生为主体对象,以集体旅行生活为载体,以提升学生素质为教学目的,进行项目规划、参与者投资、政策扶持、机构参与及各方面的综合体。

(二)研学旅行项目的功能

在进行研学旅行项目开发与运营的过程中,除学生之外还有其他的利益相关者,不同的利益相关者在研学旅行项目中有着不同的功能。如政府、学校、旅行社、研学基地(营地)、学生集体、家长集体及其他相关组织。

1. 政府

政府在研学旅行项目中承担引导及扶持功能,为研学活动的组织形式、实施细则及经费筹措等方面提供相关政策法规和相关依据。

2. 学校

学校在研学旅行项目中承担教育、发起及评价功能。研学旅行项目承担着校内教育与校外教育相结合的责任,研学旅行教育功能的体现是其研学旅行项目成功的重要体现。学校在一般情况下是研学活动的主办方和研学旅行项目的发起者,并且评价功能也是相关职能部门和学校的职责,客观、科学地评价学生在研学旅行项目中的表现是其落实研学旅行工作的重要体现。

3. 旅行社

旅行社及相关机构一般都是以承办方的角色参与研学旅行活动,其组织功能是研学旅行项目构成的重要部分。研学旅行属于团体旅行中的一种,旅行社在研学旅行项目中承担着组织、管理、跟进、反馈等重要功能,是学校、学生、研学基地(营地)及家长等沟通的重要桥梁。

4. 研学基地(营地)

在研学旅行项目构建中,研学基地(营地)主要承担研学旅行项目的落地组织工作。研学基地(营地)承担开发适宜的研学产品,并且根据研学基地(营地)的实际情况,提供食宿、交通、游览及研学活动等功能。

5. 学生集体

学生集体是研学旅行项目构成的最重要组织。在研学旅行项目中,学生的体验及实践是研学旅行项目构成的重要环节,政府、学校、旅行社及家长集体等都是为其参与研学旅行项目服务的。

6. 家长集体

家长是学生的监护人,一般间接参与学生的研学活动,在研学活动项目中,主要承担监督的功能,监督政府及学校能否实现其教育功能,监督旅行社等第三方组织能否按照研学旅行相关政策法规组织研学旅行,监督研学基地(营地)能否落地实施相关研学产品,监督学生参与及实践参与研学活动的情况。家长是研学旅行项目中的重要一环。

7. 其他相关组织

其他相关组织,如公益组织、非营利性机构等,承担为有需要的家庭提供社会救济和经费支持功能。

(三) 研学旅行项目的分类

研学旅行项目在学界没有明确的分类,并且研学旅行项目是结合旅游与教育的一种项目形式,因此,本书参考相关文献资料,整理出以下分类方式。

1. 按旅游资源类型划分

因研学旅行项目属于旅游项目的一种,参考郭来喜等学者的《中国旅游资源分类系统与类型评价》,将研学旅行项目分为以下三大类。

第一类为自然景系项目,包含地文景观类、水文景观类、气候生物类。

第二类为人文景系项目,包含历史遗产类、现代人文吸引物景类、抽象人文吸引物景类及其他人文景类。

第三类为服务景系项目,包含旅游服务景类和其他服务景类。

2. 按基地类型划分

参考教育部基础教育司搭建的全国中小学生研学实践教育平台,可以将研学旅行项目划分为五大类:传统文化、革命传统、国情教育、国防科工、自然生态。

3. 按产品类型划分

研学旅行项目是研学旅行产品的核心组成部分,参考《研学旅行服务规范》(LB/T 054—2016)(以下简称《规范》)对研学产品类型的划分,可以将研学旅行项目划分为以下几类。

知识科普型:主要包括各种类型的博物馆、科技馆、主题展览、动物园、植物园、历史文化遗产、工业项目、科研场所等资源。

自然观赏型:主要包括山川、江、湖、海、草原、沙漠等资源。

体验考察型:主要包括农庄、实践基地、夏令营营地或团队拓展基地等资源。

励志拓展型:主要包括红色教育基地、大学校园、国防教育基地、军营等资源。

文化康乐型:主要包括各类主题公园、演艺影视城等资源。

4. 按教育服务项目划分

与其他划分方式有所区别的是,研学旅行也强调旅行过程中的教育性,《规范》将研学旅行中的教育服务项目划分为以下几类。

健身项目:以培养学生生存能力和适应能力为主要目的的服务项目,如徒步、挑战、露营、拓展、生存与自救训练等。

健手项目:以培养学生自理能力和动手能力为主要目的的服务项目,如综合实践、生活体验训练、内务整理、手工制作等项目。

健脑项目：以培养学生观察能力和学习能力为主要目的的服务项目，如各类参观、游览、讲座、诵读、阅读等。

健心项目：以培养学生的情感能力和践行能力为主要目的的服务项目，如思想品德养成教育活动以及团队游戏、情感互动、才艺展示等。

（四）研学旅行项目的特征

1. 集体参与性

以中小学生为目标群体开发及运营的研学旅行项目与其他旅游项目相比，具有集体性、组织性的特征。研学旅行项目并不是针对单一类学生个体开发的项目，而是针对全国所有适龄中小学生开发的项目。《规范》中提到，研学旅行是以班级、年级为单位出行的旅游活动。

2. 教育性

在研学旅行项目中，教育性是项目特征的重要体现，在研学旅行项目的开发与运营中，需要注意不同学段学生的接受能力以及各阶段的教育目标，并且需要根据旅游地的特性来因地制宜地开发及运营项目。

3. 评价性

研学旅行项目既注重旅行过程中的安全性、实践性、趣味性、创新性、教育性等方面，也注重研学旅行结束后的评价方式，这是检验校外教育与校内教育结合是否有效的重要内容，也是检验研学旅行项目成效的重要内容，对学生学分管理体系和学生综合素质评价体系有着重要的补充意义。

4. 受益多面性

研学旅行项目的目标群体是以中小学生为主，但参与者并不仅限于学生，从组织机构上讲，还有政府相关职能部门、学校、旅行社、研学基地（营地）、学生集体、家长集体等利益相关者。研学旅行是需要全社会的力量共同协调统筹的项目。

5. 公益性

研学旅行项目是由学校组织的在学期间发起的旅行活动。研学旅行原则上是以集体旅行生活为载体的旅行方式，因此，在相关文件中都有明确说明，研究旅行不得开展以营利为目的的经营性创收活动，对贫困家庭学生要减免费用。

第二节 研学旅行的发展与趋势

一、研学旅行的发展与演变

（一）研学旅行发展的理论基础

研学旅行从古至今，从国内到国外都开展过，研学旅行发展遵循着三种教育理论：

自然主义教育、生活教育、休闲教育。

1. 自然主义教育

自然主义教育理论在东西方都历史悠久,它代表了一种人类需要遵守自然秩序、遵从自然本性的教育观。西方自然主义教育的代表人物通常追溯到亚里士多德,中间经夸美纽斯、卢梭正式确立,最终发展成为颇有影响力的教育流派。

中国的自然主义教育更是源远流长,"读万卷书,行万里路"是自古以来推崇的学习方式。道家认为,"为学日益,为道日损"(《道德经》);人的成长需要遵循自然法则,向自然学习,正所谓"山林与,皋壤与,使我欣欣然而乐与!"(《庄子·知北游》)。在大自然中,人的情感是迸发而喜悦的。"天地有大美而不言,四时有明法而不议"(《庄子·知北游》),大自然蕴藏着奥秘,它需要人融入其中,亲身体验亲近自然的快乐。《论语》开篇就是"学而时习之,不亦说乎",这里的"习"绝非坐而论道,而是不断实践的意思。

东西方自然主义教育虽然有所不同,但毫无疑问的是,自然主义应该是教育发展始终坚持的原则之一。这种教育观点所倡导的受教育者走向大自然、顺其自然本性而教育的理念,都是现今研学旅行活动需要重新加以思考并遵循的。

2. 生活教育

生活教育是一种研学旅行的教育内容及教育手段。强调教育理应回归生活世界,教育理应面向生活、服务生活,让学生从生活中获得新知。知识的教育只是教育的一种,生活的教育必不可少;要从书本上学习知识,更要从生活中习得知识,得到情感的陶冶、素质的提升。教育是生活的一部分,生活是最好的教育。

3. 休闲教育

休闲教育关乎个体的生活满意度和幸福感,恰当地处理自我工作时间与非工作时间是研学旅行的教育重点之一,研学旅行在项目的设计上,引导学生走出校园,走到校外,通过旅行发现自我,发现兴趣,让学生通过研学旅行快乐学习,全面成长。正如休闲学者杰弗瑞·戈比所说:"成功地使用休闲,有三个重要观念——创造性、学习和乐趣。"这与研学旅行的休闲教育观念一致。

(二)研学旅行发展的形势演变

我国研学旅行发展的形式在不同历史时期有不同的表现形式,大致分为:古代游学、近代海外游学、当代研学。

1. 古代游学

古代游学大致分为三个阶段。

(1)春秋战国时期。这一时期为游学起源时期,学说众多,百家争鸣,文化繁荣,以孔子及其弟子为代表的游学广为人知,史称"孔子周游列国"。孔子及其弟子游学的目的一方面是向各国游说和展示儒家的治国理念,另一方面是携弟子读书悟道,于山水之间感悟人生。

结合当时的历史背景,游学兴起是因为春秋战国时期诸侯争霸,游学者大多出身寒门,经济基础较差,需要通过游学得到各诸侯的赏识,从而实现阶层的改变。

（2）隋唐时期。隋唐时期政治局面稳定，宗教繁荣，鼓励私学，实行的科举制度打破了门阀世家的限制，为更多阶层提供了参政的途径。

因此，在这一时期，游学备受学子们的青睐。除了求学之游、以学会友的游学形式以外，还有求士之游，各学子奔赴各大私学为科举考试备考。另外，还有体验之游，在游历中游学者不仅追求知识层面的需求，更注重精神层面的体验，这也是隋唐时期名诗众多的一个原因。游学在这一时期呈现复杂性、多元性等特点，而且游学的内容更加丰富，参与游学的人群年龄范围跨度也较大，呈现老少皆游的状态。

（3）元代时期。元朝是中国历史上首次由少数民族建立的大一统王朝。元朝将科举制废除的同时也想使各民族之间相互融合，这就促使了许多教育程度较低的少数民族地区的游历学习。元代我国少数民族众多，因教育资源不平衡，各地教育水平差异较大，游学的方式促进了元代各地学子自由选择学习的场地和资源，当时的游学是对教育的进一步补充。并且元代少数民族学子到各地游学，促使各民族文化相互交流，游学的内容在一定程度上带有民族文化性，促进了当时的文化繁荣。

2. 近代海外游学

与古代游学不同，近代海外游学更多指代留学。在近代这个特殊的历史时期，内忧外患，新旧交替，清政府不得不做出改变，鼓励学习西方文化，这一时期游学主要体现在相关制度的完善和游学使命的明确。其游学专业选择较多，但是核心思想都是为了振兴中华。近代海外游学以历史事件划分，分为三个阶段。

（1）洋务运动阶段。清朝末期的洋务运动需要大量的留学人才，由留美回国的容闳组织的我国近代的首批留学生赴美留学，是我国近代史上留学热潮的开端。

（2）甲午战争阶段。1894年甲午战争失败后，我国有志之士发现日本明治维新后的进步，因此清政府鼓励知识分子出国留学寻求强国之道。这一时期诞生了如鲁迅、李大钊、郭沫若等一大批先进知识分子。

（3）五四运动时期。五四运动时期，新文化运动和反帝爱国斗争影响着当时的进步青年，在蔡元培等教育家的支持下，中国成立了巴黎华法教育会与广安勤工俭学会，这一时期的学生主要以"勤于工作，俭以求学"为使命，学习、研究及考察各种社会思潮。法国勤工俭学的活动有一大批爱国青年参与，如周恩来、邓小平、陈毅及蔡和森等，为新中国的诞生储备了人才。

3. 当代研学

研学旅行发展至当代已有几千年的历史，其中的含义和意义在不断变化，根据我国国情的变化和时代的变迁，古时的游学已变为今日的研学。在新的时代下，研学旅行对于教育行业来说具有新的历史使命，完善及补充知识教育的不足，促进当代学生的全面发展，是当代教育教学的重要内容，是综合实践育人的有效途径。

二、我国研学旅行的政策发展演变

当代，我国研学旅行相关政策发展演变可以初步分为三个发展阶段：初步探索阶段、转折与兴起阶段、内容深化阶段，如表1-1所示。

表 1-1　我国研学旅行相关政策发展演变

发展阶段	时间	部门	文件名称	政策意义
研学旅行初步探索阶段	2013 年	国务院办公厅	《国民旅游休闲纲要（2013—2020 年）》（国办发〔2013〕10 号）	首次提出研学旅行概念，明确提出"鼓励学校组织学生进行寓教于游的课外实践活动"
	2014 年	教育部	《中小学学生赴境外研学旅行活动指南（试行）》	"研学旅行"进入中央部委视野
	2014 年	国务院	《国务院关于促进旅游业改革发展的若干意见》（国发〔2014〕31 号）	首次提出"研学旅行"和"研学旅行基地"的概念，进一步明确"积极开展研学旅行。将研学旅行作为青少年爱国主义和革命传统教育、国情教育的重要载体，纳入中小学生日常德育、美育、体育教育范畴。支持各地建设一批研学旅行基地，逐步完善接待体系"
	2015 年	国务院办公厅	《关于进一步促进旅游投资和消费的若干意见》（国办发〔2015〕62 号）	"支持研学旅行发展"成为新的消费热点
	2015 年	教育部	《关于确定全国中小学德育工作相关实验单位的通知》	确定天津市滨海新区等 10 个地区为全国中小学研学旅行试验区
研学旅行转折与兴起阶段	2016 年	教育部等 11 部门	《关于推进中小学生研学旅行的意见》（教基一〔2016〕8 号）	对研学旅行的重要意义、工作目标、基本原则、主要任务、组织保障等重点领域提出了具体指导意见，"建设一批具有良好示范带动作用的研学旅行基地"成为工作目标之一，提出了将研学旅行纳入中小学教育教学计划、加强研学旅行基地建设、规范研学旅行组织管理、健全经费筹措机制、建立安全责任体系等五大主要任务，研学旅行由试点变为试行

续表

发展阶段	时间	部门	文件名称	政策意义
研学旅行转折与兴起阶段	2016年	国务院办公厅	《关于强化学校体育促进学生身心健康全面发展的意见》	培养学生的综合素质逐渐成为中小学教育的重要要求
	2016年	国家旅游局	《研学旅行服务规范》(LB/T 054—2016)	规范研学旅行服务流程,提升服务质量,引导和推动研学旅行健康发展
	2017年	教育部	《中小学生德育工作指南》(教基〔2017〕8号)	将研学旅行作为实践育人的重要实施路径,对研学旅行活动、课程、组织、规程等进行了具体要求
	2017年	教育部办公厅	《教育部办公厅关于公布第一批全国中小学生研学实践教育基地、营地名单的通知》(教基厅函〔2017〕50号)	命名了中国人民革命军事博物馆等204个"全国中小学生研学实践教育基地"和河北省石家庄市青少年社会综合实践学校等14个"全国中小学生研学实践教学营地"
	2018年	教育部办公厅	《教育部办公厅关于公布2018年全国中小学生研学实践教育基地、营地名单的通知》(教基厅函〔2018〕84号)	公布了377个"全国中小学生研学实践教育基地"和26个"全国中小学生研学实践教育营地"
研学旅行内容深化阶段	2019年	中国旅行社协会	《研学旅行指导师(中小学)专业标准》(T/CATS 001—2019)	引导研学旅行指导师队伍的健康发展
	2019年	中国旅行社协会	《研学旅行基地(营地)设施与服务规范》(T/CATS 002—2019)	规范研学旅行基地(营地)创办、建设和服务工作
	2019年	国务院办公厅	《关于新时代推进普通高中育人方式改革的指导意见》(国办发〔2019〕29号)	明确了我国义务教育的改革目标将"强化综合素质培养"与"拓宽综合实践渠道"等途径作为构建全面培养体系的重要两个方向,进一步落实与强化研学旅行业发展的重要性

自国家层面的相关政策发布以来,我国各省(区、市)积极响应,主动参与,截至2020年底,相继有25个省(区、市)出台行业标准和实施方案,将研学旅行纳入各地政府工作计划,其中北京、上海、湖北、江苏、福建、陕西、海南等地研学旅行实践教育工作走在全国前列。随着近年来研学旅行相关政策的进一步推进,研学旅行得到了较快的发展。前瞻产业研究院的研究报告显示,截至2019年,参与研学旅行业务的企业有7300多家;截至2020年8月末,全国中小学生研学实践教育基地超过1600个,全国中小学研学实践教育营地有177个;研学旅行市场规模达到了164亿元,人均消费3420元/次,未来发展潜力巨大。

三、国外研学旅行的发展经验

研学旅行在国外整体发展相对成熟,组织模式多样,对于我国研学旅行发展具有借鉴意义。研学旅行在国外又称为"修学旅游""教育旅游"。在16—17世纪的欧洲兴起的"大旅游"(Grand Tour)运动是教育旅行的前身,不少国家开始崇尚"漫游式修学旅行",第二次世界大战后,欧美国家发展营地教育,日本于1946年发展修学旅行,到1960年,修学旅行已成为日本中小学校的常规教育活动。迄今为止,已有许多国家将研学旅行作为学校系统内拓展大中小学生视野和提高跨文化理解能力的一种教育方式,并且积累了有益经验,国外研学旅行发展情况如表1-2所示。

表1-2 国外研学旅行发展情况

国家	组织单位	经费来源	参与人员	参与形式	主要内容
美国	社会机构、学校、家庭	联邦经费、州政府经费、私立基金	中小学生	营地式	体育户外、探险、旅游
英国	学校、家庭、社会组织	自费	中小学生	多种形式	旅游、义工旅游、户外拓展
加拿大	学校、家庭、社会组织	自费	中小学生	营地式、主题式	体育户外、义工、旅游
俄罗斯	学校	国家财政支持	中小学生	营地式	国防、科技、艺术及体育等专题教育
日本	学校	国家财政支持、地方政府财政支持、自费	中小学生	主题式	旅行考察、主题教育、国情教育

研学旅行在世界各地组织形式不同,美国、英国及加拿大的组织方式多样,美国的研学旅行由联邦政府和州政府的相关职能部门及民间组织参与研学旅行管理,其中值得注意的是,研学旅行在民间组织中以非营利性组织为主,为中低收入家庭提供帮助,这类组织的功能是社会救济和青少年教育。英国早在"大旅游"时期就有过研学活动,各历史时期都有研学旅行的传统,因为其签证的便捷性,英国的义工旅行方式较为盛

行。加拿大的研学方式由学生自主安排,以夏令营、义工服务及社区服务等方式进行研学活动,得到了社会各界的支持。

俄罗斯的组织方式与美国、英国、加拿大等国家不同,是由政府机构主导。俄罗斯研学旅行起步早,历史可追溯到苏联时期,十分注重中小学生的国防教育。如今,俄罗斯政府成立了多部门的国家级暑期活动协调委员会来定制研学计划,采用营地式教育,已建成5万多个营地,包含国防、科技、艺术、体育等专题。

日本研学旅行发展在亚洲地区最为成熟,其发展模式较为完善,具有较高的参考价值。日本的研学旅行也是由政府主导。日本政府明文规定各级教育机构必须开展国内外修学旅行,并且制定了相对完善的修学旅行相关政策。日本制定国内、海外修学旅行实施基准及修学旅行实施细则,分地区、年级,对旅行的时间、费用、实施学年、实施方向、引导教职员等做出了明确规定,并且辖区内的中小学校必须遵照执行。日本还对修学旅行活动内容、指导教师、应急管理等进行全方位审核,从各个细节确保修学旅行的制度化和规范化。另外,日本还成立了专业机构对研学旅行进行专项管理,日本修学旅行协会是日本全国性的研学旅行管理机构,同时成立了"日本修学旅行信息中心""日本修学旅行研究协会"等机构,目的是对研学旅行实施细致的管理、监督和指导,并积极与研学旅行目的地、文博场馆、交通运输部门接洽,在学校、市场、政府部门之间架起一座桥梁。

健全的研学体系保障也是日本研学旅行的特征之一:政府的财政支持为研学旅行发展提供了基础,日本中小学修学旅行的费用主要来源于国家和地方的财政补助,其数额也在逐年增长。相关资料显示,截至2019年,日本研学旅行的学校渗透率已高达98%,是日本国民教育体系和学校教学计划中的重要组成部分。

以上国家的研学旅行模式各不相同,但是具有以下共同特点。

(1) 参与主体明确、产品设计定制化:根据学生的不同年龄,开展内容不同、线路不同、范围不同的研学旅行活动。总体呈现低年级学生研学内容轻松、行程较短、范围较小,以及高年级学生研学范围扩大,不限于国内,可以去往国外,内容丰富、专业,且行程周期较长的特点。

(2) 以学校为主要组织单位:在表1-2列出的国家中,组织研学活动的单位大部分都是学校,需要注意的是,尽管美国、英国在研学活动的实施过程中是由社会组织完成的,但是学校仍然是研学活动组织的主体,学校的组织有利于集体活动的有序开展,社会组织的参与能补充研学活动的多样性。

(3) 旅行目的明确:尽管参与形式在各国不同,但各国的研学特征都具有明确的目的性。这也是研学旅行与休闲旅游的区别。

课后训练
及答案

第二章
研学旅行项目的策划原理

学习目标

1. 了解研学旅行项目策划的概念。
2. 掌握研学旅行项目策划的原则。
3. 熟悉研学旅行项目策划的程序。
4. 掌握研学旅行项目策划的方法。

知识框架

```
                        研学旅行项目的策划原理
    ┌───────────────┬───────────────┬───────────────┬───────────────┐
研学旅行项目策划   研学旅行项目策划   研学旅行项目策划   研学旅行项目策划
    的概念             的原则             的程序             的方法
 ┌───┬───┬───┐     ┌───┬───┐       ┌───┬───┬───┐       ┌───┬───┐
 策  研  研          研   研          研   研   研          研   研
 划  学  学          学   学          学   学   学          学   学
 与  旅  旅          旅   旅          旅   旅   旅          旅   旅
 旅  行  行          行   行          行   行   行          行   行
 游  项  策          项   项          项   项   项          项   项
 策  目  划          目   目          目   目   目          目   目
 划  策  的          策   策          策   策   策          的   的
 的  划  理          划   划          划   划   划          市   营
 概  的  论          的   的          的   的   的          场   销
 念  概  基          基   其          运   总   具          调   战
     念  础          本   他          营   体   体          查   略
                    原   原          模   步   流
                    则   则          式   骤   程
```

学习重难点

1. 学习重点：研学旅行项目策划的概念、研学旅行项目策划的原则、研学旅行项目策划的程序，以及研学旅行项目策划的方法。

2. 学习难点：研学旅行项目策划的定义与方式方法的辨析，研学旅行项目策划的程序及策划的方法。

东坡书院旅游区研学方案

一、基地资源概况

东坡书院位于海南省儋州市，始建于北宋绍圣五年（1098年），园区占地58余亩，院内面积25000平方米，是北宋大文豪苏东坡居儋州三年期间讲学会友的场所。东坡书院于1996年被授予"国家级重点文物保护单位"称号，2011年被评为国家3A级旅游景区，为海南重要的人文旅游胜地之一。2018年，东坡书院先后被定为第一批"海南省学生研学实践教育基地"和"国家学生研学实践教育基地"。

东坡书院原名载酒堂，位于儋州市中和镇东郊。据说，苏东坡一日与昌化军（即儋州）使张中同访黎子云，与当地人聚在一起。众人提议，为方便东坡讲学会友，开化地方，请在黎子云处建一讲堂。苏东坡欣然赞许，并为其起名为"载酒堂"。苏东坡居儋整三年，其间，他躬耕自处，苦心劝农，移风易俗，敷扬文教，著书立说，为世人所敬仰。当时，在"东坡精神"的感召下，儋州乃至整个海南读书学文化的风气逐渐形成。接受过苏东坡教化的琼州士人姜唐佐在苏东坡北归后的第二年即成为海南第一位举人，而在苏东坡北归后的第九年，昌化军（儋州）人士符确考中进士，成为海南第一位进士，从此结束了海南没有进士的历史。所以，海南有史以来，都把苏东坡作为海南文化开发启蒙的重要功臣，而苏东坡对儋州文化的启迪之功，更为世代所传颂。"琼之有士始乎儋，琼之士亦莫盛乎儋"，这正是苏东坡对儋州文化开发的不朽之功。

现在，作为国家级学生研学实践教育基地，东坡书院充分利用本土资源，积极响应研学旅行项目的开展。自2018年东坡书院被确定为"国家学生研学实践教育基地"以来，前来参加研学活动的学生从562人次逐渐增至6857人次。来自世界各地的学生及旅游、研究学者们充分感受到东坡书院的文化底蕴和东坡文化的魅力，把对中华文化传承的使命感和责任心和对先贤深深的景仰都融进了海南东坡书院游历及研学之旅。

二、研学目的

第一，通过现场讲解及学习，对苏东坡有深刻了解。

第二，能说出苏东坡在海南留下的历史功绩。

第三，结合东坡文化，体验并尝试传统手工艺制作，培养兴趣。

第四，学会观察、学会思考，提高与同伴交流及合作的能力。

三、研学课程

（一）拓片手工体验（适合各学段的学生）

1. 内容简介

拓片是我国一项古老的传统技艺，是使用宣纸和墨汁，将碑文、器皿上的文字或图案，清晰地拓印出来的一种技能。

2. 研学思路

学生以学习中国传统拓片技艺为载体，有机融合东坡文化，将东坡《坡仙笠屐图》《渡海帖》《月梅图》等书画制成拓片作品。学生既能认识拓片制作流程，又能感悟东坡文化，领略"一代文宗"的艺术风采。

3. 研学目标

（1）体验、认识、了解、传承和弘扬中国传统拓片技艺。

（2）增强学生文化自信，提升学生对东坡文化的认同感和自豪感。

（二）雕版印刷体验（适合各学段的学生）

1. 内容简介

雕版印刷术是中国古代的重要发明。雕版印刷术在中国的发展经历了由印章、墨拓石碑到雕版，再到活字版的几个阶段。雕版印刷在印刷史上有"活化石"之称，2009年，雕版印刷技艺正式入选《世界人类非物质文化遗产代表作名录》。

2. 研学思路

学生用中国传统雕版印刷技艺形式，将东坡《春牛》《坡仙笠屐图》和《载酒亭》等书画印刷成作品，学生既体验了传统雕版印刷技艺，又可深度领略苏东坡作品的文化意境。

3. 雕版印刷亮点

（1）《春牛》雕版内容为苏东坡谪居儋州时创作的《减字木兰花·己卯儋耳春词》以及《春牛雕像》。

（2）东坡书院雕版印刷作品《载酒亭》和《春牛》荣获"2019中国特色旅游产品大赛"银奖。

4. 研学目标

（1）体验、认识、了解、传承和弘扬中国传统雕版印刷技艺。

（2）增强学生对古文物和古建筑的认识和保护意识，提高学生的民族自信心和自豪感。

（三）私塾课堂体验（适合各学段的学生）

1. 内容简介

私塾是私家学塾的简称，它是我国古代社会一种开设于家庭、宗族或乡村内部的民间幼儿教育机构。它是旧时私人所办的学校，以儒家思想为中心，是私学的重要组成部分。

2. 研学思路

学生身着宋装进私塾，拜孔子，学礼仪，朗诵东坡诗词，领略文豪文采。学生既能领悟东坡文化精神，又能感受古代私塾文化。

3. 研学目标

（1）拜孔子，学古礼，体验古代私塾场景，培养学生尊师重道的品质。

（2）赏析东坡诗词，领略文人风采，培养学生对文学的兴趣。

四、研学成果展示

基地研学活动结束后，研学导师或带队教师要根据学生的研学体验进行总结，对学生的研学成果进行点评，并让学生写研学活动心得。

> 思考：
> 1. 东坡书院为什么能成为研学选点？
> 2. 你认为东坡书院的研学方案合理吗？它有哪些优点和不足？

第一节 研学旅行项目策划的概念

一、策划与旅游策划的概念

（一）策划的定义辨析

《后汉书·隗嚣传》中，第一次出现"策画"二字，距今已有两千年的历史。策划由"策"和"划"两个字组成。《说文解字》："册，符命也，诸侯进受于王也，象其札一长一短，中有二编之形。"由此看来，"策"的本意为书简。后来，"册"引申为册封、竹制的马鞭、鞭打、谋略、计谋、谋划等意义。策划的"划"字最早有绘画、用刀割开、划线、分界线的意思，后来引申为计谋。《辞源》对"策划"的解释为：筹谋，计划。《辞海》对"策划"的解释为：谋划，运筹。《现代汉语大词典》对"策划"的解释为：谋划，计谋。通过对"策划"词义的探源，可以初步发现，策划一般是指谋划、筹划、打算、计谋、筹谋、对策、设计、办法等智谋活动。历史上有著名的策划例子，如"田忌赛马"、诸葛亮的《隆中对》中关于"三分天下"的论述等都是经典的策划案例，还有战国时的"完璧归赵"、汉初时的"鸿门宴"也是非常成功的策划例子。第二次世界大战中的诺曼底登陆，我国解放战争时期的"三大战役"，都是成功的军事策划的范例。

"凡事预则立，不预则废"讲的就是策划最基本的含义，凡事都要有计划。"运筹帷幄之中，决胜千里之外""好谋而成"都蕴藏着丰富的策划思想。美国哈佛企业管理丛书认为，策划是一种程序，在本质上是一种运用脑力的理性行为。社会的发展要求策划随之进步，而同时又为策划的发展提供了必要的物质、智力基础。社会的发展造就了策划的历史，策划是社会发展文明化的必然产物，必将随着人类文明的高度发展而发展。

策划到了当代，已经发展成为一门系统性的理论学科——策划学，广泛地渗透于政治、经济、军事、科技、文化等各个领域。策划在人们的生活和社会发展进程中，具有重大的现实意义和深远的历史意义。

学者杨振之(2011)认为，策划的基本特征可概括为以下三点。其一，策划是一个团队对一个具体的目标对象的理性分析认识过程，讲究理性的程序，是通过科学理性的分析对未来的事件进行预测的过程。其二，策划是巧妙地运用各种资源、整合各种资源来实施行动计划的行为，整合资源能力的强弱在很大程度上可以看出策划能力的强弱。其三，策划是解决市场运行中实际问题的一系列的方案和计划，重在科学、系统的论证和分析,重视市场研究和可操作性。因此,策划是通过整合各种资源,利用系统的分析方法和手段,通过对变化无穷的市场和各种相关要素的把握,设计出的能解决实际问题的、具有科学的系统分析和论证的可行性方案和计划,并使这样的方案和计划达到最优化,使效益和价值达到最大化的过程。

因此,可以认为,策划是通过脑力分析和计划、科学地将事物从原先的状态转变成项目预估设想状态的一种方式方法。

(二)旅游策划的基本内涵

旅游策划是一门新兴的整合学科,而旅游策划除了具有上述策划的所有基本特征外,还有其行业特性。目前,旅游策划在国内仍然处于研究的基本阶段。

(1)蒋三庚(2002)认为,旅游策划是旅游策划师、策划人员为达到一定目的,经过调查、分析与研究,运用其智力,借助于一定的科学方法、手段和技术对旅游组织、旅游产品或旅游活动的整体战略和策略运筹规划的过程。

(2)陈放(2003)认为,旅游策划是以旅游资源为基础,通过创造性的思维整合旅游资源,实现旅游资源与市场以及旅游业的发展目标的过程。旅游策划具有经济性、社会性、创新性和实效性等特点。它属于经济学的范畴,是在一定的目标和价值判断下回答"它应该是什么"的问题。旅游策划的核心概念是旅游资源与市场的拟合。旅游策划既不是资源评价也不是市场分析,而是资源与市场的匹配,是对旅游最终产品——旅游经历的生产与交换的系统构想。

(3)学者杨振之(2011)认为旅游策划的特殊性表现在以下三点。

第一,对旅游资源的认识、评价和把握,是旅游策划的基础。

旅游资源的调查和评价是一个科学的系统,专业性很强,涉及面广,涉及自然、人文、地理等学科的方方面面。如果只是简单地将各个学科的专家邀集到一起,是很难将旅游资源的评价做好的。它需要有一两个通才式的对旅游业很熟悉的领军人物来对旅游资源进行整合性评价。

第二,对旅游产品体系的策划,是旅游策划的难点。

旅游资源再好,却不一定能转化为旅游产品。旅游资源的价值再大,将它开发为旅游产品后,却不一定能得到市场的追捧。旅游资源的科学价值并不一定等同于旅游产品的市场价值。因此,若陶醉于旅游资源的科学价值而不能自拔,就难以将旅游策划做好。旅游产品的策划需要熟悉旅游市场,通过对市场需求的确认,来决定将哪些有市场价值的旅游资源转化为旅游产品,并且考虑这些旅游产品的表现形式如何。旅游产品的表现形式也是一个十分重要的方面,其表现形式必须能够使游客亲近,能使游客便于购买,能使游客感受到旅游资源的独特魅力,能使游客体验到一种与众不同的特殊经历。

第三,对旅游市场的研究,是旅游策划成功的关键。

旅游市场不同于其他类型的市场,其可变性太大,难以把握。由于旅游产品具有无形性特征,同时游客对旅游经历的感受又是时时变换的,因此,人们对旅游市场的认识比对其他行业的市场的认识要难得多。

综上,根据各学者对旅游策划的定义与诠释,本书认为旅游策划是具有旅游学科背景,通过整合相关旅游资源,经过策划分析后,将旅游项目或者产品从当前的状态转变成预想状态的一种方式方法。

二、研学旅行项目策划的概念

(一) 研学旅行项目策划的定义

研学旅行属于旅游活动中的一种,所进行的项目策划也是旅游策划的一种细分。目前,旅游界已达成了以下共识:凡是能销售给学生、供学生消费、享用的产品,通通可称为研学旅游产品,这包含了旅游线路、供享用的设施、服务,已开发为产品的供观赏、参与的旅游资源等(韩海英,2003)。

旅游项目策划是指在对旅游资源的区域分布、可进入性,学生对资源的感知、认知,以及市场(需求与供给市场)情况进行调查研究,掌握第一手数据后,充分把握旅游资源自身所具备的价值(历史价值、艺术价值、文化价值、科学价值)、品质和特色,设计出满足客源市场需求的有独特竞争力的旅游产品的过程(杨振之,等,2005)。

研学旅行是我国学生集体出行进行实践学习的一种旅游方式,因此,区别于其他旅游项目策划。本书认为,研学旅行项目策划是指以学生为主体对象,以集体旅行生活为载体,通过整合相关旅游资源,经过策划分析,开发出适宜学生的研学项目或者产品。

(二) 研学旅行项目策划的特点

研学旅行项目的策划通常具有思想理念的创新性、内容设计的深度性、研学的教育与旅游要素的融合性、多方参与协调性、教育与旅游结合性,以及目标效益多元性等特点。

(三) 研学旅行项目策划的分类

研学旅行项目策划是根据旅游地的旅游资源情况和旅游目标市场情况,为学生设计既能体现旅游资源价值、品质以及特色,又能符合相关教育目标且符合教育市场需求的旅游项目或者产品。它一般包括前期策划和后期策划两部分,具体在后面的"研学旅行项目策划的程序"一节中阐述。

三、研学旅行策划的理论基础

(一) 可持续发展理论

1987年,联合国世界环境与发展委员会发布长篇报告《我们共同的未来》,揭示了环境与发展的相互关系:"传统意义上的发展会导致环境资源的破坏以致衰竭,反过来,环境的退化又限制了经济的发展。"报告首次给出了可持续发展的定义,即"可持续发展是既满足当代人的需求,又不危及后代人满足其需求的能力的发展"。可持续发展理论是从环境与自然资源角度研究人类社会发展的问题。可持续发展基础理论主要包括以下三个方面:一是环境承载力论。环境对人类活动的支持能力有一个限度,人类活动如果超过这一限度，就会造成种种环境问题。环境承载力可以作为衡量人类社会经济活动与环境协调程度的判据之一。二是环境价值论。环境是有价值的，环境之所以能直接或间接地满足人类社会生存发展的需求，首先是因为它具有影响需求的价值属性。三是协调发展论。它是指发展与环境的"调试"和"匹配"，发展与环境的关系应是相互联系、相互作用、和谐一致的。

研学旅行具有周期性、长期性以及集体性的特征，作为我国近年来所提倡以及推广的研学教育模式，研学旅行承担着发展学生全面素质的具体工作，是一项需要持续跟进的活动，因此，研学旅行项目策划应当遵从可持续发展理论。培养学生良好的旅游习惯，减少旅游目的地环境负担是研学旅行在策划中应当注意的。

（二）产品周期理论

所有的产品都是有周期的。产品生命周期是指一种产品从开发投入市场到失去市场竞争力而退出市场的过程，可以分为引入期、成长期、成熟期、衰退期四个阶段。以产品生命周期理论为指导，可以更好地对产品所处的具体生命周期阶段进行分析和判断，从而预测产品日后的发展趋势，准确判断产品市场寿命，并依据各阶段的特点，采取不同的市场营销组合策略，使产品在各阶段发挥最大的经济效益，适当地延缓其衰退过程。

目前，产品生命周期理论已被广泛应用于产品策划、营销及企业产品营销策略中。研学产品也有其生命周期，认清各类旅游产品所处的生命周期阶段，有助于企业制定更贴切的产品策略，取得更好的效益。

（三）多元智能理论

美国心理学家霍华德·加德纳"多元智能理论"的提出为我们提供了一种个人发展的新模式，对研学旅行项目策划建构具有重要的意义。加德纳认为，人类至少存在八个方面的智能：语言交流、数学逻辑、空间视觉、音乐节奏、肢体动觉、内省自知、人际交往和自然观察。每个学生的智能都具有广泛性和多样性，教学中应该注重学生智能的全方面发展。另外，每个学生突出的智能组合往往不同，往往会表现出不同的认知能力，存在着个体之间的差异性。在传统的教学中，由于只重视学生的数理逻辑和语言智能，忽视了学生其他方面智能的发展，导致很多具有其他方面特长的学生得不到教师的重视，从而影响了个体的发展。多元智能理论让我们意识到不能仅仅重视学生一两个方面智能的发展，要注重培养和发展学生各方面的能力，使学生各方面的能力占有同等重要的地位。同时，也不能用固定的课程埋没学生的智能，要关注学生与学生之间的差异性、独特性，在项目策划中依据学生的兴趣、禀赋去开发课程，实施教学与评价。

在多元智能理论的指导下，地理研学旅行课程建构要关注学生的个体差异，为不同的学生提供平等的发展机会。可以设计多样化的、能够培养学生多方面智能的实践活动，让学生在项目学习、问题解决、小组合作、主题探究等不同的教学环境中发展其突出的智能。教师也可以用特定的手段或方法去干预和强化学生的弱项智能，促进每一个学生的全面发展，使每个学生的智力潜能充分发展。

在研学旅行项目策划中，可以根据不同年龄段的特征，结合所策划的研学主题，对照多元智能表(见表2-1),有针对性地进行设计和策划,以有效体现研学旅行的教育属性。

表 2-1　多元智能表

任务类型	可能涉及的多元智能
社会调查	语言交流、肢体动觉、内省自知、人际交往
实验	语言交流、数学逻辑、内省自知、自然观察
现场考察	语言交流、肢体动觉、内省自知、人际交往、空间视觉
样本采集	语言交流、自然观察、空间视觉、肢体动觉
讨论与辩论	语言交流、音乐节奏、肢体动觉、内省自知、人际交往
计划与实施	语言交流、肢体动觉、内省自知、人际交往、自然观察
书面表达	语言交流、空间知觉、内省自知
项目/主题探索	语言交流、空间知觉、数学逻辑、肢体动觉、内省自知、人际交往

第二节　研学旅行项目策划的原则

一、研学旅行项目策划的基本原则

(一)教育性原则

与一般旅游项目相比,研学旅行项目承担着校内教育与校外教育相结合的责任,在进行研学旅行项目的开发与运营时,教育功能是最需要注意的,需要结合学生身心特点、接收能力和实际需要,注重系统性、知识性、科学性和趣味性,为学生全面发展提供良好的成长空间。

研学旅行项目的策划通常是和某一学科或多个学科结合,确定相应主题而开展的,是综合实践活动课程的重要组成部分。学校和教师等要根据学生的特点、知识水平、区域特色、课程安排等要素,制定研学旅行活动方案。因此,在策划的过程中要有具体的学习目标、学习安排和学习评价,避免"只游不学"。研学内容应符合学生的身心特点和教学需要,保障内容的科学性,做到知识性和趣味性相结合,为培养个性化、创新型人才提供优质的项目与产品。

(二)实践性原则

研学旅行项目策划中,研学旅行项目所针对的目标人群要明确,学生在参与研学旅行项目的过程中应当体现研学旅行项目的实践功能,呈现地域特色,引导学生走出校园，让学生在与日常生活不同的环境中拓宽视野、丰富知识、了解社会、亲近自然、参与体验。

研学旅行具有很强的实践性。因此，有必要精心设计研学旅行方案，安排研学旅行活动，让学生在实践中有机会思考、讨论并敢于发表自己的观点，深化课堂中的理论知识，提高学习能力、实践能力和语言表达能力等，增强学生的社会责任感和创新精神。

（三）安全性原则

在研学旅行项目构建中，风险影响因素体现于整个项目始终，在研学旅行的任何一个阶段，都要坚持安全第一的原则，建立安全保障机制，明确安全保障责任，落实安全保障措施，确保学生的安全。因此，区别于其他旅行方式，研学旅行从策划一开始就应当把安全性作为重中之重。

（四）公益性原则

研学旅行是根据国家出台的相关政策开展的实践性学习活动，具有公益性，有助于推进素质教育。政府相关部门应该统一规划，配备相应资金，支持研学旅行，尽量减少学生的经济负担。如果研学旅行额外费用有必要由学生承担，则须经过当地物价部门的批准，仅收取基本费用，不得以营利为目的，对特困学生要减免费用，陪同研学的教师费用应由学校承担。

二、研学旅行项目策划的其他原则

（一）目标性原则

一个研学旅行主题的探究可能需要多日才能够完成，因此研学旅行在进行项目策划设计时需要体现总目标、分目标以及任务目标等，从体验性、生成性、表现性等维度来设计目标；另外，研学旅行方案的预设是教师对整个教学过程较为清晰、合理的思考与设计，是对整个研学方案的宏观把握。而研学旅行是基于真实情境的课程，随着研学旅行课程的不断开展，学生对主题的体验和认识不断深化，将会不断地生成新的问题，教师需要根据变化，针对学生提出的有价值的问题，及时引导学生调整或变动预设的方案，开阔学生的思路。

（二）科学性原则

科学性原则是研学旅行项目策划的根本出发点。科学性原则要求项目的内容以科学思想为指导，以事实为依据，不存在知识性错误。研学旅行项目的策划始终要贯穿科学精神，这是科学性原则的重点。另外，要正确看待违背传统观念与常识的新问题。传统和常识并不一定是科学的，其背后很可能隐藏着人们还未发现的科学规律，需要随着科学的发展而更新。敢于怀疑和批判，敢于运用已证明的科学原理对这些问题提出质疑，这同样也是尊重科学的表现。

（三）对象性原则

研学旅行项目的根本目的是要让学生接收校外不同的教育。研学旅行项目策划要想吸引学生,首先必须明白要面向的目标对象,这将决定研学旅行项目的市场目标的准确性,这包括直接目标——学生,以及间接目标——家长。研学旅行项目策划应把握好定位,对研学旅行的利益相关者进行充分分析,了解不同年龄、不同学段、不同区域的人群的兴趣、爱好、智能构成及特殊要求。研学旅行项目的策划只有针对不同对象的特点,设计对象性的项目形式和项目内容,针对不同对象的喜好和学段来设计相应的研学产品,才能争取更多的家长与学生的支持,提高研学旅行项目的接受度。

（四）创新性原则

创新性原则是研学旅行项目策划的灵魂。没有创新,项目就没有市场;没有创新,研学旅行的发展就没有前途。研学旅行项目要发展,开拓新局面,广泛占领市场,获得最佳效益,没有创新是不能实现的。但项目策划的创新不是凭空臆想出来的,它是建立在广泛的知识、信息基础上的重新组合。其实,要想创新并不太难,问题在于要敢于创新,并且善于从不同角度发散性联想,不受经验的羁绊,在固有学识基础上寻求突破。有了这种敢于突破、自我创新的观念,创新也就层出不穷。研学旅行项目策划的创新应该是全方位的,是涉及方方面面的创新。可以从项目的目的地资源或者内容选择上创新,也可以在与内容相关的项目形态、表现手法、项目包装、传播策略设计等方面与众不同,从而实现研学旅行项目多方面、多角度的突破。

（五）最优化原则

最优化原则包括多重含义:一是策划本身对优秀的追求,即力争自己的策划方案在同类策划中是优秀的;二是策划从创意到方案、操作等环节都是最优秀的;三是策划案实施后形成的项目应是精品或是优秀的。研学旅行项目策划的最优化原则应体现在策划的各个环节,但是突出体现在以下几个方面。一是要有最好的创意。创意从字面上看,就是创造新意。从思维的角度看,就是打破常规的思维模式,提出新的思路和想法。创意是研学旅行项目策划中的一个重要环节,是策划的核心,也是实质性策划的起步。二是要设计出最佳的项目框架。研学旅行项目策划的主体框架主要包括项目形态、宗旨、定位、选题及学生期待的风格等。

（六）灵活性原则

事物是在不断发展变化的,一成不变的事物是没有的。研学旅行项目策划是一项系统工程,是将旅游目的地的若干要素有机整合,同时又是在动态的过程中实现的。在实际的实施过程中,往往会出现各种突发情况,这种突发情况既有策划团队内的,又有策划外的;既有宏观把握上的,又有微观操作上的,这就要求策划方案要有一定的灵活性,要随机应变,以减少损失,提升宣传效果。体现在具体项目策划中,就是一种维持总体原则前提下的灵活变通。具体到研学旅行项目中,就是要利用现有资源,激发创意,制定可以灵活操作和能解决实际问题的策划方案,一般可以设计几个不同的策划方案。

这些方案既要服务于实际情况，又要考虑实际操作时的变化性。

（七）可行性原则

研学旅行项目策划方案是做出来实施的，而不是专门给人看的。因此策划不只是研究规划，它应该有很强的可行性。可行性就成为研学旅行项目策划者必须把握的原则。可行性原则主要表现为可控性原则和可操作性原则。可控性原则要求策划方案必须考虑如何控制方方面面的因素对策划及实施过程的影响和干扰。可操作性原则就是策划所设置的宗旨、选材、实施措施及各项规定，是操作者经过努力可以做到的。如果策划方案不切实际，财力不足，项目源难以形成周期，受法律规章的限制，那么即使项目策划设计得再好，也无法实现，这个策划方案也就失去了可行性。

（八）效益性原则

效益就是研学旅行项目策划的目的和追求。研学旅行项目的效益包括社会效益和经济效益。研学旅行项目策划在强调教育性、知识性和科学性等社会效益时，也要考虑一定的经济效益。项目只重视社会效益，不重视经济效益不行；只抓经济效益，不择手段地通过研学旅行榨取学生家长，把社会效益晾在一旁，经济效益也会好景不长。要坚持社会效益第一，发挥研学旅行项目对当代青少年所起到的启迪思想和教育熏陶作用，同时不排斥项目策划的经济效益，在保证社会效益的前提下，争取经济效益。

随着我国教育事业的发展和教育体制的改革，经济效益对于教育产业的从业人员是来说不是首要的，教育给青少年以及国家带来的社会效益才是当下中国教育应该重视的内容。但是教育终归是有成本的，在满足研学教育的公益性的前提下，各利益相关者获取一定经济效益是合理的。在研学旅行产业化的过程中，社会效益与经济效益总是结伴而行的，而这两者的结合点是学生。研学旅行项目在策划时，要从学生的角度出发，考虑社会影响，否则研学旅行就会走进死胡同。因为没有了受众就没有了市场，没有市场就肯定不会有经济效益，也就更谈不上社会效益了。

第三节　研学旅行项目策划的程序

一、研学旅行项目策划的运营模式

（一）依托旅游地资源进行创作

鲜明的文化特色与独特的旅游资源是研学旅行项目发展的源动力。研学旅行项目的地域文化特殊性，使其具有无法移植、无法复制的特点。因此，研学旅行项目创作必须依托地域文化优势与资源优势。

首先，依托旅游目的地，以地域文化和民族特色文化为主题，对当地文化进行挖掘、提炼，进行市场化改造。还要融合多种课程形式，如现场考察、实验、社会调查、讨论与辩论、计划与实施、项目探索等，充分体现研学旅行产品的文化和旅游特色。"小小外交官"情境体验课程就是依托博鳌亚洲论坛永久性会址来开发的研学旅行项目，它通过模拟领导人、企业家圆桌会议，围绕经济、文化、教育交流，放眼世界，启发学生用国际视角发现问题、思考问题、解决问题。

其次，我国的传统文化、民族文化中蕴含着很多优秀的思想，这些优秀的文化资源要为学生所认识、接收，必须以一种能够准确表现这些思想且为学生所认同的形式。研学旅行开创了学生学习中华优秀传统文化的新形式，它用文化消费者喜闻乐见的形式推介中华优秀传统文化，以一种人们更容易接受的形式让学生在娱乐的同时也体验了中华优秀传统文化。研学旅行项目在策划过程中必须依托当地文化进行艺术创作。这不仅满足了学生想要见多识广的知识需求，同时也是旅游目的地文化的再创造与重新展现。

（二）进行市场化运作

目前，我国的研学旅行尚处于初级发展阶段，因此各地都在进行运营模式的探索，市场化运作是我国旅游业发展的成功经验。在研学旅行项目的开发上，完善研学旅行项目的市场运作包括良好的投资机制、精细的管理运行、有效的营销机制和出色的市场推广等。通过成熟的市场运作，可以将教育产业与旅游产业最大化地结合起来，研学旅行项目在产品开发之初就可以定位于市场化运作，在产品的开发、营销、经营等方面坚持市场导向，以学生的需求为中心，创造出适合学生需求的、对学生具有吸引力的研学旅行产品。由于研学旅行具有公益性的特殊属性，单独依靠研学旅行项目投资者的自有资金恐难以为继。政府应通过服务、引导和协调，创造一个良好的研学旅行项目的运营环境，然后注入启动资金，使用多元化的融资机制，引入市场开发主体，让非公有资本，尤其是民营资本参与，保证产品开发所需要的资金。

研学旅行项目运营参与者可以由政府、学校、研学机构、研学基地（营地）与旅游景点等利益相关方构成，各方派出项目负责人成立项目小组，综合运营实施管理项目。要形成由政府分管、领导统筹协调，以及文化产业、研学行业跨部门联动协调的机制。同时要与研学相关的科技、环保、宣传、演艺团体、演出中介、旅行社、酒店等形成有效的营销机制，进行积极的市场推广。

二、研学旅行项目策划的总体步骤

（一）资源调查分析

1. 旅游资源调查的内容

旅游资源调查不仅仅是调查旅游资源本身，还要对旅游资源所处的环境状况进行调查，根据策划的研学目的地的特性，从旅游资源的属性和类型出发进行有针对性的调查，同时进行旅游资源赋存状况调查。

(1) 旅游资源的环境调查。

①自然环境调查。

区域概况调查,包括区域的名称、范围、面积,以及所在的行政区划和其中心位置与依托的城市。

气候条件调查,包括区域的气候类型、气温(年平均温度、极高温度、极地温度)、盛行风、年均降水量及降水量的时空分布、光照强度等。

地质地貌条件调查,包括区域的地质构造、地形、地貌及岩石的分布和分异。

水体环境调查,包括区域的主要水体类型,以及各类水体的水质、水量的变化情况与利用情况。

生物环境调查,包括区域内动植物群落的数量与分布,以及具有研学价值的动植物群落的分布。

②人文环境调查。

历史沿革调查,包括区域的历史背景与发展脉络,如建制形成、行政区划与历史调整、历史事件、名人事迹等。

经济状况调查,包括区域的经济水平及产业状况、当地经济发展状况、居民收入水平、工农业生产总值、第三产业产值及构成状况、物价水平、就业率与劳动力价格等。

社会文化环境调查,包括区域内的学校、邮政、电信、医疗、环卫、安全、民族的分布状况,以及人们的职业构成、受教育状况、宗教信仰、民风民俗、社会价值观念、审美观念等。

(2) 旅游资源的赋存状况调查。

①旅游资源类型调查:根据调查结果,将调查区域内的旅游资源进行分类、调查,对各类旅游资源的类型分布予以汇总。

②旅游资源规模调查:旅游资源的规模对旅游资源的吸引力和旅游资源的开发潜力有较大影响,旅游资源规模的调查内容包括旅游资源的数量、分布范围及分布密集程度。

③旅游资源组合结构调查:旅游资源组合结构是指资源上的组合结构,也指旅游资源空间上的组合结构,如海南的槟榔谷,将槟榔的产业资源与当地的黎族文化有机地结合起来,形成了独特的研学产品。

④旅游资源开发和保护现状调查:遵循可持续发展原则,旅游资源开发程度可以划分为已开发、待开发和潜在开发。需要根据旅游资源的开发和保护的现状进行研学项目的拟定和类型的选择。

2. 旅游资源调查的程序

旅游资源调查的程序一般分为三个阶段,分别是调查准备阶段、实地调查阶段与数据整理阶段(见图2-1)。

(1) 调查准备阶段。

成立调查小组:根据研学旅行项目策划主题成立调查小组,保障调查有效进行。如果需要进行以"喀斯特地貌探究"为主题的研学旅行,就需要邀请相关地质学科的专家

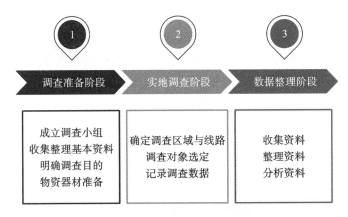

图 2-1 旅游资源调查阶段

参与考察。

收集整理基本资料：一般收集整理的资料有文字资料、图片资料与影音资料等。

明确调查目的：明确本次调查的目的，有目的性地准备本次调查的方案，提高调查效率。

物资器材准备：如电脑、摄影摄像设备、录音笔等提高效率的工具。如果需要进行野外调查，就需要准备好定位仪器、简易测量仪器（温度计、湿度计和海拔计等）、急救药品等物资。

（2）实地调查阶段。

确定调查区域与线路：根据调查目的整理出需要考察的目的地与行进线路。

调查对象选定：选定调查目标的资源类型是属于自然资源还是人文资源，清楚资源的行政位置、地理位置、性质与特征、交通条件、保护与开发现状以及研学因子评价等。其中，研学因子评价包括旅游资源的历史文化价值、科学艺术价值、观赏休憩价值、稀有程度、资源的规模、完整性、知名度和影响力、适合研学的时间和适用范围，以及污染情况和环境安全等事项相关的综合性评价。

记录调查数据：如实记录所调查的旅游资源数据，为后续的研学旅行数据收集和资料分析提供原始素材。

（3）数据整理阶段。

对调查收集到的相关资料进行整理分析，研判其价值，为后续研学旅行项目策划提供依据。

3. 旅游资源调查的方法

（1）直接询问法。

询问相关人员所调查区域的旅游资源的情况，以补充更多的信息。询问对象为比较了解所调查区域的旅游资源的本地居民、相关负责人与专家等，从而获取从一般途径难以获得的关于此旅游区的详细信息。询问一般采取访谈记录的方式，也可以采用问卷调查的方式。

(2) 统计分析法。

统计分析是指通过统计学的方法对所调查的旅游资源进行分析和处理。资源调查与统计分析密不可分，旅游资源调查过程中，需要对旅游资源的数量、规模、分布的地点、聚集情况等进行数据统计。这些数据可以为后续研学旅行的项目或产品策划提供依据。

(3) 实地测量法。

根据调查的不同要求，可以采用自行测量的方法，以便拿到第一手的勘测记录。

（二）总体方案确定

研学旅行策划的总体方案要以调查分析为基础，通过对研学主题、旅游资源和人力、财力、物力的整合，形成恰当的目标定位、组织形式和活动内容，以实现社会、经济综合效益的最优化。特别是政府引导，应充分发挥政府在组织领导、宣传发动及人力资源、闲置物力调用方面的特殊优势，以有效降低成本，提升影响力。总体方案的内容主要包括活动目标、活动名称、主办与承办单位、研学旅行原则、组织领导、活动内容及时间安排等方面。

（三）分项方案确定

研学旅行策划的分项方案即详细的操作方案，主要包括组织方案、活动（项目）方案、宣传方案（包括整体氛围与整体环境的营造）、安保方案、教学方案等。

三、研学旅行项目策划的具体流程

研学旅行项目或依托旅游地，或依托旅游地的著名景区、景点，根据研学主题与目标对旅游地的旅游资源经过策划而成。策划具体流程大体上可以分为三个阶段（见图2-2）。

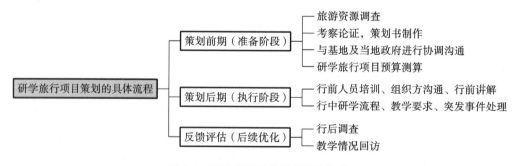

图 2-2 研学旅行项目策划具体流程

策划前期：由旅游资源调查、考察论证、策划书制作、与基地及当地政府进行协调沟通，以及研学旅行项目预算测算等工作组成。

策划后期：由行前人员培训、组织方沟通、行前讲解，以及行中研学流程、教学要求、突发事件处理等工作组成。

反馈评估：由行后调查、教学情况回访等行后服务组成。

(一）策划前期

研学旅行项目策划前期首先要对研学旅行的目的地进行旅游调查，调查当中又一定会涉及当地的文化，因而要对当地的地理风貌和传统文化进行深入研究，形成对当地旅游资源的把握。对旅游资源进行把握的同时还需要对已有认识进行考察论证，然后完成研学旅行项目策划书。

研学旅行项目的策划需要当地的服务机构与政府的支持，因此研学旅行项目策划过程中离不开与当地的旅游服务机构的沟通，以寻求一个良好的实施环境。研学旅行项目的实施，需要整合足够的旅游资源作后盾，因而要做好研学旅行项目的调查、设计以及协调工作，做好充足的前期准备。

同时，因为研学旅行要遵循公益性的原则，所以需要在前期做好成本核算工作，为学生提供优质且大部分人能接受的研学产品。

(二）策划后期

研学旅行项目策划后期既是体现前期策划是否准备充分、服务质量能否具体落实的部分，也是研学团队的相关组织机构与执行机构体现团队工作能力的重要部分，因此，策划后期的工作要点更多的是反映策划的实际落实情况与预期的差距，需要整个研学服务团队对计划、分工、品控及安全工作保持高度的统一。

在策划后期，需要严格管控服务管理流程，使接待过程无纰漏、无事故。研学旅行服务过程中无纰漏、无事故是最基本的要求，这要求建立完善的服务管理流程，包括：行前人员培训、组织方沟通、行前讲解等；行中研学流程、教学要求、突发事件处理等；行后调查、教学情况回访等。服务管理要求全员参与、全员管控、全员反馈，以便能够精益求精、妥善完备。

要建立自上而下的服务管理流程图，明确各岗位的职责权利，确保研学服务的各个流程有人管理、有人落实、有人反馈，切实把研学旅行的教育性落到实处。

研学旅行项目的执行团队还需要按照下发的单团研学旅行计划严格执行服务流程，包括教育服务、交通服务、住宿服务、餐饮服务、导游及讲解服务、医疗及救助服务。

项目组长应全程跟进单团研学旅行服务流程，把控每一服务节点上的实际执行情况是否与计划单、流程单相符，如遇不可抗力因素或突发情况，确须对原计划或流程进行变更的，应按照营团应急预案及时响应和处理，并严格按照应急预案的相关规定上报和记录。

(三）反馈评估

研学旅行的接待是一个动态、积极的实效性体系，这就要求策划者要在行后不断总结问题、发现问题、反馈问题、解决问题，不断完善接待服务流程，从而使研学旅行向更好、更高质量的方向发展。

策划者应对各方面反馈的质量信息及时汇总分析，明确产品中的主要缺陷，找准发生质量问题的具体原因,通过健全制度、加强培训、调整供应方、优化产品设计、完善服务要素和运行环节等措施,持续改进研学旅行服务质量。

在研学活动结束后,项目负责人须持续跟进相关工作。因为研学旅行活动的开展并不是一次性的项目,而是一个周期性、连续性的活动,一次研学旅行活动的验收目标应当是阶段性的,需要持续跟进各参与者的反馈,并且将学生的评价工作落到实处,为素质教育的落实提供评价依据。

策划者方应对参与研学旅行的组织方及学生群体开展问卷调查,客观了解学校带队教师和学生群体对本次研学旅行主题设计、课程内容和服务品质的客观评价。

第四节　研学旅行项目策划的方法

一、研学旅行项目的市场调查

与其他市场不同的是,研学旅行市场是一个拥有明确目标对象的市场,与之利益直接相关的有学校、家长以及学校。因此,针对这一群体对象的特性以及研学旅行这一项目的特性,针对研学旅行的市场调查除了有对市场的一般调查以外,还有针对服务品质提升的调查。

（一）研学旅行市场调查的程序

研学旅行项目的市场调查基本程序大致如下。

1. 调查准备阶段

这一阶段的是调查工作的开始,主要解决三个方面的问题:第一,评估现有的资料,明确待调查和解决的问题;第二,针对调查问题,确立调查的内容和指标;第三,制订调查计划。需要设定调查方法、调查对象、参考时段、抽样单位、抽样数目、调查地点并且安排调查人员,并且设定调查框架,在了解样本的基础上进行调查工具设计,最后在试验性调查的基础上进一步完善调查工具。

2. 调查实施阶段

这一阶段的主要任务是按照计划系统地收集各种资料和数据,包括第一手资料和第二手资料。在这个阶段,可以通过发放问卷的方法实施调查,并对调查过程实施监督。

第一手资料:客源市场的市场调查中要注意两个问题:一是对调查对象做出准确定义,以便统一标准;二是调查方法的选择。对于调查对象,需要明确是对中小学校的调查,还是对中学生家长的调查或是对学生群体本身的调查,因为其视角不同得出的调查结果也是不同的,所以如果仅研究研学市场课程的接受程度,那么在调查中应注意区分参与过研学旅行的学生和未参与过研学旅行的学生,以免对研学旅行客源市场的估计过高。另外,在掌握第一手资料的过程中,研学旅行项目策划者需要注意调查对象与研学旅行的关系。调查对象的选择如表 2-2 所示。

表 2-2　调查对象的选择

调查类型		调查对象的选择方法	调查目的
全体调查		全体调查样本	研学旅行接待规模调查
抽样调查	随机抽样 简单随机抽样	从总体中随机指定部分样本	研学目的、偏好、满意度等调查
	随机抽样 分层随机抽样	总体中被划分为相互排斥的亚层(如年龄),从每一个亚层抽取不同的样本	对不同年龄层的学生研学特征的调查
	随机抽样 分群随机抽样	总体被划分为相互引诉的亚群(如地区),从每个亚群抽取不同样本	不同客源地的抽样调查
	非随机抽样 简单判断抽样	调查人员在总体中选择能提供准确信息的样本	初步的探索性调查
	非随机抽样 定额判断抽样	调查人员在每个类别中选择能提供准确信息的样本	初步的探索性分类调查

第二手资料:研学旅行活动作为一项几乎涵盖全社会参与的大型旅游活动,在进行资料收集及分析的时候,二手资料也是尤为重要的。二手资料包括有关部门的统计资料、各种规范和法规、国民经济发展计划(或规划)等。统计资料可分为四种类型:普查资料、注册资料、报刊资料和商业资料。普查资料是由政府机构或有关组织通过普查活动所得到的资料,准确性高,具有一定的权威性;注册资料一般是由行业主管部门登记注册的资料,如相关考试资格证的资料等,具有一定的全面性,比较可靠;报刊资料往往是新闻单位经过采访和编辑而发布的资料,具有相对可靠性;商业资料是由各类市场调查机构依据商业操作的原则收集整理的资料,由于其资料往往代表自身的看法,在运用过程中必须加以注意。

3. 调查分析整理资料阶段

调查分析整理资料这一阶段主要有三个方面的工作需要落实:第一,检查并处理所获得的调查资料;第二,借助统计分析技术,将整理后的资料和数据进行分析、解释,得出结论,提出合理化建议;第三,撰写市场调查报告,为研学旅行项目的策划工作提供依据。

(二) 研学旅行市场调查的方法

研学旅行市场调查中不同调查方法的特点与适用范围如表 2-3 所示。

表 2-3　不同调查方法的特点与适用范围

调查类别		特点	适用范围
观察法		有一定的主观推测性	学生的研学行为规律及隐含态度
询问法	面谈法	灵活、准确,成本高,易受调查员影响	常用于小组专题访谈
	电话询问法	成本较高、灵活,回应率高,易产生误导,调查对象有时较反感,不愿意配合	用于长途、补样本或大范围较简单问题调查及快速收集信息
	现场问卷法	明确、客观,受问卷设计质量影响	常用于问题多、简单问题的调查
	邮寄问卷法	真实、客观、成本低,返回率低,周期长,不够灵活	用于问题多、不便面谈,或需长时间考虑的问题调查
实验法		科学性、客观,难以控制实验条件	小规模实验,用以验证因果关系

以上每种市场调查方法的优劣并不是绝对的,对其评价需要综合考虑研究目的、环境、经费和时间要求等。一般来说,在选择调查方法时要考虑以下几个方面的因素。

(1) 每种方法的适用范围。

(2) 对所研究的问题是否针对性强。

(3) 在满足研究要求的条件下是否最省费用、最省时间、最易于操作和控制。

(4) 在费用一定的情况下是否精度最高。

二、研学旅行项目的营销战略

(一) 形象制胜战略

1. 研学旅行项目形象的重要意义

旅游形象是旅游者对某一接待国或地区总体旅游服务的看法,是旅游者对旅游目的地了解和体验所产生的印象的总和。它可分为原生形象、引致形象和复合形象。在当今的研学市场竞争中,形象塑造已成为产品占领市场制高点的要素。研学旅行项目或产品与其他旅游产品相同,具有不可移动性的特性,因此决定了旅游产品要靠形象的传播,使其为学生所认知,从而产生旅游动机,并最终实现出游计划。形象是吸引学校支持、学生参与的因素之一,"形象"使学生产生一种追求感,进而驱动学生前往。对学生及学校而言,肯定会首选知名度高、有特色、有教育价值、可以为学生带来良好身心感受的研学旅行项目,因此,良好的研学旅行产品形象是极其宝贵的无形资产。所以,成功的研学旅行项目目的地或基地产品大多具有独特迷人的旅游形象。旅游业发达国家开发旅游的成功经验是塑造整体旅游形象,依靠形象吸引学生前来旅游。

研学旅行项目形象是当代学生在研学市场上购买选择研学旅行产品的至关重要的

因素,要开展有效的营销,就要对研学旅行项目进行形象策划。研学旅行项目的主题形象策划,特别是旅游目的地产品的形象设计和推广(促销),是研学旅行项目营销的重中之重(研学旅行项目线路产品的形象则由组成的旅游区产品形象和所承办的研学机构形象共同体现)。所以,要在认真的资源调查、市场调查和分析有关研学旅行项目所在区域的"文脉"(文化底蕴、自然环境)与人脉(社会活动)的基础上,策划研学旅行项目的良好形象,同时对学生进行产品形象的有效推广,为研学旅行项目品牌的树立和内涵的充实打下坚实的基础。

2. 研学旅行项目形象策划的基础分析

研学旅行项目的形象设计是在研学市场和旅游资源分析的基础上,结合对产品的地方性研究和受众特征的调查分析,提出明确的旅游产品形象的核心理念和外在形式,它是学生对某一研学旅行项目的总体认识和评价。它可以使政府和研学利益相关者对本地研学旅行的资源核心、产品定位和发展目标有更清楚的认识,使本研学旅行项目在众多的同类产品中脱颖而出,研学旅行项目线路产品的组合包装也与目的地和景区等产品形象的建立有密切的联系。研学旅行项目形象策划一般遵循整体性和差异性原则。整体性原则即其形象策划都围绕总体形象展开,与总体形象相统一。差异性原则要求研学旅行项目形象策划中突出地方特性,与其他同类产品相区别。同时要把握好总括、艺术、简洁、一致、点题和系列化等要素。研学旅行项目形象是一个综合的形象系统,总体形象之下包含着物质景观形象、地方文化形象、服务机构形象等多个二级形象系统,二级形象系统又包含若干三级形象系统或构成元素。研学旅行项目形象策划的基础分析一般包括地方性研究、受众调查分析、形象替代性分析(竞争者分析)等。

3. 研学旅行项目形象的塑造

研学旅行项目形象系统由形象定位(理念)系统、人地感知形象系统和人际感知形象系统等组成。研学旅行项目形象代表着区域内从自然环境到社会环境、从物质到文化、从地方整体到企业个体等多方面的综合形象。即研学旅行项目形象的构成要素包括旅游资源、旅游设施、研学旅游服务、研学旅游行业管理和研学旅游产品区域的社区参与等。

研学旅行项目形象定位的核心内容是指在特定的一个时间段里,产品应该有什么样的地位,达到一个什么样的目标以及它应有的特征、规格、类型等。这种形象的定位是旅游产品形象设计的前提,决定着形象设计工作的方向。

研学旅行项目形象定位是建立在地方性分析和市场分析两方面基础之上的。地方性分析揭示地方的资源特色和文化背景;市场分析则可以揭示公众对研学旅行项目的认知和预期,它们的综合构成旅游产品形象定位的前提。研学旅行项目形象定位的核心思想就是"引导学校与学生群体对目的地的认知,并重新组合已存在的各种联结关系,从而使旅游地获得学生的认同和支持"。研学旅行项目形象定位可考虑从资源支撑(突出资源特色)、利益指引(突出学生可获得的特殊利益)、综合描述(资源不突出时采用,与品牌分体形象并用)和交叉定位(以上三种方法同时使用)等方面进行。

研学旅行项目形象定位的最终表述,往往以主题口号加以概括。旅游口号以目的地所处的自然、社会环境为背景,以目的地的景观资源为基础,将目的地最具优势的特征加以提炼,概括成一句口号,以达到打动学生、激发到实地一游的欲望的目的。如海南的旅游形象口号是"椰风海韵醉游人"、昆明的是"昆明天天是春天"等。口号一般分为两类：一类是反映旅游目的地产品总体形象特点的口号（总体旅游口号），另一类是开展旅游推广活动的主题口号（年度性专题口号或节庆活动口号）。口号是方便市场了解研学旅行项目形象的有效方式之一。设计主题形象口号时应该注意两点。一是地方特色。口号的实质内容必须源于文脉，体现研学旅行项目区域的自然与历史文化特色。二是行业特征。力求体现研学旅行项目的特征，能使游客轻易地认出这是研学产品形象口号，从而区别于其他旅游项目。

（二）品牌支撑战略

1. 研学旅行项目品牌塑造的重要意义

品牌的塑造有利于将自己的研学旅行项目与其他的研学旅行项目相区别。对于传统型研学旅行项目应该着眼于完善充实品牌内涵，争创研学旅行项目名牌；而对于新兴的研学旅行项目则应该注重品牌的打造和完善。

（1）研学旅行项目品牌的含义。

品牌首先是某种标志符号，其次是消费者使用某种产品的体验和感受。品牌其实质是产品及其名称与消费者发生的各种关系的总和；它的价值是建立在消费者对品牌的综合体验和感受评价之上，它不仅是名称，更是在满足市场需求过程中所升华出来的一种隐性资产。研学旅行项目品牌是用以识别某个或某些研学旅行销售者的产品或服务，并使之与竞争对手的产品或服务区别开来的商业名称及其标志，通常由文字、标记、符号、图案、颜色或其组合构成，如美国的苹果公司，大家一看一个缺口的苹果就能想到是苹果的产品。而对于研学旅行来说，它是研学旅行项目的质量、价值以及满足学生集体效用的可靠程度的综合体现。生态研学品牌是服务品牌的范畴，首要任务是通过强调与众不同的、对市场具有特殊价值的服务，来确定研学旅行的市场优势。

研学旅行项目品牌有旅游目的地品牌、旅游线路品牌、旅游企业品牌和景区（点）产品品牌等。品牌能突出研学旅行的特色，树立鲜明的旅游形象，扩大产品组合和显示综合竞争力；同时也便于学生集体识别产品和维护自身的利益。

（2）研学旅行项目品牌的作用。

对研学旅行消费者构成直接吸引力的是研学旅行本身。因而研学旅行品牌具有重要的作用。

第一，可以降低目标市场搜寻研学旅行项目的成本。当学校产生研学旅行需求时，就要收集有关研学旅行项目的信息。在初步选定研学旅行项目后，还要了解此研学旅行项目的服务状况，确认具有较好的信誉，能够保证服务质量时，才会购买产品。如果已是名牌产品，凡是购买此种研学旅行项目的学校，就省去了搜寻信息的过程，而直接采购服务。

第二，能够增加研学旅行项目的附加值。品牌研学旅行能够维护学生集体的利益，学生集体不会在价格上过分在意，甚至在价格稍高于其他研学旅行项目的情况下，学生集体也可以接受。这就是"口碑效应"给研学旅行带来的价值增值。

第三，研学品牌是一种无形资产，它是一种超越产品以及所有有形资产以外的价值。研学品牌资产源于它对市场的动员力，它能唤起学校与学生对研学品牌的忠诚，可以维持和增加购买品牌产品的人数,延长此研学旅行的生命周期,保持研学旅行的市场份额。另外,品牌还能够突出研学旅行项目或服务的特色,树立鲜明的旅游形象,提高旅游者的购买效率,以反映研学旅行项目的综合竞争力。

2. 研学旅行项目品牌创建的步骤

研学旅行项目品牌的塑造大致分为三个阶段或者说是三个重点,即品牌定位、品牌设计(品牌包装)和品牌传播推广。品牌定位是品牌发展首要解决的问题,定位解决了发展的方向和识别问题。研学旅行项目品牌定位要符合产品"文脉"和社会时尚,并在此基础上不断创新。品牌定位有领先定位、比附定位、空隙定位、逆向定位和重新定位等方式。在进行具体的产品品牌定位时要充分考虑研学旅行项目的形象内涵特征,多讲"唯一",少讲"第一",因为"唯一"是特色的竞争,而"第一"会被超越。

品牌要形成良好的知名度才能吸引学生集体,高知名度需要品牌的有效传播。定位准确和设计包装完美的品牌,如果不进行有效传播,也不可能树立起鲜明的市场形象。品牌传播受众一般以学生集体与学校为主,主要通过讲座、无偿授课、公共关系等促销方式进行。品牌的传播需要有能体现研学旅游项目形象的标识语和借助一定的活动。

3. 研学旅行项目品牌创建的要点

(1)确保研学旅游项目质量。

研学品牌的内涵相当广泛,但起决定作用的是研学旅行的质量。只有提供了高质量的产品,让学生集体获得了满意而独特的研学旅行体验,研学产品才能赢得长期的支持和良好的口碑,延伸品牌的价值和传播研学品牌形象。研学旅行项目是综合性组合产品,研学旅行中的任何一个部分都影响研学旅行的整体质量,影响学校及学生集体对研学品牌的评价。因此,要保证研学旅行的质量,就必须使组合产品中的各个组成部分(单项产品)都达到其应具有的质量标准,要高度重视研学旅行的各个环节,保证研学旅行的整体质量,避免因小失大。对研学人力资源要严格把关,提高旅游从业人员的素质,提升服务品质,是研学旅行项目创品牌不容忽视的问题。

(2)发挥产品自身的特色优势。

研学旅行项目品牌的建立必须有特色鲜明的产品,要提供有独特性的研学旅行项目,去满足不同区域、不同年龄的学生集体的需要。在研学旅行组合产品中,要注意抓住最有特色的东西。首先要把握区域优势,将旅游资源和产品进行有机整合和提升。如成都把"大熊猫研学"作为品牌推出,在设计和组合研学旅行项目时,就不能离开这一大的、整体性的品牌。但不是说一条旅游线路或学生集体的一次旅游就要把所有重要的景区景点产品包括进去,而是要做好组合搭配工作。对研学机构来说,要使所组合成的旅游线路产品有不同的内容,有不同的特色。

(3)深挖产品文化内涵。

研学旅行项目品牌的创立与文化是密切相关的,研学旅行项目区域内的特色传统文化和民俗风情以及企业文化,都能够为学生集体提供具有特色文化内涵的产品和服务,研学旅行最终的竞争,是文化的竞争,要增强产品的吸引力,创立品牌,就不能忽视产品中的文化内涵。

（4）强化旅游市场营销活动。

任何一个知名的研学旅行品牌都要有一套成功的市场营销方案。研学旅行项目质量和特色需要营销活动来展示，以便学生集体将其从众多的产品中顺利识别出来；还可以发现新的市场需求，并不断改进产品；持续的旅游市场营销活动也能给学生集体和社会公众造成强烈的视觉冲击，进而可以在公众中树立并强化本研学旅行项目鲜明的品牌形象。

4. 研学旅行项目品牌创建的策略

研学旅行项目品牌化经营主要立足于三个基础：一是不断开发出受客源市场欢迎的研学教育项目（产品）；二是不断提高对客服务的质量水平；三是不断强化企业经营管理网。要明确创立研学旅行项目品牌的目标，把产品品牌建设成为什么等级的知名品牌，是世界级、国家级还是地区级；同时还要明确是运用一元化品牌策略，以发挥品牌力的聚合效应，还是采取多品牌化策略，以实现品牌的扩散效应。

先要对研学旅行品牌类型和品牌力进行科学评价。研学旅行的品牌力主要由品牌认知（游客对品牌知名度和美誉度的总体评价）和品牌活力（品牌的差异化特征与游客的关联度，即吸引力大小）决定，然后再根据品牌自身所处的市场地位，就可以制定相应的品牌营销策略了。研学产品品牌营销决策见表2-4。

表2-4　研学产品品牌营销决策

		品牌认知	
		低	高
品牌活力	低 品牌培育	营销决策要点：研学旅行新产品凭借成功的品牌定位，突出新品牌对旅游者的独特价值	品牌更新 营销决策要点：针对旅游者需求变化创造新的品牌特色，进行品牌重新定位或将品牌投入新市场（开发新市场）
	高 品牌推广	营销决策要点：品牌已具一定活力，但认知度偏低，通过广告、公关等方式提高品牌的知名度和美誉度，以吸引旅游者购买	品牌扩展 营销决策要点：维护品牌地位，并通过新产品开发、产品改进等途径挖掘品牌潜力，延伸品牌内涵，争创名牌

（1）研学旅行项目品牌市场的营销组合策略。

由于参与研学旅行的学生数量多，需求千差万别、发展趋势多变，任何一个研学旅行经营主体，无论它有多大，资源多丰富，产品种类多齐全，资金实力多雄厚，都不可能提供满足整个研学旅行市场全部需求的研学旅行产品。但研学旅行市场营销又要求最大限度地满足学生及学校的需求，这就要在对整体研学旅行市场细分的基础上，按照自身的资源优势确定目标市场，进行市场定位，针对目标市场的消费需求和行为特点，制定市场营销策略。

研学旅行市场细分是按照研学旅行产品体验者的需要、态度、行为特征等不同因素，把整个市场划分为若干不同消费特点的学生及学校群体的过程。研学旅行市场细分不是根据旅游产品的分类，而是从学生及学校的角度进行划分的。学生及学校需求的差异性是市场细分的基础,市场细分就是对研学旅行市场先分后合的过程,即依据市场消费的异质性特点进行划分,它要求有大致相同的旅游消费倾向(同质性),而且规模可以衡量还要具有稳定性,对营销主体而言,则要求可以进入而取得效益。这样才有利于发现新的市场机会,制定营销策略和旅游市场竞争策略。

研学旅行整体市场之所以可以细分,是由于学生及学校的需求存在差异性。引起学生及学校需求差异的因素很多,一般是组合运用有关因素来细分市场,而不是根据单一因素来细分。概括起来,细分研学旅行市场的因素主要有地理环境因素、人口统计因素、心理因素和购买行为因素等(见表2-5)。以这些因素为依据来细分市场就产生出地理细分、人口细分、心理细分和行为细分四种市场细分的基本形式。比如,海南的研学产品,带甘肃的学生来海南看海与带厦门的学生来海南看海,其市场的反应程度是不同的。这是地理因素造成的。

表 2-5 研学旅行市场细分简表

市场细分标准	细分依据	细分市场举例
地理环境因素	学生所属地区、气候、城市规模等	寒带市场、热带市场、温带市场
人口统计因素	学生年龄、学生性别、父母职业、父母文化程度、所处社会阶层等	一线城市的学生、普通城镇学生、乡村学生
心理因素	生活方式、性格、兴趣等	地质研学、文化研学、红色研学
购买行为因素	需求动机、数量、偏好程度、行为特征等	观光市场、体验市场、实践探究市场;私立学校市场、公立学校市场

研学旅行市场营销主体在运用细分标准进行市场细分时必须注意以下问题。第一,市场细分的标准是动态的。市场细分的各项标准不是一成不变的,而是随着社会生产力及市场状况的变化而不断变化。如学生年龄、地区收入水平、城镇规模、研学动机等都是可变的。第二,不同的主体在市场细分时应采用不同标准。因为各营销主体的资源、财力和营销的产品不同,所采用的标准也应有区别。第三,在进行市场细分时,既可采用一项标准,即单一变量因素细分,也可采用多个变量因素组合或系列变量因素进行研学旅游市场细分。

(2)研学旅行目标市场的选择策略。

目标市场就是决定要进入的市场。在对整体市场进行细分之后,要对各细分市场进行评估,然后根据细分市场的市场潜力、竞争状况、营销主体的资源条件等多种因素决定把哪一个或哪几个细分市场作为目标市场。目标市场的选择,直接决定着营销主体今后一系列发展策略的确定,通过市场细分,营销主体可以对每个细分市场进行了解,掌握不同市场的旅游需求,从中发现各细分市场学生及学校需求的满足程度,分析和比较不同细分市场中竞争者的营销状况,着眼于未满足需求而竞争对手又较弱的细分市场,寻找营销机会,开拓新的研学旅行市场。在市场细分基础上,营销主体就可以有针对性地了解各细分市场需求的变化,迅速而准确地反馈市场信息,使营销主体有比较灵活的应变能力。一旦学生及学校需求发生变化,营销主体可以迅速根据变化,制定出相应的对策,使营销组合策略适应学生及学校不断变化的旅游消费需求。

第一,从研学旅行目标市场范围选择。

在目标市场选择过程中,要从市场规模与增长率、营销主体资源与目标、营销主体竞争优势等方面对细分市场进行评估,所选择的目标市场必须与研学旅行市场营销主体的经营目标、形象、所拥有的经营资源等相符合。否则,就应该放弃此类细分市场作为目标市场。如购物旅游、会展旅游、工业旅游和城市观光等细分市场就不应该选为研学旅行目标市场。

营销主体在对不同细分市场进行评估后,可能有几个细分市场都可以作为目标市场,这样就必须对进入哪些市场和为多少个细分市场服务做出决策。可考虑的研学旅行目标市场范围选择模式,大体有以下五种。

①产品市场集中化。

研学旅行营销主体从市场和产品角度出发,将目标市场集中于一个细分市场,生产一种旅游产品,如温泉疗养型旅游产品,以此展开市场营销。通过这种密集型营销,可以更加了解本细分市场的需要,并树立特别的声誉,因此便可在此细分市场建立稳固的市场地位。但是密集型市场营销比一般情况风险更大,如个别细分市场可能出现不景气的情况,或者某个竞争者决定进入同一个细分市场。

②有选择的专业化。

可以选择若干个细分市场作为目标市场,其中每个细分市场在客观上都有吸引力,并且符合营销主体的目标和资源。相应地,推出不同品种的研学旅行产品,在各细分市场之间很少或根本没有任何联系,然而每个细分市场都有可能盈利。这种多细分市场目标优于单细分市场目标,因为这样可以分散风险,即使某个细分市场失去吸引力,仍可继续在其他细分市场获取利润。这就要求营销主体开发能力强、资源丰富,如比较大的旅游集团就可以对不同需求的学生及学校提供完全不同的研学旅行产品。

③产品专业化。

产品专业化,即向不同的细分市场供应同一种研学旅行产品。这种模式要求旅游营销主体具有优势甚至拥有垄断性的资源,但可以推出不同档次的同种研学旅行产品来满足不同市场的需求,如世界自然遗产地可以推出观光旅游产品满足不同类型的学生及学校。

④市场专业化。

市场专业化,即旅游营销主体对同一细分市场推出各种不同的或者是系列研学旅行产品。这样的营销主体产品开发能力强,资源也丰富,如海南红树林研学旅行产品。

⑤市场全面化。

市场全面化,即营销主体选择整个研学旅行市场作为目标市场,全方位地推出研学旅行产品。这种模式有一定的难度,一般来说,只有国家或省(市)级研学旅行目的地产品可考虑采用这种模式。

第二,从研学旅行目标市场营销策略的不同进行选择。

①无差异市场营销策略。

无差异市场营销策略也叫整体市场策略,是将整个研学旅行市场视为一个目标市场,用同一种研学旅行市场营销组合策略开拓研学旅行市场。无差异市场营销策略只考虑研学旅行市场在需求上的共同性,而不关心市场在旅游消费需求上的差异性。它虽然可以降低营销成本,但随着研学旅行市场竞争的加剧,学生及学校需求的多样性变化趋势,这种营销策略也存在弊端。大众化的研学旅行观光产品,如观光型景区产品可以采用无差异市场营销策略。国家和省(市)级研学旅行目的地产品由于区域内产品的多样性,也可采用无差异市场营销策略。

②差异性市场营销策略。

差异性市场营销策略是将整体市场划分为若干细分市场,针对每个细分市场制定不同的营销组合方案,以满足每个市场面的具体需要。差异性营销策略的优点是使学生及学校需求更好地得到满足,以此促进产品销售。由于在多个细分市场上经营,一定程度上可以减少经营风险;一旦在几个细分市场上获得成功,有助于提高旅游产品的形象及市场占有率。不足之处一是会增加营销成本。由于产品品种多,以及针对不同的细分市场发展独立的营销计划,会增加在市场调查、促销和渠道管理等方面的营销成本,还可能使营销主体的资源配置不能有效集中。研学旅行线路产品因为线路产品组合的主题性原则,要采用差异性市场营销策略,景区产品也要根据其主题功能定位而采取此策略。

③集中性(密集型)市场营销策略。

集中性市场营销策略是指集中力量进入一个或少数几个细分市场,实行专业化生产和销售。实行这一策略,营销主体不是追求在一个大市场角逐,而是力求在一个或几个子市场占有较大份额。这一策略特别适合于资源力量有限的中小旅游企业。由于受资源特色、财力、技术等方面因素的制约,整体研学旅行市场可能无力与大企业抗衡,但如果集中资源优势在大企业尚未顾及或尚未建立绝对优势的某个或某几个细分市场进行竞争,成功可能性更大。它的局限性表现在:一是旅游市场区域相对较小,发展受到限制;二是有较大的经营风险,一旦目标市场突然发生变化,如学生及学校兴趣发生转移或强大竞争对手进入,或新的更有吸引力的替代品出现,都可能使企业因没有回旋余地而陷入困境。

课后训练
及答案

第三章
研学旅行项目的体验设计

学习目标

1. 了解研学旅行体验的概念。
2. 了解研学旅行体验的构面。
3. 掌握研学旅行体验的影响因素。
4. 掌握研学旅行体验设计的重点环节。

知识框架

```
                        研学旅行项目的体验设计
         ┌──────────────┬──────────────┬──────────────┐
    研学旅行项目体验   研学旅行项目   研学旅行项目体验   研学旅行项目体验
        概述          体验的构面      的影响因素       设计的重点环节
     ┌────┬────┐    ┌────┬────┬────┐   ┌────┬────┐    ┌────┬────┐
    旅游  研学旅   研学   研学   研学   外在  内在   研学旅  研学旅
    体验  行项目   旅行   旅行   旅行   因素  因素   行项目  行项目
    的基  体验的   项目   项目   项目                 体验主  体验内
    本概  基本概   功能   认知   情感                 题的设  容的设
     念    念     性层   性层   性层                   计      计
                  面的   面的   面的
                  体验   体验   体验
```

学习重难点

1. 学习重点：研学旅行体验的概念、研学旅行体验的构面、研学旅行体验的影响因素、研学旅行体验设计的重点环节。

2. 学习难点：研学旅行体验的定义以及概念的辨析、研学旅行体验设计的重点环节。

九嶷山国防教育基地研学旅行体验项目

一、项目主题

强我国防,兴我中华

二、项目背景

国防常识,是公民应该了解和掌握的最基本的国防知识。作为一般公民,应了解和掌握诸如国家领土、领海、领空的一般含义;现代战争知识,如现代战争的特点、战时动员的要求、防卫作战的一般原则等;我国武装力量知识,如人民解放军、武警部队、民兵和预备役部队的体制和主要职能,以及军兵种知识等。对在校的六年级学生而言,他们的接触面窄,对国防知识知之甚少,因此有必要给他们开设此项目,使他们初步树立国防观念。

三、授课对象

年龄段:10—15岁

四、学习目标

1. 通过现场教学以及情景模拟帮助学生了解国防知识,树立居安思危的国防观念,培养自立自强精神。

2. 通过国防常识、地理、科技等教学让学生掌握基础国防常识,树立热爱祖国、立志献身国防的精神。

五、项目特点

1. 结合现代化军事管理方式,采用教官现场教学及互动体验的方式,让学生树立正确的国防观念。

2. 以班级小组为单位,采用竞赛形式,让学生增长知识,培养生活自理能力,增强团队精神。

六、研学方式(导、研、展、评)

(一)导入设计

1. 学校老师项目导入

(1)于学校内开展行前课堂,老师向学生解析军事国防项目内容。

(2)引导学生了解我国军事、国防背景知识。

2. 教官、研学导师、安全员导入

(1)在活动前做安全教育。

(2)指导学生填写研学手册中安全注意事项的有关问题。

(3)将学生分班、排、连,设班长、排长、连长,促使学生间相互监督。

(二)研学活动设计(见表 3-1)

表 3-1　研学活动设计

时间安排	项目名称	项目内容与特色	活动场地
第一章	开营仪式	1. 奏唱国歌； 2. 授旗仪式； 3. 营规讲解	国旗广场
第二章	军事训练观摩	1. 整体集中在障碍训练区； 2. 观摩士兵如何穿越障碍； 3. 观摩士兵如何解救人质	障碍训练区
第三章	穿越封锁线	1. 根据教官演示，学习不同姿势匍匐前进； 2. 了解投掷手雷的标准动作； 3. 分组对"敌区"进行投掷手雷练习； 4. 不同战区进行投掷手雷比赛	手雷投掷场
第四章	军事纪律体验	1. 队列训练——立正、稍息、停止间转法、齐步、跑步、立定、敬礼、纵队、横队、集合、解散、整齐、报数； 2. 队列指挥——主要是训练指挥的口令和示范动作及在队列中的指挥位置； 3. 队列纪律	国旗广场
第五章	内务训练体验	整理内务是军训的重要内容之一，目的在于提高新生的内务标准和加强新生的宿舍整理意识，营造整洁舒适的军营环境	基地宿舍
第六章	射击训练	1. 介绍我国军人先进的武器，QBZ95 自动步枪和手枪等； 2. 射击体验：谁是"神枪手"竞赛	射击训练馆
第七章	军体拳体验	军体拳是由拳打、脚踢、摔打、夺刀、夺枪等格斗动作组合而成的一种拳术。开展军体拳训练，对培养军人坚韧不拔、勇敢顽强的战斗作风具有重要的意义	战术场
第八章	罗马炮架	在教官指导下，分成 2 个小组，进行罗马炮射击和躲避训练	射击场

续表

时间安排	项目名称	项目内容与特色	活动场地
第九章	排雷大战	1. 每队选出扫雷队、排雷队、布雷队； 2. 扫雷队用探雷针将地雷找到并插上小红旗，由排雷队将雷挖出来。最后由布雷队将地雷重新布置好	沙池
第十章	总结	每个班派出一名代表，上台发表演讲（体验感受）	国旗广场
备选项目	包扎	1. 学习野外受伤包扎技巧（头部、手部、腿部）； 2. 两位同学为一组进行相互包扎练习	战地救护站

（三）展学设计

1. 项目结束后，由教官主持分享会，同学们自由发表研学感悟。
2. 项目当天的影像资料将制作为微信推文于学校微信公众号平台发布。
3. 以"不忘初心、砥砺前行"为主题进行汇报演出，参与优秀团队评比。

（四）评学设计

通过专业表格，按"知识与技能""过程与方法""情感态度与价值观"进行综合评价（见表 3-2）。

表 3-2 研学导师评价表

研学活动名称		姓名		研学导师评价	带队老师评价
研学活动起止时间		填写时间			
大项	细项	评价			
基本素养	仪容仪表整洁得体	A. 优　B. 良　C. 常　D. 可　E. 差			
	语言表达规范准确、有感染力	A. 优　B. 良　C. 常　D. 可　E. 差			
	有爱心、耐心、细心、责任心	A. 优　B. 良　C. 常　D. 可　E. 差			
	有良好的、专业的职业态度	A. 优　B. 良　C. 常　D. 可　E. 差			
项目实施	教学方案全面且完整	A. 优　B. 良　C. 常　D. 可　E. 差			
	教学方法符合学生的年龄特点	A. 优　B. 良　C. 常　D. 可　E. 差			
组织管理	有安全预案和安全指南	A. 优　B. 良　C. 常　D. 可　E. 差			
	应变快速，处理及时	A. 优　B. 良　C. 常　D. 可　E. 差			
工作评估	引导学生完成并分享项目成果	A. 优　B. 良　C. 常　D. 可　E. 差			
	有生活服务保障	A. 优　B. 良　C. 常　D. 可　E. 差			
	有教育服务保障	A. 优　B. 良　C. 常　D. 可　E. 差			

思考：

1. 如果你是中小学生，你认为这个项目的体验好吗？为什么？
2. 结合研学主题，你觉得里面的体验项目和设计合理吗？能够表达出该主题的特征吗？

第一节　研学旅行项目体验概述

一、旅游体验的基本概念

（一）旅游体验的定义辨析

"体验"是情绪和情感的基本特征，无论人对客观事物持什么态度，人自身都能直接体验到，离开了体验就根本谈不上情绪和情感。因此，每当谈及体验，人们很自然地会把这个范畴与心理学联系起来。体验会使人们联想到心理过程和这个过程所引起的心理超乎寻常的变化。不管是从个体心理还是集体心理的角度，不管是站在整个社会的立场还是个体的视角，体验都有着重要的意义。

体验是伴随生命的过程。从诞生、成长再到死亡，个体会体验到生命诞生的快乐和痛苦；会经受成长的风雨和社会的洗礼；也会感受生命枯竭时产生的不安和恐惧。总之，不管什么时候，只要生命存在，只要个体面临变化、危险或者挑战，这些都会在个体内心留下印记，并影响个体今后的社会行为方式。这就是体验对个体和对社会的重要意义之所在。

体验与旅游有着直接的天然的联系，旅游者花费了时间、精力和金钱，增长的是阅历，得到的是体验。体验经济会刺激体验消费，旅游体验经济就是通过各个方面的努力使游客达到深度体验。说旅游是体验经济和阅历产业，是因为有了深度体验，游客才会对这个地方印象深刻，如果只能让游客走马观花，过后没有深入的体验和经历可以回味，从经营角度来说，这就是失败。如果游客到一个地方旅游，回来能够跟别人讲一些感触很深的细节，这就是成功。把握了细节就是把握了体验设计的深层。因此，在旅游项目的体验设计中必须把握细节。

国内旅游体验的研究由谢彦君（1999）开始，他首次在国内提出了"旅游体验"的研究命题，并强调"旅游体验的研究是旅游研究的核心内容"，认为旅游最核心的要素就是旅游体验，它是指旅游者与其所处的情境深度融合时所获得的一种身心一体的愉悦感受，它是旅游个体借助观赏、交往、模仿和消费等活动，通过与外部世界取得暂时性的联系，旅游者的内在心理活动与旅游客体所呈现的表面形态和深刻含义之间相互交流和相互作用的结果。

李一平（2000）认为，游客体验就是与"他者"建立联系，从理解和收集"他者"的差异性中进行学习的过程。邹统纤(2003)等人认为,旅游体验过程其实是一个符号的解读过程,解读这种文化乃至符号体系,也同时意味着在重构这个体系。黄鹂(2004)指出,旅游体验是旅游者在旅游活动中产生的对旅游产品在心理和情感上的体验。胡燕雯等人指出,旅游体验是游客通过旅游活动的展开最终形成对旅游的整体印象。苏勤(2004)认为,旅游体验是在旅游过程中旅游者动机和行为与旅游地多种因素之间相互作用后获得旅游需要的满足程度。李舟(2004)认为,旅游体验就是旅游企业能激活旅游者内心心理空间积极主动性的活动。堪莉(2003)认为,旅游体验既有精神享受,也有物质享受;既有依赖于事物表面的观察,也有沉湎于理性世界的深思。林南枝(2000)将旅游过程和结果(感受)概括为旅游体验,实际上是对旅游活动的总结。熊元斌(2005)认为,旅游体验是个人达到情绪、体力、智力,甚至是精神的某一特定水平时,在意识中产生的美好感觉。

根据以上各位学者对旅游体验的定义,结合本书主题,我们将旅游体验定义为:旅游体验是在旅游过程中旅游者动机和行为与旅游地多种因素之间相互作用后获得旅游需要的满足程度,是对旅游过程和结果的总结。

(二)旅游体验的基本内涵

从旅游体验主体看,大多数研究者认为旅游体验是旅游者个体产生的,只有少数的研究者认为旅游体验可以是旅游企业的行为。对旅游体验的研究从认为其性质是消极到积极,从关注个人的情感到关注外界对个人情感的作用,发生了质的变化。

在总结前人研究的基础上,本书比较倾向于旅游体验是个人与旅游环境相互作用产生的感受。认为旅游体验是个人在展开旅程的过程中产生的一种态度和感受,并在此基础上形成的情感体验。这种"感受"包括旅游者在与旅程中的一切因素接触过程中,旅游者通过自身的内在因素与旅游过程中的客观因素相互作用,形成对旅游的认知、态度,进而产生的感受和体验。这种感受和体验可以有程度上的差异,从浅到深;也可以有态度上的差异,从不满意到满意;还可以有类型上的差异等。不过,这些只是旅游体验的表层表现,其深层机理是旅游者的主观因素和旅游过程中的客观因素的相互作用,从而形成了人的旅游体验。

国内旅游体验的研究中还有一类观点,即把旅游体验理解为体验式旅游。本书认为,旅游体验与体验式旅游是有区别的:旅游体验是游客在整个旅游过程中身心产生的感受,它表现为一种整合的心理状态。而体验式旅游重在体验活动的参与,在参与活动中体验新的感受。可以说,体验式旅游是旅游体验中的一种类型和一个方面,对于旅游开发者来说就是一种旅游产品,如能吸引旅游者参与体验,可以各取所需。因此,本书认为,研学旅行是体验式旅游的一种。

综上所述,旅游的核心要素实际上就是体验,保障旅游者在旅游过程中能获得优质的体验,才能真正发挥旅游产业的价值,才能真正保证旅游者实现高质量旅游;而对于旅游从业者来说,不仅要树立正确的旅游体验意识,还须对旅游产品策划人员进行有效培训,使其能够以旅游者的体验感受为核心,开展相应的一系列的旅游产品设计,使体验型旅游产品能够获得广阔的市场,使其能够为我国旅游业的健康、可持续发展提供有力保障,使越来越多的旅游者能认可与喜爱旅游,促进我国文化与经济的健康发展。

二、研学旅行项目体验的基本概念

（一）研学旅行项目体验的定义

研学旅行作为旅游活动的一种,旅游的主体为学生,因此,区别于其他游客的旅游体验,学生群体通过研学的方式出去旅行,他们的体验不是以游憩为目的,而是以学习为目的。因此,结合旅游体验的相关定义,本书将研学旅行项目体验定义为:研学旅行体验是在研学旅行过程中学生的研学行为与旅游地多种因素之间相互作用后获得研学需要的满足程度,是对整个旅游过程和结果的总结。

（二）研学旅行项目体验的特征

研学旅行项目体验主要是按照学生的身心发展规律、地方特色、学科教学发展的需要,有针对性地组织学生以集体旅行、集中食宿的方式走出校园来感知世界,以拓宽学生的视野,丰富其理论知识储备,强化其与大自然的交流,提升学生的文化认同感,强化学生关于集体生活的情感体验。主要目的是深化学生的创新实践能力以及自理能力,拉近学生与大自然之间的距离,强化其对社会公共道德的体验,开阔学生的眼界。

研学旅行项目体验是通过有目的、有意识地组织学生参与校外旅行活动,通过实现学生身心健康发展来展现其旅游体验。如果只是带学生出去走马观花式地游览,没有针对性的项目与活动,就不能算是研学旅行项目体验;其次,研学旅行项目体验的重要特点是集体性,要以班级、年级为单位开展集体活动,学生在教师的带领下开展活动,强化其集体体验,相互研讨,这才是名正言顺的研学旅行项目体验。如果只是家长带着学生出去简单的旅游,就不能算是真正的研学旅行项目体验。研学旅行项目体验的本质不仅仅是旅游,也是一种教育活动,它是将学校的课堂教学活动由校内转至校外,由学生在研学导师的帮助下实现的。因此,研学旅行项目体验既受到旅游的体验因素的影响,也受到教育的体验因素的影响。

第二节　研学旅行项目体验的构面

一、研学旅行项目功能性层面的体验

（一）项目式学习

1. 项目式学习的概念

项目式学习在国外被称为"PBL"(Project-Based Learning)或"PL"(Project Learning),不仅在美、英、法、日等发达国家普及,而且在许多发展中国家也已普遍开展。有的国家已经从初中、高中到大学统一开展,形成了相互衔接的项目系列。项目式

学习在我国开始引入时,强调以"构想、验证、完善、制造出某种东西"作为项目研究的成果,并通过"有形的由学生制作的物体,如书、剧本或一项发明等"表现学生的成果,因其注重帮助学生解决真实世界中复杂的、非常规的且具有挑战性的问题,培养学习者沟通合作、批判创新的高阶认知能力和工作方式,对世界各国的教学改革产生了极大的影响,已成为传统课堂教学的重要补充。

2. 项目式学习的特征

近几年,人们探索在基础教育的学科教学中开展项目式学习。实践证明,项目式学习对于培养学生的核心素养可以起到重要作用,研学教育的体验设计的功能性从项目式学习出发可以得到很好的实施。项目式学习主要有以下几方面的特征(董燕,等,2019)。

一是学习的问题性。项目学习的实施是从一个驱动或引发性的问题出发,用问题来组织和激发学习活动。驱动问题的设计要符合研学主题设定的标准,能够反映学生需要掌握的基本知识和技能,并具有发展学生的核心素养和学科能力的价值。

二是学习的合作性。在开发阶段,研学导师、学生以及涉及该项目活动的所有人员应相互合作,从问题生成、目标设计、活动设计到项目管理形成"学习共同体"。在实施阶段,学生以合作学习方式对项目的核心问题和驱动问题进行讨论。

三是学习的探究性。在项目实施中,要求学生对现实生活中的真实问题进行探究,学生通过搜集资料或设计探究方案,实施验证,论证假设和猜想,得出结论,从而建构起自己对问题的理解。

四是学习的真实性。研究的问题要从学生的经验出发,并基于真实生活情境,能够增强学生对知识和生产生活联系的认识,提升学生利用学科知识解决生产生活问题的体验。当学习以真实的方式来进行时,问题的解决即有产生实际结果的可能性。

五是评价的过程性和结果性。项目学习的最终成果涉及一个产品、一份报告或实作的设计和发展过程,研学导师通过由学生所呈现的项目成果等来判断学生在项目学习中对知识、概念的掌握情况以及所体现出的能力、创造力的发展状况。项目是学习在课堂教学中的开展,包含一系列开展科学规划的过程,从设计驱动问题、规划项目评价到管理项目过程,形成一个科学有序、环环相扣的教学系统。

3. 项目式学习与研学旅行中的关联

研学旅行在教育层面的特点表现在主题的自主性、内容的开放性、方法的探究性和取向的实践性上。项目式学习强调学习过程的实践化、学习内容的综合化及学习评价的多元化。项目式学习与研学旅行的关联主要体现在以下几点。

第一,项目式学习强调问题的真实性,而研学旅行就是要深入真实情境,在经历和体验中学习。

第二,当前我国研学旅行项目的开展存在评价单一片面的问题,而项目式学习则强调评价的多元性,这不仅包含主体的多元,还包含评价内容和评价方式的多元。

第三,项目式学习方式给研学旅行开放的内容和能动的主体提供了模式支撑,能促进研学旅行活动的设计和开展。

第四,项目式学习与研学旅行项目体验设计相结合,旨在为学生构建系列行动中的学习体验与任务。

4. 项目式学习的流程与内容

本书采用六步骤法来介绍项目式学习法的流程与内容。

第一步：开端。把这个项目介绍给学生，重要的是要让学生对项目感兴趣，而不是让学生感到有一个任务要去完成。要设计各种各样的研学活动，让学生积极地参与，这个就作为项目的开端。

第二步：提出根本性的问题。这些问题是长久的、持续性的问题，如什么是地理、什么是天文、什么是爱国、怎么样做研究，等等。这样的问题是项目背后的意义，这些问题的存在是为了让学生们提出更多的问题。

第三步：头脑风暴。美国圣地亚哥 High Tech High School 鼓励学生提出尽可能多的观点和解决方案。

第四步：批判性的评价。要让学生评价彼此的工作，这是非常关键的一步，这一步保证了工作的质量。在评价时，要看一看专业性的工作，看什么地方做得好，以此为基础建立评价标准。学生评价其他学生工作时有三个标准，即第一是友好；第二是有建设性，即对他人有所帮助；第三是有针对性，如果只是评价学生做得非常好，这就不是一个有效的评价。

第五步：反复修改，反复提出新的设计。在上一步彼此评价的基础上，修改和提出新的设计是反复在教室内进行的。在这个过程中，学生要不断地问自己一些问题，如做得是不是准确的、是不是好的等，通过问这样一些问题来完善自己的设计。

在反复修改的过程中，学生的作品和解决方案要向观众展示。但是，这些观众要能理解这些作品，懂得欣赏这些作品，提出具有建设性的意见，是真正的观众或者说受众。

另外，每一个学生的作品都要展示，而不是挑出最好的进行展示。还要澄清一点，虽然进行的是项目式学习，但是有时也是有考试的，是有书面作业的。这些并非不能共存，重要的是要让学生反思学习的过程。

第六步：反思。在每一个项目结束后，学生都要回想在完成的过程中，什么做得比较好、什么方法有效、什么方法无效、如何在下一次继续改进……这些就是项目的最后一步。

在研学活动设计项目式学习之初，就要考虑这些问题：学生创造了什么、学生学到的东西是什么、学生应该怎样反思、学生的作品应该如何展示。当想清楚上述这些问题之后，就可以回到具体的这六个步骤中来。

项目式学习作为一种新的教学模式，通过研学旅行这种体验式旅游落实，从注重学生的知识学习到注重学生的行动是其最大的优势。通过项目的开展，在研学体验中，既保证了学生的自主性，又提升了对学生的综合评价，有效地提升了研学旅行活动的实效性，能够避免研学旅行演变为"只游不学"的旅行。

（二）体验式学习

约翰·杜威认为体验式学习过程不是一个循环的过程，而是一个螺旋上升的过程，每一个体验的阶段都具有发展的可能性。大卫·库伯(1984)在此基础上完善并提出了体验式学习圈模型（见图 3-1），认为体验式学习圈包括具体体验（Concrete Experience）、反思观察（Reflective Observation）、抽象概括（Abstract

Conceptualization)和主动检验(Active Experimentation)四个步骤。

图 3-1　库伯体验式学习圈模型

首先,体验式学习把"学习看作体验的转换并创造知识的过程"。在库伯看来,学习首先应该是一个过程,而不是一个结果。研学导师的主要精力应集中于让学生参与其过程,而不应过分强调其学习结果,这样才可以最大限度地改善学生的学习方式。

其次,学习的关键在于解决适应世界的双重对立统一之间的矛盾。我们具有两种不同获取体验的方式:一种是感知(即具体体验),另一种是领悟(即抽象概括)。感知是指我们把感觉、心情与情绪融入环境之中,并与之相互作用进行体验。在感知中,我们接触到周围的真实环境。同时,我们也可以运用已有的认知能力,通过领悟来获取经验。但是,无论是通过单一的感知还是纯粹的领悟都难以获得事实的全部真相,因为没有内容的领悟必将是空洞的,而没有观念指导的感知也必将是盲目的。因此,只有在感知与领悟之间达到统一,学习者才可以获得事实的意义。感知与领悟之间的统一需要学习者通过体验的转换才可完成。体验转换涉及两种不同的加工方式:内涵转换(即思考观察)与外延转换(即行动应用)。两种不同的体验转换方式之间也存在着对立统一的关系。因此,在库伯看来,学习者必须处理好具体与抽象、反思与应用之间的矛盾。

最后,学习是一个创造知识的过程。知识是在体验的转换过程中被创造的。我们可以区分两种不同形态的知识:社会知识,即仅仅建立在个体领悟基础上的独立的,社会及文化传播的词汇、符号等。个人知识,即个体对直接经验的感知和个体为了解释其经验、指导其行为而对社会知识的领悟。社会知识是先前人类文化的客观积累,而个人知识是个人生活经验的主观积累;社会知识仅仅通过领悟获得,而个人知识是感知与领悟交互作用的结果。社会知识不能独立于个人经验之外,它必须由认知者根据经验不断创造,不管其经验是通过物质世界和社会世界的相互作用得来,还是通过借助符号或语言媒介得来。为了理解这些符号和文字,个人知识就产生了。这就是库伯的"双重知识论"。

库伯认为,体验式学习理论被证明是真实并能经得起考验的。社会心理学、哲学和认知心理学的智力传统观点为体验式学习提供了教育方法和终身学习过程的理论基础。体验式学习模型力求构建一个能够探讨和加强教育、工作和个人发展之间的重要联系的框架。研学旅行项目符合体验式学习的特征,研学旅行本是以"研"为主题的旅行,学习是其核心。学习者是在旅行的过程中获得知识或能力;研学旅行以学习者亲身体验为基础,并在这个过程中因学习者不断体验而持续得到新的经验;学习者在亲历体验中得到与之前所知相同或不同的经验,促使学习者在潜意识中运用辩证思维形成自己的认知体系;研学旅行是一次感受世界、亲近世界的过程;学习者在旅行中是一次自我与环境之间接触、观察、思考和认知的过程,是自我与他人沟通、交流、认识和交往的过程;学习者从研学旅行中能够完善认知。

二、研学旅行项目认知性层面的体验

(一)自然教育体验

自然主义教育是由著名教育学家和哲学家卢梭提出的,他主张从自然人性的观点出发,倡导教育要崇尚自然,发挥天性,切实培育"自然人"。卢梭的自然主义教育遵循人的身心发展规律,倡导人的天性,主张学生回归大自然。大自然的旖旎风光不仅蕴含着美,还蕴含着丰富的精神,能够滋养心灵。回归自然的教育意味着回归本真,追求朴素的情感。

卢梭所指的"自然"包含两个方面的含义:一是遵循人的自然状态,即人的身心发展规律;二是回归大自然,发挥自然环境的育人功能。他将教育界定为三种:"这种教育,我们或是受之于自然,或是受之于人,或是受之于物。我们的才能和器官的内在的发展,是自然的教育;别人教我们如何利用这种发展,是人的教育;我们对影响我们的事物获得良好的经验,是事物的教育。"

卢梭认为,只有这三种教育趋于和谐统一,才能真正实现教育目的。而研学旅行的体验与这三种教育相互契合,正是这三种教育的相互协调、相互配合,才能达到预期的教育效果,实现教育的价值。

自然主义教育理论之于研学旅行,更多的是为研学体验的设计层面提供参考,研学旅行具有一般旅游体验活动的大部分特征,但也具有集体性、教育性、体验性以及自主性等特征,因此,遵循卢梭的自然主义教育理论,在进行研学旅行项目的体验设计时,可以充分考虑以下四点。

一是让学生们走出孤立,与他人建立伙伴关系。研学旅行所选择和塑造的教育环境,应该兼具自然性和社会性的特征。

二是通过"集体+个人"教育群体模式的建立,鼓励学生在发挥主动精神和独立意识的同时能够参与群体协作,积极为赢取集体荣誉而努力。

三是在研学主题的设计上既要体现理想的道德因素,也要有感性的情感因素,在研学的整个过程中,教师不经意间的小小举动都能够让学生感受到感情教育的力量。

四是与体验学习理论相结合,让学生在体验中学习,先动手体验,进而动脑思考,在自然情境中,通过学生自主承担过失行为产生的后果自然来达到教育的目的(邱珊珊,2018)。

(二)审美教育体验

本书认为,旅游美育是旅游体验的延伸,旅游美育是在旅游美学基础上自然延伸出的审美教育概念。旅游主体在旅游活动即审美活动中完成审美体验,通过审美体验实现审美教育,因此,旅游者通过旅游活动完成的审美教育又被称为"旅游美育"(孙兆俊,2019)。

许宗元(2009)在《旅游美育导论》研学旅行的美学内涵与美育特质中从狭义和广义

界定了旅游美育的基本概念："旅游美育是通过旅游活动进行的审美教育，也就是在旅游进程中产生、完成的美感教育。旅游美育有狭义、广义之分。狭义的旅游美育，其目的、任务是培养、提高旅游主体——旅游者对现实世界（自然的、社会的）和艺术世界的美的感知、鉴赏、创造，陶冶人格修养，丰富生活趣味，促进身心健康，升华道德情操。广义的旅游美育，则不仅对旅游主体而言，其对象推广为一切与旅游相关的人，如旅游从业人员、旅游者。"

因此，从旅游美学和旅游美育的概念分析，旅游活动作为一种审美活动，是在旅行、游览中面对自然、人文景观和现实生活而进行的审美体验和审美教育活动。这种审美活动的现实真实性决定了旅游美育的现实生活维度取向，从而也就与一般的艺术审美维度相区别而呈现出审美独特性。旅游美育作为一种美育形态，在学界虽早已提出，但在现有的美育体系中却较少提及（肖砚凌，2017）。旅游美育是轻松自由而极具渗透性的旅游教育形式，研学旅行作为学校美育的新形式将发挥不可替代的重要作用。

三、研学旅行项目情感性层面的体验

（一）集体感情

在前面我们提到过，研学旅行项目的定义是："以中小学生为主体对象，以集体旅行生活为载体，以提升学生素质为教学目的，进行项目规划、参与者投资、政策扶持、机构参与及各方面的综合体。"其中，提到研学旅行是以集体旅游为出行方式的旅游活动。因此，在研学旅行项目的情感体验设计中，集体感情的设计是其中很重要的一个环节。每个学生既是独立的个人，也是集体中的一员。"作为一个集体，要把每一个成员看作全体不可分割的一部分。"研学旅行的活动设计应该认识到集体效能的最大化来自人的价值的充分实现，每个人在集体中都有展示的机会和空间。通过集体教育模式的建立，鼓励学生参与群体协作，积极为赢取集体荣誉而努力。

（二）独立感情

研学旅行的教育目标中提到，要让学生"学会动手动脑，学会生存生活，学会做人做事，促进身心健康、体魄强健、意志坚强，促进形成正确的世界观、人生观、价值观，培养他们成为德智体美全面发展的社会主义建设者和接班人"，由此可见，研学旅行的最终目的是培养完整的人。因此，在学生的独立感情的体验设计中，需要关注整个行程中学生个人人格的培养，培养其独立处理问题的能力，在个人的独立感情培养中，可以提供以培养学生的情感能力和践行能力为主要目的的服务项目来进行项目体验设计，如思想品德养成教育活动与才艺展示等。

第三节 研学旅行项目体验的影响因素

影响研学旅行项目体验的因素多种多样，研学旅行体验源自旅游体验。各学者对

影响旅游体验的因素的构成看法各不相同。

Ryan(1997)认为,先在因子——旅游动机(个性、社会阶层、生活方式和所处生命周期阶段、期望、以往的经验和知识、目的地的营销和形象定位等因素)会影响旅游体验。Pearce(1985)提出了"旅游星涯阶梯",包含了放松、刺激、关系、自尊与发展、自我实现五个层次的旅游需要和在此基础上产生的旅游动机。

约·维特(2000)认为,旅游产品的象征性、情感性意义、不同旅游者的认知调整战略是影响旅游体验的因素。墨文·杰克逊(1996)认为,影响旅游体验的因素有旅游者自身能力和努力程度、任务艰巨性和旅行运气等方面。耶奥约斯(2003)认为,信息与通信技术会影响旅游体验。Knopf(1989)认为环境及设施刺激、活动和社会环境会影响旅游体验。

Ross(1991)认为,影响旅游体验的因素受到旅游目的地的各种属性、旅游企业接待人员的服务质量与旅游者自身的各种因素影响。Jacinto Garcia 和 Huyze(1999)认为,影响旅游体验的因素有旅游目的地旅游者的数量、旅游者与不同文化的相互作用。

Vazquez-Carrasco 和 Foxall(1989)认为,影响旅游体验的因素有价值感知个性、各关系利益的感知。Faullant,Matzler 和 Mooradian(2011)认为,旅游体验受情绪因素的影响。Wearing(1996)认为,影响旅游体验的因素有个人和观光空间的互动性、游客本身的文化和社会背景、旅游目的。Chhetri,Arrowsmith 和 Jackson(2004)认为影响因素是风景、理解、信念和认同。Chubb 和 Chubb(1981)认为影响因素是过去的经验、完备的信息、社会价值观、交通距离、交通时间、游伴、沿途风景、活动机会、自然环境、社会环境、管理环境、服务、设施等。

丁红玲(2010)认为,影响旅游体验的因素体现在以下几个方面。一是个人因素,包括人口学特征(年龄、性别、职业等)、过去旅游经历、旅游动机、旅游期望、个人偏好、可支配收入、个性特征、闲暇时间、感知能力。二是旅游目的地因素,包括基础设施水平、景区景点可进入性、从业人员的服务态度和水平、目的地整体形象与环境、当地居民态度和行为、文化意境、安全性、特色性。三是第三方因素,包括旅行同伴的言行、组团社游览行程安排、导游服务技能水平。另外,还包括不可抗力因素。

王婉飞(2009)认为,影响旅游体验的因素有游客融入度和互动参与性。李怀兰(2004)认为,旅游体验由个性心理特点、个人知识能力、付出成本、企业服务人员、旅游地居民、旅游同伴、体验产品特性、整体环境氛围等因素构成。李淼(2004)认为,影响旅游体验的因素有旅游群体规模和不同景观类型。

李晓琴(2006)认为,闲暇时间、购买力、知识背景(包括早期的经验)、取得技能的自我努力、接受新鲜事物的态度和能力、社会网络关系(包括与当地居民的交流)是影响旅游体验的因素。

谢彦君、吴凯(2000)认为,影响旅游体验的因素是旅游期望。宋咏梅、孙根(2006)认为,影响旅游体验的因素有景区环境与事物、游客的个人经历、个性心理特征(如气质等)、管理者的组织与安排、体验频率数。苏勤(2004)认为,影响旅游体验的因素有旅游动机和需要、不同类型旅游者(心理内在推力驱使的旅游者、受旅游地属性外在拉力吸引的旅游者)、旅游设施、服务、主客关系、产品价格等。

邱根宝、任黎秀(2005)认为,影响旅游体验的因素有游客感知到的旅游景区设施和服务。白凯(2006)等人认为,影响旅游体验的因素有旅游目的地客观要素及整体形象、区域相似性特征、与常住地之间距离的差异及文化背景的差异。吴天香(2009)认为,影响旅游体验的因素有旅游环境、旅游活动、旅游服务。

张雪婷(2009)认为,影响因素是产品体验、环境体验、管理体验和个人能力。闫伟红(2009)认为,影响旅游体验的因素有期望、顾客感知的质量。安桃艳(2009)认为,影响旅游体验的因素有旅游者因素和旅游目的地因素。

结合研学旅行的特性与众学者对旅游体验的影响因素的总结,本书将研学旅行体验的影响因素分为外在因素和内在因素两大类,具体内容见表3-3。

表 3-3 研学旅行体验影响因素分类

外在因素	旅游目的地因素	旅游目的地的可进入性:交通、距离
		旅游目的地的安全性:安全性、游客安全保障体系
		目的地的设施和功能:景区、商店、导游、店员、住宿、接待、餐饮、管理者、基础设施、购物、经营状况、人员状况、通信状况
		旅游目的地的服务水平:服务质量、母语、管理、解说
		旅游目的地的价格:费用、成本
		旅游目的地的形象:形象、风景、情境、印象、景观、名胜、意境
		旅游目的地的环境因素:环境、文化、自然资源、污染、群体、氛围、特性、特点、特色、地理
	时间因素	时间、季节
	第三方因素	游览、观光、安排、产品服务质量、第三方机构、研学任务、同伴、行为、行程、沿途、不可抗力、灾害、天气、噪声、延误、运气、各种突发事件
内在因素	旅游者自身的知识(一般知识和经验)、技能	知识储备、认知、掌握的技能、经历、经验
	旅游者自身的预期	期望、吸引程度
	旅游者自身的能力	自身能力、应对挑战的能力

一、外在因素

(一)旅游目的地

研学旅行项目的体验设计与旅游目的地所构成的整体感知密不可分,从旅游目的地的交通便利性,再到目的地的安全性,学生及学校所知的传播渠道及研学管理团队所提供的服务水平,还有研学旅行产品产生的成本及费用,以及目的地的总体形象、自然资源、文化资源、风景、景观等,都是会影响学生研学旅行体验的因素。

在结合旅游目的地进行研学旅行项目的体验设计时,需要注意要从影响研学旅行体验最为重要的因素入手,有效提升旅游体验质量,要选取整体形象好、旅游环境一流的旅游目的地作为研学旅行目的地,目的地形象因素主要包括目的地整体形象、目的地特色以及相关服务机构的态度和行为。在进行体验设计时,突出情感化和人性化。了解学生需求,在设置参与项目时投其所好是依托研学目的地的产品与学生积极互动的前提。学生参与活动的程度对其旅游体验有很大的影响,因此,目的地在开发体验产品时除了要有传统的观光活动项目,还应该有教育属性的产品,激发学生不同的旅游体验。调动学生的积极性,给学生提供丰富的体验,可以为当地带来收益。了解学生需求,在设置参与项目时投其所好,就可以使学生积极主动地参与研学活动,研学旅行项目体验设计的目的是搭建一个让学生感知旅游目的地的平台,让学生获得难以忘怀的体验。

(二)时间因素

教育部等 11 部门在《关于推进中小学生研学旅行的意见》中强调,研学旅行需要"根据教育教学计划灵活安排研学旅行时间以及尽量错开旅游高峰期"。

在结合时间因素进行研学旅行项目体验设计时,我们需要注意到,研学旅行是纳入学校的教育计划的,这意味着研学旅行的出行时间需要参考中小学学校的学期时间。我国的教育学制由两个学期组成:第一学期一般从 9 月 1 号左右开始,教学时间约为 20 周,时间段约为 9 月至第二年 1 月;寒假之后一般在农历正月十五后开学,教学时间约为 20 周,时间段约为 2 月至 6 月。

学期时间可以为研学旅行的出行时间和研学旅行目的地的选择提供参考,如海南这种受气温与季节影响较大的地区作为研学目的地在不同的学期时间出行,出行体验会有明显的差别。

在研学旅行项目体验设计时,还要考虑该研学项目的总体时长,目前海南、重庆及贵州等地相关主管部门给出的意见是:"原则上安排在小学四至六年级、初中一至二年级、高中一至二年级,每学期安排不少于一次研学旅行活动,研学项目时长小学学段安排 1—2 天,初中学段 2—3 天,高中学段 2—5 天。"因此,在时间的安排上需要结合各地主管部门给出的参考时长来进行项目体验设计,研学项目的整体时间长短会直接影响学生的研学体验深度。

同时,在具体的研学项目体验设计中,需要根据行程安排有计划、有目标地执行项目,合理控制具体项目的时间,让整个研学体验完整、设计精巧。

(三)第三方因素

从第三方的角度来看,影响研学旅行的体验因素多种多样,有游览观光的旅游景区、具体研学项目的安排、研学产品服务质量、第三方机构的整体素质、研学任务设定的合理性、研学的同伴、他人的行为、整体的行程安排、沿途的风光,还有不可抗力因素,如灾害、天气、噪声、延误、运气、各种突发事件等都会对整个研学旅行项目的体验产生影响。

在结合第三方因素进行研学旅行项目的体验设计时应当注意以下几点。

第一,对学生的行为进行管理。学生作为参与者出现在研学服务过程中,故要求项目设计者必须重视场所设施的设计,学生的知识、经验、动机乃至诚实都会直接影响服务系统的效率,研学旅行应引导学生的正确行为,并对不合适的行为予以制止和杜绝,这是维持旅游资源质量、优化研学环境、有效提升学生体验的方式。研学旅行可以通过行前旅游规范培训、行中说明、现场标示等手段引导学生。研学旅行项目还必须加强对学生行为的管理,对学生的恶劣行为予以制止。

第二,强化服务时效性。研学旅行项目中,不管是直接与学生接触提供服务的一线工作人员,还是间接不直接为学生提供服务的管理人员都要为研学目的地服务质量负责,需要强化服务的时效性;研学旅行项目服务质量和服务过程密切相关,在服务过程中,需要达到主题体验的明确性、丰富性、品牌性与情感性等目的。学生对整个研学旅行流程熟悉,优化研学导师的态度、效率、服务质量、语言能力、应变能力、沟通能力、协调能力、接受新鲜事物的能力等,要让学生参与进去,在研学项目中产生难忘的感觉。

第三,培养高素质的研学导师。随着研学行业的逐渐规范,市场规模的不断扩大,对高素质的研学导师的需求越来越大。了解学生的研学需求,保持和提高学生的研学积极性,帮助他们感受目的地风光与体验研学项目是导师的责任。良好的研学体验对导师的基本要求首先是要有独特的个性、带团风格和讲解风格及文化素养。学生有一个什么样的经历,很大程度上取决于导师在研学的过程中怎样引导。在研学过程中,研学导师要调整学生的情绪。情绪受本人性格、生活方式、文化修养的影响,情绪具有短暂性、不稳定性和可变性的特点,研学导师应努力成为学生情绪的调节者,多关心学生,帮助他们消除紧张感,化解消极情绪,及时找到原因,并采取措施消除或调整学生的消极情绪。研学导师应整体把握研学活动全过程,使之符合人的生理和思维活动的规律,在这种规律指导下组织的研学旅行活动会取得较好效果。研学目的地的研学旅游服务人员要更好地为学生服务,以学生深层次的个性需求为依托,建立细致的服务规范,对学生有耐心和热情,通过贴心周到的服务,使学生的情感需要得到满足,给学生提供高标准、高质量的服务,学生会由此获得高质量的旅游体验。

二、内在因素

(一) 知识

学生的知识结构、对事物的认知程度、所拥有的技能、个人的经历、以往的经验,以及个人的努力程度、参加研学时的学习状态这些因素都是内在因素,即学生个人层面对研学旅行的体验产生影响的因素。

从普遍的意义上来说,相关政策已经给出了参与研学旅行群体的划分标准,即小学生、初中生与高中生。每个年龄段的学生的知识储备与认知程度都不相同,哪怕是去往同一个目的地或开展同一个主题的研学活动,研学旅行项目体验设计的深度与广度都应当有所不同,应当遵循由浅入深、由易到难的原则进行研学旅行项目体验的设计。因此,小学生应当以科普感受为主,初中生应当以学习探究方法为主,高中生应当以自我探究、研学导师引导为主,结合每个学段的校内知识背景,将研学目的地的相关资源与校内学科课程进行有效衔接,从而便于学生理解并完善自身的知识结构。

(二)预期

学生对于研学旅行项目的预期会也会对研学旅行项目体验产生影响。外在因素的综合影响,如目的地的吸引力、项目的趣味性与项目内容的充实程度等都会在研学旅行出发前影响学生对研学旅行项目的体验。因此,在结合研学旅行项目体验设计时,应当结合研学旅行项目策划的工作程序与营销方法,在出发前进行预热以提高学生的期望。

(三)能力

在研学旅行项目中,研学旅行项目体验设计涉及各种与学生有关的能力,如学生的自主学习能力、应对挑战时处理问题的能力、人际交往能力、团队协作能力、叙事能力与分析能力等,都会对学生的实际研学体验产生影响。因此,在设计研学旅行项目的时候,应当考虑本次面对的学生群体的平均能力水平,在既定的框架与模块下根据学生的能力水平进行适时调整,难度不应设置得太低。在研学旅行项目体验设计中,要根据行前与校方调查的结果给出可以落地的项目体验内容,从而将学生的能力水平有机结合起来。

第四节 研学旅行项目体验设计的重点环节

一、研学旅行项目体验主题的设计

研学旅行项目中的主题设计是一个重要的工作环节,这将决定学生研学体验的外在因素中的旅游目的地与第三方因素与内在因素的能力与预期能否有机地结合。因此,在研学旅行项目体验设计中的主题内容设计应当遵照主题性原则与差异性原则。目的地旅游资源的有效利用是主题设计的关键。

如海南的"国兴筑梦"系列研学旅行活动,主题为"国兴筑梦、青春出发"。该研学项目以"国兴筑梦"为主题,寓意为"国家强盛、民族复兴、筑牢信念、追求梦想"。"国兴筑梦"研学之旅既是理论与实践的结合,更是脚踏实地去追求自我梦想的历程,让广大青少年在研学旅行过程中加强学习交流,在实践体验中不断完善自我,敢于有梦、勇于筑梦、勤于圆梦,在海南自贸港建设和国家发展大局中实现个人梦想和社会价值的统一。

可以在确定主题后,结合海南的特色旅游资源,开发出"国兴筑梦"环岛研学专列的研学产品。通过环岛路线的研学方式,从解放战争先辈牺牲换来和平生活的幸福起点到蛟龙探海、火箭航天实现科技梦想的发展轨迹,感受中华民族追梦、圆梦的过程,体会国家发展的日新月异、国家战略的高瞻远瞩和中国共产党不忘初心为人民谋幸福的坚定信念。通过环岛研学旅行精品路线的延伸拓展,逐步构建"省级基地+市县营地"的研学旅行矩阵,实现实践教育服务体系的全岛覆盖。环岛研学路线面向国内外青少年,以"国兴筑梦"青少年主题教育长廊(省博物馆)作为活动集结地。

结合主题与定位设计出"国兴筑梦"环岛研学专列精品路线,包含"国兴筑梦"青少年主题教育长廊—海南解放纪念公园(幸福起点,瞻仰缅怀创造"小木船打军舰"奇迹的革命先辈)—热带雨林国家公园(自然洗礼,感受特色热带雨林风景下民族融合和生态平衡发展的别样风情)—三亚深海所(蛟龙探海,讲述海洋资源对未来强国发展的战略意义)—南繁育种基地(自然揭秘,深刻认识科技创新对乡村振兴的重大作用)—博鳌亚洲论坛(文明对话,了解全球化背景下国际交流合作的对话与争锋)—文昌航天发射场(航天筑梦,实地体验我国科研勇士为实现航天梦想的奋斗征途)—"国兴筑梦"青少年主题教育长廊。

以该案例为研学旅行项目体验设计的模板,可以梳理出主题内容的设计流程,即确定主题名称、填充主题内容、设计主题线路这三个步骤。需要注意的是,旅游资源是有限的,但是可以选定的主题是无限的,遵照主题性原则与差异性原则,即使是同一个研学基地或者旅游景区,都可以设计出不同主题的研学旅行项目。

二、研学旅行项目体验内容的设计

内容的设计在研学旅行项目体验设计中具有重要的意义,是整个研学旅行项目中学生具体感知与体验的部分,在进行研学旅行的内容设计时,可以参考学者朱洪秋(2017)设计的"三阶段四环节"模型。"三阶段四环节"模型是一个综合模型。"三阶段"是按照时间顺序划分的,把单个研学旅行项目划分为项目开始前、项目执行、回顾三个阶段;"四环节"是按照研学旅行内容设计实施的要素和环节划分的,确定目标、选择资源、项目实施、项目评价四个环节是所有研学旅行项目都具有的共性环节。

(一)研学旅行项目体验内容设计的"三阶段"

研学旅行项目的"三阶段"是指项目开始前、项目执行、回顾三个阶段。项目开始前是研学旅行内容设计的准备阶段,项目执行是研学旅行体验内容的实施阶段,回顾阶段是对本次研学旅行体验进行总结的阶段。

1. 项目开始前

首先,需要确定学习目标。确定学习目标是做好其他准备工作的前提。这个目标主要是确定大的学习目标。例如,设计内容为高等学院励志研学,将北京大学、清华大学选作目的地,可以将主题命名为"今朝雏鹰京华聚,来日鲲鹏展翼升"。

其次,需要建立组织架构。研学旅行项目属于室外活动项目,项目组织的有序性、安全性、教育性是非常重要的学习目标,而这些学习目标的实现,关键是要建立起研学旅行项目的组织架构。这种组织架构除了干部、教师、学生三位一体的关系网,最根本的是建构学生自我管理组织体系,自我管理、自我教育应该成为研学旅行项目最主要的管理方式和教育方式。

最后,需要编制研学手册。研学旅行手册是整个研学活动的行动指南,也是实现自我管理、自我教育的基本保障。研学旅行手册应该包括研学旅行组织架构、联系网络、项目简介、行程安排、研学课题、评价表格等方面,力求做到明确具体、操作性强。

2. 项目执行阶段

乘车管理、食宿管理、活动管理是这一阶段的三项核心工作内容。

首先是乘车管理。乘车管理包括往返家庭过程中的乘车设计与管理、通往旅行目的地过程中的交通设计与管理、活动过程中的交通设计与管理等。乘车管理包括乘车秩序、座位安排、文明要求等内容，最好的乘车管理方式是自我管理和小组合作管理。

其次是食宿管理。食宿管理属于生活管理，也是安全管理的重要内容之一。食宿管理中，较好的管理方式是提前设计好餐桌人员分配、餐桌号、餐桌长，以及住宿人员房间分配、住宿管理制度规定、查岗查房等内容，以便实现食宿管理的有序化、自动化、科学化、效能化和食宿管理的学生自治。

最后是活动管理。活动管理主要是研学旅行项目的实施过程，目前比较普遍的管理方式是以学校、年级、班级为单位的大一统管理，这种管理可以保障预设性、有序性，作为集体出行的活动，有序与安全是管理中的重点事项。

3. 回顾阶段

回顾阶段是研学旅行项目的评价总结阶段，这个阶段很重要。回顾阶段的主要内容包括研学作业的完成、研学成果的展示、研学成绩的认定等内容。

首先是研学作业的完成。按照研学旅行项目的设计，学校会在研学旅行项目的课前阶段布置研学作业，学生在课中阶段体验、探究，回到学校后整理和按要求完成作业。

其次是研学成果的展示。研学成果的展示应该以小组为单位，以体现小组合作学习的效果。研学成果的展示实际上是一种项目评价方式，有利于检验研学目标的实现情况。研学成果的展示还可以实现研学成果的物化和延续，以提升研学旅行项目开展的实效性。

最后是研学成绩的认定。研学旅行既然纳入中小学教育计划，就应该有类似于学科项目的成绩和学分认定系统，这是研学旅行项目规范管理的需要，也是推动学生有效参与研学的重要手段。参考国务院办公厅2019年颁布的《关于新时代推进普通高中育人方式改革的指导意见》中强调的完善综合素质评价："以省为单位建立学生综合素质评价信息管理系统，统一评价档案样式，建立健全信息确认、公示投诉、申诉复议、记录审核等监督保障与诚信责任追究制度。"研学旅行作为实现教育改革的有效途径对于评价的内容设置应当重视。

（二）研学旅行项目体验内容设计的"四环节"

研学旅行项目的体验内容设计"四环节"是指确定目标、选择资源、项目实施、项目评价四个环节。这四个环节实际上是按照泰勒的现代项目理论"四要素"来设计的，这是研学旅行项目的规范性结构。

1. 确定目标

确定目标是研学旅行项目体验内容设计的第一个环节。这一环节要在项目开始前完成，设计者主要根据学校的研学规划、育人目标、学生特征等方面进行设计，研学旅行目标大致包含科技类、艺术类、文化类、自然类、农耕类、场馆类等，这些都是大方向。大方向确定之后，最重要也最艰难的工作是确定具体的研学旅行项目的育人目标，单次的研学旅行不可能实现太大、太多的目标。具体的研学旅行项目的育人目标确定后有两条思路：一条思路是按照学科知识的要求确定研学旅行内容，另一条思路是按照学生发展核心素养，结合研学旅行目的地旅游资源综合设计研学旅行内容。

2. 选择资源

选择资源是研学旅行项目体验内容设计的第二个环节。这一环节主要在项目开始前完成，主要是研学旅行项目的设计者根据研学大目标，即主题，确定研学旅行目的地和线路，这是对研学旅行目的地旅游资源的第一次选择。研学旅行项目的设计者还应该根据项目具体的目标选择项目具体资源，供学生选择和探究，这是目的地旅游资源选择的关键。项目设计者还可以把目的地旅游资源的设计权交给学生或合作小组，让学生在研学旅行过程中自主选择目的地旅游资源，这是项目式学习的有效实现方式。

3. 项目实施

项目实施是研学旅行项目体验内容设计的第三个环节。这一环节主要在项目执行阶段完成，主要内容是按照学习目标、目的地旅游资源，亲身到研学目的地进行体验、探究、参观、考察。项目实施阶段最容易出现的问题是"只游不学"。项目实施阶段的"研学性质"是未来研学旅行最大的挑战，需要政府、研学机构、学校、家长与学生共同研究探讨以期解决这一难题。

4. 项目评价

项目评价是研学旅行项目体验内容设计的第四个环节。这一环节主要在回顾阶段完成，也要渗透在项目开始前和项目执行中。可以说，在研学旅行体验内容设计的三个阶段都应该有对项目的评价。项目评价的方式多种多样，包括研学手册的完成情况、研学成果的展示、研学体会的分享、研学成绩的认定、研学导师评价、学生自我评价、同学相互评价等。

（三）研学旅行项目体验内容设计的注意要点

1. 分析资源价值，制定相关标准

首先，在对研学内容进行开发时，要对资源的基本情况进行分析。如资源的性质、内涵、功能、所处的位置，资源的教育价值，教育内容与学校的教育教学之间的关系，与学生的现实生活和学习情境的内在联系，以及对这些资源进行开发的目的和意义等。校内外内容设计可以参考的研学资源主要涉及思政、历史、地理、物理、语文、英语等学科，其设计要考虑与校内课程资源的统筹衔接，构建跨学科资源融合的研学体系。

其次，围绕要开发的资源，需要考虑资源开发与利用的途径和方法，根据研学的需要，设计指导性的项目方案，考虑开展研学实践活动的内容与方式等。在设计过程中，结合学科、学生特点和实际研学需要，可以从不同的角度思考，设计跨学科主题单元活动或综合实践活动。

2. 把握资源重点，精选主题切入

要想让旅游目的地资源真正融入研学的体验项目，需要对当地资源有深刻的认识和理解。要确定研学资源各维度、各层面的主题，通过对旅游目的地资源的深入分析评价，并通过综合比较，从整体上把握基地（营地）研学资源的核心价值，为精选资源的切入口奠定基础。筛选资源内容，要注重内在关联。研学旅行对于旅游资源的独特性和系统性要求比较高。独特性指"人无我有，人有我优，人优我特"。这里的"特"，一定要从教育的角度体现其独特性,而不是一般意义的旅游资源的独特性。针对研学旅行,有些资源虽然具备较为独特的一面,但资源的内容不适合中小学生,或者超出了中小学生的学习范围。虽然有些资源很有特色,可能也有很深刻的历史文化内涵,但其所呈现的内容与学生在校内课堂所学教材无法统一、无法衔接,就不适合进入这个学段学生的研学项目的内容设计。

3. 挖掘资源内涵,优化活动设计

在进行研学项目的内容设计时,要注意把握学情特点,对接不同学段,精心挖掘相关资源的教育价值,优化设计不同特点的研学活动内容、形式与评价方式。校内教育主要是书本上的教育,是从书本上学习间接的知识,更多的也是被动接受。校外的研学基地(营地)多是现场实景,甚至很多基地(营地)可以作为学生校内课本的印证或延续。通过调动学生主动性与积极性进行的自主性学习,可以让学生全方位、全身心地感知研学对象,获取直接的知识与体验,这是研学旅行"具身化"学习的重要特点。

旅游目的地资源的开发需要精确制定基地(营地)研学的教育目标与方案,对旅游目的地资源进行深入系统的梳理,并相应地进行提升,优化研学活动设计,以充分体现研学教育的意义,突出其研学的特色、优势,实现立德树人的总体要求,促进学生全面发展。

第四章
研学旅行项目的活动策划

学习目标
1. 了解研学旅行项目活动的目标设定与目标设定方法。
2. 了解研学旅行项目活动的策划内容及策划方法。
3. 了解研学旅行项目活动的时间管理意义与管理方法。

知识框架

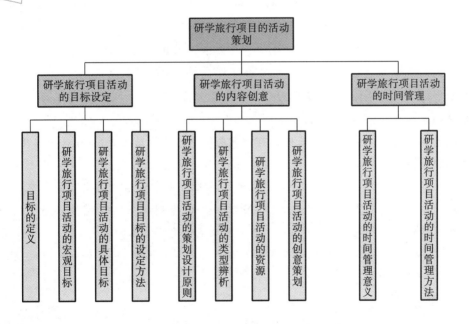

学习重难点

1. 学习重点：研学旅行项目活动策划的目标、策划内容及时间管理。
2. 学习难点：研学旅行项目活动策划的逻辑性、可行性及落地性的体现。

在贵州省遵义市绥阳县境内,有一个国家级研学基地,名字却很奇怪,叫作"十二背后"。那么,"十二背后"是什么?

"十"与"二"合起来是一个"王"字,寓意着隐秘的不为人知的风景,可以解释为"一个被隐藏的风景王国"。这个"风景王国"总占地600平方千米,内有横跨7亿年时光的神秘的亚洲第一长洞——双河洞国家地质公园,以及宽阔水国家级自然保护区、全国首个旅游地学文化村落,有着灿烂辉煌的诗歌文化和非遗传承等,汇聚了山地、洞穴、森林、水域等自然生态景观。

双河洞形成于寒武纪时期(距今约5亿年)。经过数亿年地质运动的撕裂和挤压,以及水流与石灰岩几亿年的相互作用,形成了200多个洞洞相连的神秘地下王国,拥有石膏晶花洞等世界级地质遗迹,是亚洲第一长洞,也是世界最大的天青石洞穴和最长的白云岩洞穴,被称为"地心之门"。

宽阔水国家级自然保护区有地球同纬度上唯一保存完好的原始森林,被誉为"地球上的绿宝石"。保护区内古老的珍稀动植物,对于本地区未遭到古气候、古地理、古生态影响的研究具有重要意义。

贵州绥阳双河洞旅游地学文化村地处黔北大娄山山脉中部,构成该地学文化村主体地质遗迹景观的岩性组合是距今约4.6亿—5亿年的奥陶系、寒武系地层,在地下水和地面水的侵蚀、溶蚀及重力崩塌等地质营力的联合作用下,形成了雄浑优美的自然山水景观。

十二背后研学实践教育基地拥有众多的山地户外运动资源,基地内峡谷绵延,天坑幽深,地缝神秘,溶洞遍布,河流蜿蜒,是户外爱好者的天堂。

绥阳被称为"中国诗乡",诗歌文化源远流长。十二背后研学实践教育基地有着深厚的诗歌文化底蕴,世界诗人大会、国际诗歌节、溶洞诗会、诗歌春晚等诗歌主题活动彰显着这片土地的诗歌文化涵养,吸引着众多的文人墨客前来。

这个神奇而美丽的地方将陪伴同学们进入本章的探究,从理论知识再到实践方式进行全方位的学习。

思考:

1. 你认为十二背后被评为全国中小学生研学实践教育基地的原因有哪些?请一一说明。

2. 通过了解十二背后研学实践教育基地,你认为该地有哪些资源可以作为研学旅行活动开发?

第一节 研学旅行项目活动的目标设定

一、目标的定义

任何活动或计划都需要目标,《项目管理》一书对目标的定义是:目标是指组织或个人通过一系列措施将当前状态改变以达到所期望的状态。目标是一个计划或方案所要达到的最终的、具体的、可测量的结果。它是在组织目的或宗旨的指导下,在一定时期内,组织活动所要达到的具体成果。(杨红霞,2008),现代管理学之父彼得·德鲁克提出目标管理主张:"并不是有了工作才有目标,而是相反,有了目标才能确定每个人的工作。"

对于研学旅行活动来说,既有针对整个研学类型活动的宏观目标,也有针对单次研学活动的具体目标。目标的构成是多维度的,不是单一存在的。

二、研学旅行项目活动的宏观目标

(一) 育人目标

育人目标主要体现在政府的政策指导上,研学旅行是实现我国素质教育的重要途径之一,研学旅行的育人目标与我国的素质教育目标一致。1999 年中共中央、国务院《关于深化教育改革 全面推进素质教育的决定》提出:"深化教育改革,全面推进素质教育,构建一个充满生机的有中国特色社会主义教育体系,为实施科教兴国战略奠定坚实的人才和知识基础。"

2014 年,教育部印发的《关于全面深化课程改革落实立德树人根本任务的意见》提出:"着力培养学生高尚的道德情操、扎实的科学文化素质、健康的身心、良好的审美情趣,努力使学生具有中华文化底蕴、中国特色社会主义共同理想、国际视野,成为社会主义合格建设者和可靠接班人。"在着力推进关键领域和主要环节改革中提到:"全面传承中华优秀传统文化,弘扬社会主义法治精神,充分体现民族特点,培养学生树立远大理想和崇高追求,形成正确的世界观、人生观、价值观。"

2016 年教育部等 11 部门印发的《关于推进中小学生研学旅行的意见》中明确指出:"以立德树人、培养人才为根本目的,以预防为重、确保安全为基本前提,以深化改革、完善政策为着力点,以统筹协调、整合资源为突破口,因地制宜开展研学旅行。让广大中小学生在研学旅行中感受祖国大好河山,感受中华传统美德,感受革命光荣历史,感受改革开放伟大成就,增强对坚定'四个自信'的理解与认同;同时学会动手动脑,学会生存生活,学会做人做事,促进身心健康、体魄强健、意志坚强,促进形成正确的世界观、人生观、价值观,培养他们成为德智体美全面发展的社会主义建设者和接班人。"研学旅行活动发展的必要目标是培养"全面发展的人"。

影响研学旅行活动目标设计的因素是其教育属性，活动目标设计在于促进学生的全面发展，从教育层面指出研学旅行活动的属性之一是教育性，在旅行中需要将教育的意义体现出来。

（二）综合素质目标

作为中小学生综合实践活动中的一种，从宏观层面上看，研学旅行活动的教育目标是校内教育的补充，与校内知识教育的目标不同，提升中小学生综合素质是该活动的宏观目标的主要体现。2017 年，教育部印发《中小学综合实践活动课程指导纲要》，明确了综合实践的课程总目标，即"学生能从个体生活、社会生活及与大自然的接触中获得丰富的实践经验，形成并逐步提升对自然、社会和自我之内在联系的整体认识，具有价值体认、责任担当、问题解决、创意物化等方面的意识和能力"。它从总目标的价值体认、责任担当、问题解决、创意物化四个方面对各学段提出了学段目标。

设计研学旅行活动的目标是为了给研学旅行活动综合素质培养的目标维度提供依据。在进行单次研学活动设计时，活动策划者可以从价值体认、责任担当、问题解决、创意物化四个方面找到目标设计依据。

（三）劳动教育目标

教育部印发的《大中小学劳动教育指导纲要（试行）》（以下简称《指导纲要》）中提出："劳动教育是发挥劳动的育人功能，对学生进行热爱劳动、热爱劳动人民的教育活动，要强化学生劳动观念，弘扬勤俭、奋斗、创新、奉献的劳动精神；强调全身心参与，手脑并用，亲历实际的劳动过程；要在充分发挥传统劳动工艺项目育人功能的同时，紧跟科技发展和产业变革，体现时代要求；还要充分发挥学生的主动性、积极性，鼓励创新创造。"《指导纲要》规定，劳动教育的内容主要包括日常生活劳动教育、生产劳动教育和服务性劳动教育三个方面。其中，日常生活劳动教育要让学生立足个人生活事务处理，培养良好的生活习惯和卫生习惯，强化自立自强意识；生产劳动教育要让学生体验工农业生产创造物质财富的过程，增强产品质量意识，体会平凡劳动中的伟大；服务性劳动教育要注重让学生利用所学知识技能，服务他人和社会，强化社会责任感。劳动教育目标主要体现在树立正确的劳动观念、具有必备的劳动能力、培育积极的劳动精神与养成良好的劳动习惯这四个维度。

研学旅行项目活动的目标设计中，劳动教育目标为劳动教育活动的策划提供依据，研学旅行具有集体出行与旅游的活动特征，在整个活动中，除了相应的课程教育，劳动教育中的日常生活劳动教育将贯穿研学旅行活动始终，学生离开家庭参与研学旅行活动，在一个相对独立的生活状态学习与生活，因此在活动目标设计中可以将劳动教育的四个维度考虑进去。

知识链接

2017年,教育部关于印发《中小学综合实践活动课程指导纲要》的通知中提到了中小学综合实践活动的课程目标。

课程目标

(一) 总目标

学生能从个体生活、社会生活及与大自然的接触中获得丰富的实践经验,形成并逐步提升对自然、社会和自我之内在联系的整体认识,具有价值体认、责任担当、问题解决、创意物化等方面的意识和能力。

(二) 学段目标

1. 小学阶段具体目标

(1) 价值体认:通过亲历、参与少先队活动、场馆活动和主题教育活动,参观爱国主义教育基地等,获得有积极意义的价值体验。理解并遵守公共空间的基本行为规范,初步形成集体思想、组织观念,培养对中国共产党的朴素感情,为自己是中国人感到自豪。

(2) 责任担当:围绕日常生活开展服务活动,能处理生活中的基本事务,初步养成自理能力、自立精神、热爱生活的态度,具有积极参与学校和社区生活的意愿。

(3) 问题解决:能在教师的引导下,结合学校、家庭生活中的现象,发现并提出自己感兴趣的问题。能将问题转化为研究小课题,体验课题研究的过程与方法,提出自己的想法,形成对问题的初步解释。

(4) 创意物化:通过动手操作实践,初步掌握手工设计与制作的基本技能;学会运用信息技术,设计并制作有一定创意的数字作品。运用常见、简单的信息技术解决实际问题,服务于学习和生活。

2. 初中阶段具体目标

(1) 价值体认:积极参加班团队活动、场馆体验、红色之旅等,亲历社会实践,加深有积极意义的价值体验。能主动分享体验和感受,与老师、同伴交流思想认识,形成国家认同,热爱中国共产党。通过职业体验活动,发展兴趣专长,形成积极的劳动观念和态度,具有初步的生涯规划意识和能力。

(2) 责任担当:观察周围的生活环境,围绕家庭、学校、社区的需要开展服务活动,增强服务意识,养成独立的生活习惯;愿意参与学校服务活动,增强服务学校的行动能力;初步形成探究社区问题的意识,愿意参与社区服务,初步形成对自我、学校、社区负责任的态度和社会公德意识,初步具备法治观念。

(3) 问题解决:能关注自然、社会、生活中的现象,深入思考并提出有价值的问题,将问题转化为有价值的研究课题,学会运用科学方法开展研究。能主动运用所学知识理解与解决问题,并做出基于证据的解释,形成基本符合规范的研究报告或其他形式的研究成果。

(4) 创意物化:运用一定的操作技能解决生活中的问题,将一定的想法或创意付诸实践,通过设计、制作或装配等,制作和不断改进较为复杂的制品或用品,发展实践创新意识和审美意识,提高创意实现能力。通过信息技术的学习实践,提高利用信息技术进行分析和解决问题的能力以及数字化产品的设计与制作能力。

3. 高中阶段具体目标

(1) 价值体认:通过自觉参加班团活动、走访模范人物、研学旅行、职业体验活动,组织社团活动,深化社会规则体验、国家认同、文化自信,初步体悟个人成长与职业世界、社会进步、国家发展和人类命运共同体的关系,增强根据自身兴趣专长进行生涯规划和职业选择的能力,强化对中国共产党的认识和感情,具有中国特色社会主义共同理想和国际视野。

(2) 责任担当:关心他人、社区和社会发展,能持续地参与社区服务与社会实践活动,关注社区及社会存在的主要问题,热心参与志愿者活动和公益活动,增强社会责任意识和法治观念,形成主动服务他人、服务社会的情怀,理解并践行社会公德,提高社会服务能力。

(3) 问题解决:能对个人感兴趣的领域开展广泛的实践探索,提出具有一定新意和深度的问题,综合运用知识分析问题,用科学方法开展研究,增强解决实际问题的能力。能及时对研究过程及研究结果进行审视、反思并优化调整,建构基于证据的、具有说服力的解释,形成比较规范的研究报告或其他形式的研究成果。

(4) 创意物化:积极参与动手操作实践,熟练掌握多种操作技能,综合运用技能解决生活中的复杂问题。增强创意设计、动手操作、技术应用和物化能力。形成在实践操作中学习的意识,提高综合解决问题的能力。

思考:

1. 作为中小学综合实践活动的一种,各学段的课程目标如何在研学旅行活动中体现?收集相关案例进行案例分析。

2. 研学旅行活动作为综合实践活动的一种,与其他活动相比,它具有旅游活动的属性。任选一个学段的研学活动,研判其活动目标的设定是否合理。旅游活动在课程目标中的作用是如何体现的?尝试分析研学旅行活动的目标设定有哪些重点。

三、研学旅行项目活动的具体目标

研学旅行具体到个例时会呈现目标多样化、主题多元化的特点,结合研学旅行项目活动的宏观目标以及研学旅行项目活动的特点,研学旅行项目活动的具体目标应该包含以下内容。

(一) 传承优秀文化

研学旅行项目活动与校内教育很重要的区别是走出去,通过研学旅行项目活动可以有机会去全国各地和国外参与体验不同的文化,如国内井冈山的"红色文化"、绍兴的"名人文化"、贵州的"少数民族文化"与湖北的"荆楚文化"等各具代表性的文化,以及国外的优秀文化。国家多次提出文化自信与文化振兴,与不同文化的跨文化交流也是研学旅行项目活动的组成部分,通过与不同国情、不同文化背景的人交流,达到相互促进与相互学习的目的。让学生理解与体验文化的价值与内涵,是研学旅行在中小学生实践活动中与其他活动的重要区别。

(二)提升人格素养

研学旅行项目活动具有立德树人、培养人才的重要使命,与之相对应的除了学业素养的标准,还有人格素养的体现,有才有德才是新时代人才的体现,而人格素养的提升体现在整个研学活动中,文明旅游、集体意识、团队协作、环保出行等方面都是人格素养的体现,这也是研学旅行项目活动的课程,有计划地进行人格素养的教育,是研学旅行项目活动的重要目标,也是补充校内教育缺失板块的有效方式,是落实立德树人的育人目标的实现途径。

(三)培养关键能力

研学旅行项目活动作为中小学生实践教育活动中的一种,同样具有培养学生关键能力的使命,在研学活动开展的过程中,学生会在自理能力、团队能力、学习能力与思考能力方面有所提升。就目前来看,我国教育仍然存在分数大于一切的现象,中小学生在成长的过程中在关键能力的培养上仍然有所缺失,研学旅行项目活动恰好能在一定程度上弥补这一部分的教育内容。离开家庭与同学们一同出行,到一个没有去过的目的地生活、学习,这种形式给学生提供了培养关键能力的条件,通过活动课程、活动体验、自主探究等方式,让学生参与、体验与探究,从多种角度为学生关键能力的成长提供条件。

(四)拓宽视野,开阔眼界

从古时的孔子周游列国再到中国近代的留学潮,从当时的社会背景来看,这些研学的先行者都是见多识广的人。孔子周游列国为儒家思想奠定了基础;留学潮的兴起为新中国的成立储备了一大批人才;而对于当代参与研学旅行项目活动的学生来说,向先辈学习、致敬,既读万卷书也行万里路,同时也是学生跳出课堂增长见识的好机会。互联网的兴起让人与人之间的距离拉近的同时,也让资讯的来源变得复杂且难以分辨真假,因此研学旅行的兴起正是印证"纸上得来终觉浅,绝知此事要躬行"的一种有效方式。

(五)满足社会发展的需要

研学旅行项目活动的目标首先要满足学生的发展需要,即使是同一目的地的研学旅行活动,也要根据学生的学龄、兴趣爱好等因素来设定活动目标,不同学龄的学生认知程度不同,要因地制宜,科学地设计相关活动。

研学旅行项目活动的目标也要满足社会发展的需要,随着社会的进步与时代的发展,信息化的浪潮也影响着每一个人,快速变化的社会更需要学生走出去看世界,因此研学旅行项目活动的发展也要满足社会发展的需要。学以致用,行成于思,养成终身学习的好习惯也是研学旅行项目活动的使命。

四、研学旅行项目目标的设定方法

在设定具体的研学旅行项目活动目标时,我们可以通过目标设定工具制定目标,如SMART目标设定原则与6W2H分析法。

(一) SMART目标设定原则

SMART分析法广泛运用于运营与活动管理及组织管理中,是根据美国马里兰大学管理学兼心理学教授洛克的目标设置理论(Goal Setting Theory),在实践中总结和发展出来的分析方法(李宇庆,2007)。采用SMART分析法可以尽可能地从客观的角度将目标制定出来并且有效执行。SMART目标设定原则如表4-1所示。

表4-1 SMART目标设定原则

SMART	描述	方法
S代表明确的 (Specific)	明确的,是指要用具体的语言清楚地说明要达成的行为标准。明确的目标几乎是所有成功的前提,目标必须明确而不笼统	研学旅行项目活动目标的设定要有具体项目、衡量标准、达成措施、完成期限及资源要求,使相关参与者能够清晰地了解目标的构成与完成进度
M代表可衡量的 (Measurable)	可衡量的,是指制定的指标是数量化或行为化的,验证这些绩效指标的数据或信息是可以获得的	在设定研学旅行项目活动的目标时,可以从数量、质量、时间、成本等方面进行考量。但因研学活动具有多样性,可以从流程设计的角度进行衡量
A代表可实现的 (Attainable)	可实现的,就是目标要能够被执行人所接受,需要注意的是,目标设定时需要考虑实际情况,不能过高或过低,目标应该是在付出努力后可以实现的	在设定研学旅行项目活动目标时,执行人可以与学校、基地、学生进行沟通,将落地性作为该原则的首要目标
R代表有关联的 (Relevant)	有关联的,是指实现此目标与其他目标的关联情况。如果实现了这个目标,但与其他的目标完全不相关,或者相关度很低,那么即使这个目标达到了,意义也不是很大	如果只是实现了旅行的目的而没有实现教育目标或者相关度很低,那么就可以说明该次研学活动关联性很低。要将研究学习+旅行有机结合才能体现该原则

续表

SMART	描述	方法
T 代表有时限性（Time-based）	有时限性,是指目标是有时间限制的。例如,将在 2005 年 5 月 31 日之前完成某件事,5 月 31 日就是一个确定的时间限制。没有时间限制的目标没有办法考核	从活动的整体周期,再到细分的单项活动时间、课程时间都应该有所限制。定期检查目标完成时间有助于目标的有效达成
最终目标	最终目标,是指 SMART 目标制定方法的最终体现,要符合五项原则的特点	将五项原则逐一落实构成具体的研学旅行项目活动的目标

（二）6W2H 分析法

6W2H 分析法是一种通用分析方法,广泛运用于活动策划、组织战略决策中,在研学旅行项目活动的目标设定中,6W2H 分析法可以有效地为活动执行者提供决策依据和分析方法,能提高执行者的效率,促进与目标相关工作的有效执行。该方法不仅可以运用于活动策划与组织,对于学生的个人成长也是有帮助的。6W2H 分析法如表 4-2 所示。

表 4-2　6W2H 分析法

指标	解释	在研学旅行项目活动目标设定中的含义
目标（Which）	需要确定的目标,选择的对象	本次活动的目标有哪些？如国情教育、劳动教育、旅行教学等,进行选择
原因（Why）	选择的原因、理由与依据	选择本次研学活动目标的原因有哪些？如学习航天知识、了解树木生长周期等具体目标可以作为该次活动目标设定的依据
工作内容（What）	内容、本质与功能,做这件事的目的是什么	工作内容有哪些？这些工作能起到什么作用？这些工作的目的是什么？如行前的安全内容宣讲的内容有哪些、去研学基地学习的内容有哪些
场所（Where）	在哪里执行活动,执行到什么程度	这些活动将在哪里开展？如在研学旅行项目活动开始前需要在学校教室内开展安全教育工作、在博物馆需要开展科普工作
时间和程序（When）	完成期限、完成时间	时间管理在研学旅行项目活动中很重要,分阶段、按照计划开展研学活动可以为活动的落地执行提供保障,研学旅行项目活动设计应该分为三个阶段:前期筹备、中期执行与后期落地

续表

指标	解释	在研学旅行项目活动目标设定中的含义
组织或人(Who)	谁来做,谁来参与,是机构、组织还是关联人	活动执行过程中的各个参与者在活动中的具体角色,可以是组织也可以是个人,如学校需要对课程的教育目标负责,旅行社需要对活动落地执行负责,研学导师需要对活动目标负责
如何做(How to do)	怎样实现目标,怎样执行,如何处理	在确定6W之后,需要将这些要素整合到一起形成工作办法,如行前的安全教育宣讲,需要活动执行人委派研学活动安全员在行前对学生进行研学安全教育,这个例子包含了What(安全教育)、When(行前)、Which(课堂授课)、What(具体安全条例)、Why(为了减少研学旅行项目活动的风险)、Who(安全员授课,学生听课)
价值(How much)	花费多少?预算、价格	研学旅行项目活动预算及价格分为两种:整体与单项。整体预算或价格由单项组成,研学旅行项目活动的预算包含但不限于大交通(机票、高铁票)、小交通(旅游巴士、景区游览车)、食宿费用、活动门票费用、研学导师劳务费用、基地课程费用等
问题点归纳	对上述要点中遇到的问题进行整理归纳	收集整理每个环节遇到的问题,为对策提供依据
对策	问题的解决方法	在设定活动目标的过程中遇到问题时可以使用蓝海战略分析工具的四步动作框架来解决问题,即"减少""增加""剔除"与"创造"。如在活动场地(Where)安排中出现容量不够的情况时,可以采用"减少"的方式,将参与活动人员的数量减少,通过增加批次解决该问题

知识活页

第二节　研学旅行项目活动的内容创意

一、研学旅行项目活动的策划设计原则

(一) 教育性

教育性原则是研学旅行项目活动最重要的体现,在设定目标时,研学旅行的教育性

如何体现是首要考虑的问题。研学旅行项目活动的教育性体现在是否符合课程的基本特征,是否有清晰的活动目标与教学目标,研学旅行项目活动如何将教学内容与社会资源有效地结合起来等方面。

(二) 整体性

研学旅行项目活动设计是一项系统工程,涉及小学、初中及高中各学段,是持续递进的活动课程。研学旅行的整体性体现在研学目标和研学对象的分析、研学内容和研学方法的选择,以及研学评价等子系统等方面。同时,研学旅行的实施主体学校与研学机构在提供研学旅行项目活动的相关服务时应当考虑活动的设计和规划,如何打造全学龄段的研学旅行项目活动是相关参与者的共同课题。

(三) 课程性

研学旅行目前仍然处于发展初期,区别于传统的学科课程,研学旅行项目活动具有活动多样性、空间不确定性、行程不规律性等特征,学生在参加研学活动时,并不是传统意义上的听课,而是更多地参与活动及自主探究,因此在设定研学活动的目标时,要考虑这些因素。以学生为本,将研学旅行的自然教育、生活教育与休闲教育融入课程,让学生从"要我学"变成"我要学"是研学旅行项目活动的课程性的重要体现。

(四) 可实操性

研学旅行项目活动是学校的理论教育与校外实践教育相结合的教育模式,在进行研学旅行项目活动设计时,既要体现研学的相关理论,也要体现研学旅行的实践探究精神,要确保课程的可操作性,要以任务目标为导向,让学生亲身参与。

在研学旅行项目活动的设计过程中,需要秉承实践性原则,切忌闭门造车,需要因地制宜,依托各类社会资源,借助社会专业力量共同参与并实施。通过"学、旅、行、研、思、探"等环节的设计,学生获得充分的体验,将他们的创新精神与实践能力相结合。作为活动的设计者,还应当对项目进行调研,对项目资源做到心中有数,制定合理的、可执行的研学活动方案。

(五) 可评价性

研学旅行项目活动设计中,评价性是衡量活动目标是否达成的重要体现,学生在研学活动的过程中是否达到活动目标与教学目标,就需要一个评价标准来衡量研学旅行项目活动的成效。评价性的体现不仅可以来自研学导师,也可以来自学生自己与其他同学,即师评、自评与互评,可评价的研学活动不仅是研学旅行项目活动专业性的体现,也为学生参与后续的研学活动提供参考与记录。

二、研学旅行项目活动的类型辨析

研学旅行项目活动在活动开始前最终交付给学生的成果是研学产品。研学旅行的分类方式不同,在导论中我们已将研学旅行项目进行分类,研学旅行项目活动的分类也可参照该分类方式进行分类(见表4-3)。

表 4-3 研学旅行活动分类

分类方式	类型名称	类型特征
旅游资源	自然景系	包括地文景观类、水文景观类、气候生物类等类别
	人文景系	历史遗产类、现代人文吸引物景类、抽象人文吸引物景类及其他人文景类
	服务景系	旅游服务景类和其他服务景类
基地类型	传统文化	以传统文化传承为主的基地
	革命传统	以革命传统传承为主的基地
	国情教育	以国情教育传承为主的基地
	国防科工	以国防科工传承为主的基地
	自然生态	以自然生态传承为主的基地
产品类型	知识科普	包括各种类型的博物馆、科技馆、主题展览、动物园、植物园、历史文化遗产、工业项目、科研场所等资源
	自然观赏	包括山川、江、湖、海、草原、沙漠等资源
	体验考察	包括农庄、实践基地、夏令营营地或团队拓展基地等资源
	励志拓展	包括红色教育基地、大学校园、国防教育基地、军营等资源
	文化康乐	包括各类主题公园、演艺影视城等资源
教育服务	健身项目	以培养学生生存能力和适应能力为主要目的的服务项目,如徒步、挑战、露营、拓展、生存与自救训练等
	健手项目	以培养学生自理能力和动手能力为主要目的的服务项目,如综合实践、生活体验训练、内务整理、手工制作等项目
	健脑项目	以培养学生观察能力和学习能力为主要目的的服务项目,如各类参观、游览、讲座、诵读、阅读等
	健心项目	以培养学生的情感能力和践行能力为主要目的的服务项目,如思想品德养成教育活动以及团队游戏、情感互动、才艺展示等

在进行研学旅行项目活动分类时,我们一般以其活动主题作为类型名称,一次研学旅行项目活动可以包含多种类型的研学活动,但是要根据该次研学的活动目标与教学目标来确定该次活动类型。如井冈山红色研学活动,内容包括参观北山烈士陵园、毛泽东旧居、井冈山博物馆等,还有重走红军挑梁小道的健身项目。按照产品类型划分,它既包括励志拓展,也包括知识科普,同时还有徒步健身项目。而且这些相关项目都是围绕着红色研学展开的,是以红色旅游为主的研学活动,因此我们将这次研学活动划分为励志拓展类的研学活动。

案例展示

"十二背后"研学基地活动主题

一、地质科普主题系列

（一）设计思路

（1）充分利用双河洞国家地质公园和旅游地学文化地学村范围内溶洞自然资源的多样性、内容的广泛性，开展以"走进溶洞生活"为主线的研学活动。

（2）以亚洲第一长洞——双河洞的诞生、洞穴测量、地质知识、洞穴历史等主题课程相关资源与学科教学内容为核心，结合学生认知能力开发课程，保证课程的实效性、多样性、开放性、互动性。

（3）坚持以学生的自主性为核心，以学生动手和角色体验等形式，组织学生走进溶洞，了解溶洞，培养学生的创新精神和实践能力。

（二）课程目标

（1）了解溶洞的一般成因、岩溶的种类、溶洞的世界之最、喀斯特地貌在我国的主要分布范围、溶洞的保护措施等，增加学生对家乡独特地貌的认知程度。

（2）了解洞穴测量的基础知识，洞穴测量在洞穴探险中的发展历程，学会看洞穴地图，通过实地洞穴测量实践，掌握洞穴测量和成图的基本方法，思考洞穴测量对洞穴探险的意义。

（3）熟悉喀斯特地貌溶洞中岩石（钟乳石、天青石、白云岩）的形成原因、形成过程和功效，辨别不同类别岩石。了解在我国钟乳石、天青石、白云岩等岩石的分布区域。

（三）研学内容

1. 内容

（1）了解溶洞的成因、种类和分布情况。

（2）认识岩石的结构、成分、种类；提高学生对家乡的认知度和归属感。

（3）从思想和实践上提高学生对户外活动安全的意识。

2. 方式及手段

（1）讲授。

①运用多媒体课件展示洞穴结构和地貌特点，了解溶洞成因等相关知识。

②专业探险人员教授学生如何使用相关器械，正确使用洞穴测量装备。

（2）探究。

①引导学生通过观察、比较、分析、讨论的方法，思考影响洞穴钟乳石发育形状和颜色的因素。

②引导学生通过比较各类岩石之间的差别，认识各类岩石的特点。

（3）体验。

①通过化学实验，理解水和可溶性的石灰岩是通过怎样的化学反应形成洞穴的。

②利用洞穴测量器材，以小组为单位，对洞穴进行洞穴测量并绘制洞穴地图。

二、探险运动主题系列

（一）设计思路

（1）充分利用双河洞国家地质公园和宽阔水国家级自然保护区资源的多样性、内容的广泛性，开展以户外运动为主线的研学活动。

（2）以研学徒步、紧急救护、野外搜救、紧急救护、SRT绳索技术、洞穴飞拉达等主题课程相关资源与学科教学内容为核心，结合学生认知能力、体能和双河溶洞独特的资源开发课程，保证课程的实效性、多样性、开放性、互动性。

（3）坚持以学生的自主性为核心，以学生动手和角色体验等形式，组织学生走到户外，了解户外运动基本常识，培养学生在户外的独立自主能力和生存实践能力。

（二）课程目标

（1）了解户外运动的基本常识，提高体能。学习野外突发情况下的自救和搜救技能；锻炼遇事冷静的能力；学会野外医疗救护的基本常识，学会野外求生基本法则；通过学习SRT绳索技术，掌握绳索的基本应用和操作方法，锻炼胆识，培养对大自然未知世界的探索精神。

（2）陶冶个人情操。让学生回归自然、探访自然、亲近自然、广交朋友、锻炼身体、增长见识、陶冶情操。户外运动能使身心放松，使人扩大社会交往，促进人与人之间的相互沟通协作，可使人性格变得更加开朗、活泼。

（3）培养学生善于发现问题，并运用知识分析问题、解决问题的能力。通过活动培养学生的"安全自护、团队合作、健康环保、探究合作、文明公德、自我超越"等意识。

（三）研学内容

1. 内容

（1）通过洞穴飞拉达（即攀岩）实践活动，了解飞拉达运动，了解飞拉达的名称、历史由来，以及现代飞拉达运动的意义、种类和开展方法。

（2）了解SRT的含义和发展历史，学习SRT装备相关知识，掌握正确的探洞技术技巧。

（3）学习野外求生、野外紧急救护、野外搜救的基本法则。

（4）通过洞穴生存野外探险，锻炼学生的自主生存能力，培养学生独立、勇敢的意志品质。

（5）提高学生对家乡的认知度和归属感。

（6）从思想和实践上提升学生在户外活动中的安全意识。

2. 方式及手段

（1）讲授。

①运用多媒体课件介绍飞拉达的含义、发展历史,了解现代飞拉达运动的相关知识。

②运用多媒体课件介绍SRT的含义、发展历史,了解SRT装备相关知识。

③专业探险人员指导学生如何使用相关器械,正确使用野外探险装备。

(2)探究。

①引导学生用观察、比较、分析、讨论的方法,了解绳索技术的不同标准和适用范围。

②引导学生通过野外搜救、紧急救护的实践,类比社会不同行业的组织管理执行方式。

(3)体验。

通过对SRT绳索技术和野外求生、野外紧急救护技能的学习,完成一次洞穴探险和野外求生技能的实操,培养学生的独立自主能力和对大自然环境的适应能力。

三、自然教育主题系列

(一)设计思路

(1)充分利用"十二背后"研学基地自然资源的多样性和独特性,开展以自然探索为主线的研学活动。

(2)以"美丽的植物""种子的力量""黑暗中的生命""远古生物"等主题课程相关资源与学科教学内容为核心,结合学生认知能力和双河溶洞独特的自然资源开发课程,保证课程的实效性、多样性、互动性、有趣性。

(3)坚持以学生的自主性为核心,以学生动手和角色体验等形式,组织学生亲近大自然,培养学生的审美能力、创新精神和实践能力。

(二)课程目标

(1)了解植物的分类、植物的生长、土壤酸碱性鉴别等知识,学习制作叶脉书签。

(2)了解洞穴生物的多样性以及洞穴生物的种类,分辨偶居洞穴动物、喜居洞穴动物和真洞穴动物,了解洞穴生物的习性,探索洞穴环境与洞穴生物种类之间的联系,树立学生保护动物、保护生物多样性的环保意识。

(3)了解化石的形成,通过化石推断远古生物环境,了解地球地质变迁。

(4)培养学生的审美能力以及发现问题、分析问题和解决问题的能力。

(5)提高学生对家乡的认知度和归属感。

(6)从思想和实践上提升学生对自然科学的兴趣。

(三)研学内容

1. 内容

(1)学习植物的分类,了解其生存环境和生长过程。

(2)学会制作叶脉书签。

(3)认识洞穴生物。

(4)通过化石推断远古生物的生存环境,学习地球地质变迁过程。

2. 方式及手段

(1)讲授。

①运用多媒体课件展示植物类别、种子结构,以及植物的生长过程。

②运用多媒体课件演示化石的形成以及地质变迁过程。

(2)探究。

引导学生用观察、比较、分析、讨论的方法,了解洞穴生物的种类、生活习性,明白生物进化的原因。

(3)体验。

通过制作叶脉书签、寻找洞穴生物和化石,培养学生的独立自主能力和对大自然环境的适应能力。

四、诗歌文化·非遗主题系列

(一)设计思路

(1)绥阳被称为"中国诗乡",诗歌文化源远流长。这是曾成功举办第38届世界诗人大会、双河国际诗歌节、诗歌春晚等诗歌主题活动,诗人们在此留下了众多诗歌作品。"十二背后"是绥阳最具诗意的地方,本课程利用"十二背后"诗歌文化资源的多样性、内容的广泛性,开展以诗歌为主线的研学项目。

(2)遵义绥阳空心面制作技艺被列为贵州省级非物质文化遗产。空心面因细如发丝,面条中空而得名,拥有数百年的悠久历史,历史上曾作为贡品进贡给朝廷,是当地有名的传统面食小吃。本主题系列将结合空心面的制作工序进行研学课程设计。

(二)课程目标

(1)通过参观诗歌主题展览、分类展示和讲解"十二背后"相关诗词,培养学生的诗歌鉴赏能力、文学理解能力和诗歌创作能力。

(2)了解绥阳空心面历史,学习空心面在原材料选择、制作环境、风味特色和食用方法等方面的知识,体验绥阳空心面的制作工序,培养学生对非物质文化遗产的保护意识。

(3)增强学生对家乡的认知度和归属感。

(4)从思想和实践上提升学生对诗歌文化和非遗文化的兴趣。

(三)研学内容

1. 内容

(1)学习绥阳诗乡历史文化。

(2)朗诵、鉴赏"十二背后"相关诗歌,分组讨论并给定相关主题,创作以"十二背后"为主题的诗歌,并用图画配诗词。

(3)熟悉绥阳空心面历史,体验空心面制作工序,评比最佳手工面和最佳味道。

2. 方式及手段

(1)讲授。

①利用多媒体展示双河洞各处风景、空心面历史和诗坛"明星"。

②在工坊观察绥阳空心面的制作过程。

（2）探究。

①引导学生用诵读、鉴赏、分析、讨论的方法，了解诗歌文化的精髓，感受诗乡风景与诗歌的巧妙联系。

②探寻非物质文化遗产——空心面的历史和特色风味。

（3）体验。

①游览被美国CNN推荐的贵州秘境、沉寂了7亿年的隐秘王国——双河洞，欣赏钟乳巨窟、飞瀑深溪、断壁天坑，创作与"十二背后"景色相契合的诗词并配以图画。

②走进空心面制作工坊，观察制作空心面的72道工序，实践参与空心面的制作。

思考：

1. "十二背后"研学基地的活动类型丰富，根据该地的实际发展情况和其课程设置体系，还可以开展什么样的研学旅行活动？案例中，这四个类型的活动是根据什么样的特征进行类型划分的？

2. "十二背后"在课程设置体系中有哪些亮点？在互联网上选取一个自己感兴趣的研学基地或景点，模仿"十二背后"研学基地的课程主题为其设计主题课程。

三、研学旅行项目活动的资源

从活动管理的角度，可以将构成研学旅行资源分为两种，即物力资源与人力资源，这些资源经过研学活动组织者的协调转化为研学活动组织服务的内容。研学旅行资源如表4-4所示。

表4-4 研学旅行资源

资源类型	资源构成	资源特性
物力资源	研学旅行活动涉及的物力资源种类众多，包括但不限于各类型的研学基地、提供食宿的酒店、当地的自然地貌景观、人文历史遗迹、研学旅行活动出行的车辆或相关活动参考资料等物力资源	研学活动中所涉及的可见的、可触碰的资源，都具有可量化的特性，会受到空间因素及地理因素的制约
人力资源	研学旅行活动在人力资源的构成上也存在多样性，包括但不限于研学导师、学校教师、研学安全员，以及所涉及的学科专家、导游、景区讲解员、学生、家长、随行媒体等相关人力资源	人力资源主要为研学旅行活动提供服务工作，具有组织性、灵活性、计划性等特征，是研学旅行活动开展的重要保障

研学旅行资源一定可以为研学活动提供教育服务,是有利于研学活动实施和相关目标实现的。物力资源与人力资源的有效结合能为研学活动的实施提供良好的条件。各类资源在研学活动中直接或间接参与,具有以下特征。

(一)多样性

研学活动涉及的资源涵盖方方面面,作为走出去的综合实践课程,研学旅行将学生从学校带入社会,而社会的构成是复杂的,因此研学旅行资源具有多样性的特征,而各地的经济、文化、地理环境都有差异,相关资源也会有所区别,并且对资源的筛选和评价有所不同,因此在相关资源的开发与利用方面形成了多样性。

(二)可开发性

目前,我国研学旅行事业的发展处于初期阶段,在相关资源的开发上仍然有较大提升空间,并且根据学生学龄的不同,同一个研学目的地与行程所涉及的资源构成也会不相同,研学旅行活动相关资源的可开发性更多地体现在人力资源的组织目标上,对于物力资源的开发与结合取决于各组织的组织目标和组织的主观判断。

(三)时效性

研学旅行活动所涉及的资源都是具有时效性的,随着行业的发展,目前所涉及的相关资源都需要被评估及审核,这个过程具有时效性,物力资源也会受到社会因素的影响,如淡旺季的交通出行方式、酒店的承载量、研学基地的接待人数等,资源的利用是动态的。

(四)可复制性

一个成功的研学旅行项目离不开优质的资源,除了受空间制约的相关物力资源,大部分资源的使用具有可复制性,特别是人力资源所提供的智力服务,在提升研学旅行活动服务品质和研学活动执行质量等方面都具有借鉴与参考意义,因此研学旅行活动的实施主体需要自觉能动地对优秀的资源加以开发和利用。

四、研学旅行项目活动的创意策划

(一)创意的方法

"创意"在《现代汉语词典》中的定义是:"创意是一种通过创新思维意识,进一步挖掘和激活资源组合方式进而提升资源价值的方法。"创造性思维是可以培养的,而对于研学旅行活动来说,创意也是必要的,作为旅游活动的一类,研学旅行的创意来源可以参考节事活动策划方式。

1. 思维导图

思维导图是一种建立思维过程的工具,是将知识与思维过程图形化的表达方式,它将与某一主题相关联的因素放入方框或圆形等图形中,通过连线将其与相关的概念连接。一份思维导图包含图形、连线与连接词三个部分(Novak,2001)。思维导图具有扩充认知、促进有意义的学习与帮助记忆等优势(陈敏,2005)。在寻求创意来源时,该方法从一开始就可以使用,将与一个主题相关联的要素一一列出并且连接起来,在研学活动设计的过程中就可以由大到小、由粗到细地将整个概念构建。

以如何阅读一本书为例,我们可以这样构建思维导图(见图4-1)。

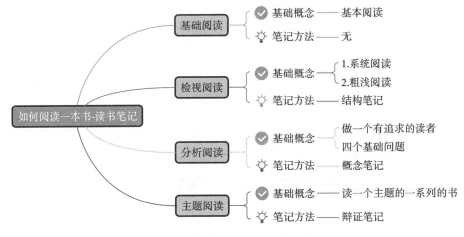

图4-1 "如何阅读一本书"思维导图

这张思维导图可以继续细化及调整,直到变成适合自己的阅读方式。

而对于研学旅行活动的策划来说,可以从整体层面进行思维导图的设计,然后根据工作目标逐一细化思维导图,创意就是将每个概念细化后进行重组,如适合中学生的自然教育是否在博物馆中开展这个问题,可以研究讨论后得出可行与不可行的结论,从而知道该创意是否具有落地性。研学旅行活动策划思维导图如图4-2所示。

2. 头脑风暴法

头脑风暴法(Brainstorming)是由美国创造学家 Alex F. Osborn 于1939年提出的一种创造性的方法,一开始运用于广告业,1953年正式发表后被更多的人熟知并且广泛运用于各种组织。

头脑风暴法一般采用会议的方式进行,并且遵循以下四个原则。

原则一:排除评论性的判断。

评价比提出观点容易得多,对现有观点的批评占用时间和脑力,并且会对讨论产生负面影响,使得与会者人人自危,发言更加谨慎保守,从而会遏制新观点的产生。要到头脑风暴会议结束时才对观点进行评判。不要暗示某个想法不会有作用或有消极作用。所有的想法都有潜力成为好的观点,或者能够启发他人产生新的想法。

原则二:鼓励"自由想象"。

越荒诞越好,越激进越好,狂热和夸张的观点能帮助参与头脑风暴的成员打破思维局限,不被常识所束缚,是通过鼓励和禁止批评来营造良好的讨论氛围,不用担心观点的"愚蠢"。Osborn(1953)发现,"愚蠢"的观点可以激发出非常有用的观点。

原则三:要求提出尽可能多的观点。

在讨论的过程中遇到很好的点子不要耽误太多时间,要在一定的时间内尽可能多地收集观点,收集的观点越多,就越可能获得更多的有价值的设想。

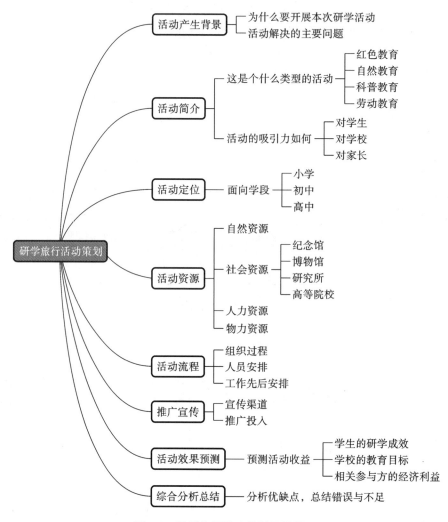

图 4-2　研学旅行活动策划思维导图

原则四：探索研究组合与改进设想。

将他人的观点和自己的观点进行比较、融合、改进，这样更容易得到新的思维成果。在进行头脑风暴时，可以通过表格将各种观点可视化，详见表 4-5。

表 4-5　头脑风暴汇总梳理

会议地点			
讨论主题			
记录者		时间	

续表

姓名	想法观点	想法来源及思路
×××	填写这位讨论者的想法	填写为什么会有这样的想法、逻辑
	……	……
×××		

(二) 策划方法

研学旅行活动可以通过 SWOT、PEST、PDCA 循环、WBS 任务分解法等方法来分析,帮助活动执行者高效工作。

1. SWOT 分析法

SWOT 分析法最早出自"战略管理",它是"战略分析法"中的一种科学方法,指获取企业内外部的环境信息,在系统分析这些信息之后再进行决策,使决策更加科学合理。SWOT 分析法是将与活动紧密相关的各种优势、劣势、机会、威胁等因素逐一列举并按照矩阵排列,之后运用系统分析法将众多的因素进行分类整合后加以分析,从而得出一些带有一定决策性和战略性的结论。在研学旅行活动策划中,SWOT 分析法可以帮助执行者找到开展活动的痛点,从而有目的地去完善目标。S 指 Strengths(优势),W 指 Weaknesses(劣势),O 指 Opportunities(机会),T 指 Threats(威胁)。SWOT 分析法详见表 4-6。

表 4-6 SWOT 分析法

项目名称:
项目负责人: 开始日期:

	内部因素	
外部因素	内部优势(Strengths)	内部劣势(Weaknesses)
	1. 2. 3.	1. 2. 3.
外部机会(Opportunities)	SO(利用这些)	WO(改进这些)
1. 2.	1. 2.	1. 2. 3.

续表

外部威胁(Threats)	ST(监视这些)	WT(消除这些)
1. 2. 3.		

列出各要素以后对各要素进行匹配分析,从而深刻理解环境,进行内外资源整合。

优势—机会(SO)战略是一种发展组织内部优势与利用外部机会的战略,是一种理想的战略模式。当组织具有特定方面的优势,而外部环境又为发挥这种优势提供有利机会时,可以采取该战略。

劣势—机会(WO)战略是利用外部机会来弥补内部劣势,使组织变劣势而获取优势的战略。存在外部机会,但由于组织存在一些内部劣势而妨碍了其利用机会,可采取措施先克服这些劣势。

优势—威胁(ST)战略是指组织利用自身优势,回避或减轻外部威胁所造成的影响。如在组织研学活动时,竞争对手利用资金优势对活动进行大幅度让利,给组织带来很大的成本压力;同时住宿供应紧张,其价格可能上涨;目标群体要求大幅度提高产品质量;组织还要支付高额的服务成本,等等,但若组织拥有充足的现金、熟练的导师和较强的产品开发能力,便可利用这些优势开发新的营销策略与研学活动产品,提高学校回购率,从而降低人力资源浪费和课程维护成本。

劣势—威胁(WT)战略是一种旨在减少内部劣势,回避外部环境威胁的防御性技术。当组织存在内忧外患时,往往面临生存危机,降低成本也许成为改变劣势的主要措施。

最后,制订计划。在完成内外部环境分析和构造 SWOT 分析矩阵以后,就可以根据组织具体情况制定相应的行动战略以及具体的运营策略。SWOT 分析法的中心思想是在全面掌握了组织内部优势(S)、劣势(W)、外部环境的机会(O)和威胁(T)的基础上,制定符合组织以后长期发展的战略,以发挥优势,克服不足,利用机会,化解或规避威胁,使组织朝可持续发展的方向前进。

2. PEST 分析法

PEST 分析法主要是针对外部环境进行分析,通过对政治(Political)、经济(Economic)、社会(Sociological)和技术(Technological)四个方面的因素进行调查和理论分析,在全面把握宏观环境的基础上,评价这些因素在相关战略制定中的影响。该方法主要应用在各类决策的外部环境评价中(秦勇,2013)。

在研学旅行活动中,分析研学旅行的外部环境是有必要的。作为一种旅行活动,研学旅行每时每刻受到外部环境的影响,对于研学旅行活动的负责人而言,定期使用 PEST 分析法能帮助人们更好地了解研学活动外部环境的变动,从而不断优化策划内容。

3. PDCA 循环

PDCA 循环又称"戴明环",1930 年由休哈特博士首先提出,后来被美国质量管理专家戴明挖掘出来并应用于质量管理中。对于研学旅行活动来说,PDCA 循环的运用可以很好地实现内部质量控制,让活动的参与者能够有效地参与研学旅行活动。其循环原理为计划(Plan)、执行(Do)、检查(Check)、调整(Action),在研学旅行活动的"戴明环"构成中,可以将其细化为八个步骤,详见图4-3。

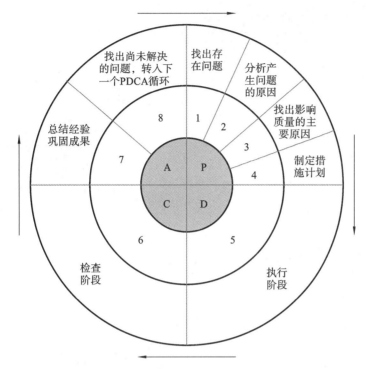

图4-3　研学旅行活动的"戴明环"构成

P:在计划阶段,需要通过找出已经存在的问题,分析问题产生的原因,找出主要影响因素,并且执行计划。如学生参与研学活动的积极性不高,就需要分析是活动行程的原因、内容的原因还是学生身体方面的原因。需要找出你认为最有可能的影响因素制定解决方案。

D:执行制定的计划,这个阶段是PDCA循环管理的中心环节。问题产生的主要原因是否分析到位、目标能否达到,都会在这一环节中体现出来。同时,各项工作安排、执行过程中的协调与控制工作到位与否,对顺利执行计划、实现预定目标也是至关重要的。

C:检查阶段是验收执行阶段的环节,可以总结执行计划的结果,明确哪些有效、哪些无效,找出存在的问题。

A:将相关经验进行总结,吸收有用的经验,进行标准化,并且对失败的经验进行总结,引起重视。对于还没有解决的问题,可以进入下一个PDCA循环。

4．WBS任务分解法

任务分解法(Work Breakdown Structure)是以目标为导向的工作方法,分解步骤为目标—任务—工作—活动。研学旅行活动运用目标分解法可以将目标变得具体,将大目标拆分为小目标,小目标拆分为任务,任务拆分为工作内容,工作内容体现在工作活动中。可以将研学旅行活动的安全教育目标进行任务分解,详见表4-7。

表 4-7 研学旅行活动安全教育目标任务分解

项目名称:×××研学活动									
准备日期:×年×月×日									
工作包名称:研学旅行的安全宣讲							WBS 编号:001		
工作描述:对××学校学生进行安全教育培训									
里程碑: 1. 研学安全条例的制定 2. 研学安全宣讲的课件准备 3. 研学安全课程的宣讲							到期日: 活动前一天		

编号	活动	资源	人工			物资			总成本/元
			小时	单价/元	合计/元	数量	成本/元	合计	
001	根据组织安全管理章程制定本次研学旅行活动安全条例	安全条例	2	40	80	1	0	0	80
002	准备 PPT 及教案	PPT 制作工具	2	40	80	1	0	0	80
003	课程宣讲	投影仪、电脑	1	40	40	1	0	0	40
									200

质量需求:
1. 课件内容充分、条理清晰
2. 授课内容清晰明了,方便学生记忆

验收标准:
行程结束后无安全问题的发生

技术信息:
旅游安全管理办法

合同信息:

在进行目标分解时,需要遵循任务分解法的原则,将主体目标逐步细化分解,最底层的任务活动可直接分派到个人;每个任务原则上要求分解到不能再细分为止。在进行分解时,也需要注意整个组织的充分沟通。

第三节　研学旅行项目活动的时间管理

一、研学旅行项目活动的时间管理意义

活动时间管理可以帮助活动执行者清晰地知道研学旅行活动处于哪个工作阶段，进度如何，一般来说分为三个阶段（见图4-4）。

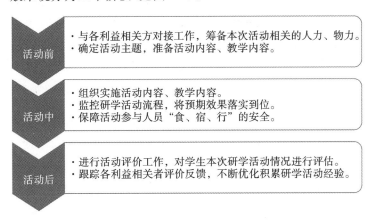

图 4-4　研学旅行活动阶段

从研学旅行活动的执行者角度来构建研学旅行活动的时间流程体系能帮助同学们构建项目管理概念。研学旅行活动的执行者也可称作项目经理，在研学旅行这项活动中，项目经理负责整合所有其他知识领域的成果，并掌握项目总体情况。项目经理必须对整个项目承担最终责任。在时间管理层面上，每个阶段都有相应工作任务要落实，需要根据其工作阶段一一对应完成。

（一）活动前

在活动前，需要制定研学旅行活动的活动章程。作为研学旅行活动的负责人，在活动开始前需要明确本次活动的组织章程，将研学旅行的组织需要、学生需求、法律要求及社会需要等要素进行收集研判，作为本次研学旅行项目的启动依据。与相关合作机构签订协议，包括协议书、意向书、电子邮件或其他形式的书面协议，通常以合同形式出现。并且需要注意的是，在制定研学旅行活动的章程时，需要符合相关研学旅行服务标准及相关法律法规。可以通过设定组织人员构架等，以结构化的方式实施控制、指导和协调，以实现研学旅行活动的目标。

在制定研学旅行活动的项目章程时，研学项目负责人可以通过专家判断、数据收集、头脑风暴、会议等方式方法完善项目章程的设定。

最后项目章程的输出应当包含以下内容：本次研学旅行的活动目的、可以测量的研学旅行活动的目标和相关成功标准、主要可以交付的研学服务内容、研学旅行活动的整

体风险、执行的进度计划、财务来源、利益相关方的名单、研学旅行活动的审批要求及研学旅行活动的组织参与者的职责和职权。

制订研学旅行活动的管理计划。定义、准备和协调项目计划的所有组成部分,并把它们整合为一份综合的研学活动管理计划。计划的作用在于生成一份综合文件,用于确定所有项目工作的基础及其执行方式。

在制定好项目章程后,影响管理计划的还有事业环境因素与组织过程资产。事业环境因素要根据本次研学活动的实际情况研判,如本次活动的研学导师是否达到政府颁布的《研学旅行指导师(中小学)专业标准》,相关营地能否执行《研学旅行基地(营地)设施与服务规范》,本次项目的计划执行组织包括哪些单位,组织中的各单位的治理框架能否有效协同本次活动。另外,相关基础设施能否满足本次研学旅行活动的需求,如酒店房间数量、研学车辆座位安排等实际情况。

在准备研学旅行活动组织过程资产时,应当考虑研学旅行的标准政策、本次活动的组织流程和执行程序,并且整理编写出研学旅行活动的计划模板,包括执行标准流程、执行活动指南与活动验收标准。同时,将监督和报告方法、风险控制程序与沟通要求列出。如果进行过研学旅行活动,应当对相关的经验教训与知识库进行总结。

项目章程的制定、事业环境因素的考量与组织过程资产的准备都确定好后,通过专家判断、数据收集、头脑风暴、会议等方式方法完善计划。

最终完成研学旅行活动的管理计划,其中应当包括进度、成本、质量、资源、沟通、风险、相关方参与等各项子计划,构成一套可以执行与落地的研学旅行活动计划。

(二)活动中

在完成前期的工作准备后,项目负责人开始管理项目的工作,根据研学活动的前期准备工作,将计划落实到实际的研学工作中。

指导与管理项目工作。对研学旅行活动项目工作和可交付成果开展综合管理,这个过程需要在整个项目期间开展,最终达到研学活动的目标。计划制定后,研学旅行活动的工作将正式开展,将研学工作按计划落到实处。对研学活动来说,项目负责人首先应当确认研学工作的育人目标与课程目标是否达到。当然,安全问题也是最高的管理目标,同时需要关心研学课程的落实情况,以及学生在行程中的评价情况。一般情况下,计划不可能完美地与实际符合,因此在管理计划的过程中,负责人应当因地制宜,随时优化计划的实施内容,力求达到本次研学旅行活动的服务目标,同时整理出相关经验教训给各方参考。

在指导与管理项目的同时,研学旅行活动的项目负责人还需要对活动进行监控,找出计划与执行的差异,让学校、家长及学生等直接参与研学旅行活动的组织,了解研学旅行活动执行的状态,并且通过质量与进度的预测,让这些项目参与者了解研学旅行活动未来的状态。

(三)活动后

在研学活动结束后,项目负责人还有持续跟进及监控的工作。因为研学旅行活动的开展并不是一次性的项目,而是一个周期性、连续性的活动,一次研学旅行活动的验收目标应当是阶段性的,需要持续跟进各参与者的反馈,并且将学生的评价工作落到实处,为素质教育的落实提供评价依据。

二、研学旅行项目活动的时间管理方法

(一)甘特图

甘特图又称"横道图",是1912年首次由甘特(Henry Gantt)提出的管理进度的一种工具和方法。它以一段横向线条表示一项工作,横道的长度代表活动的工期。通过横向线条在带有时间坐标的表格中的位置来表示各项工作的起始时间、结束时间和各项工作的先后顺序,整个进度计划都由一系列的横道组成。甘特图的横轴表示项目的总时间跨度,细分为时间增量(如日、周或月);纵轴包括一个构成项目的活动列表,列表按时间顺序排列。

作为一种非常实用、简洁、有效的项目进度管理工具,甘特图不仅能展示项目的计划进度,还能同时展示项目的实际进展情况,便于管理部门和项目组及时掌握项目的实际进展情况,并针对出现的偏差采取必要的措施,确保项目的顺利实施。

在使用甘特图进行项目进度控制时,哪一项工作/活动与进度计划一致、哪项工作/活动进度提前或滞后等,都能够一目了然,从而使项目团队人员能够及时发现并处理出现的进度偏差,保证项目进度计划的顺利执行。

1. 甘特图样式一(见图4-5)

这种样式的甘特图只是提供时间进度计划,将各项工作的先后顺序进行体现,根据不同的工作阶段,不同的各类项目可以同时进行。完成该阶段工作目标后,即可开展下一阶段的工作。该样式的甘特图只是提供计划时间作为时间管理参考。

研学旅行活动执行甘特图						
任务	第一周	第二周	第三周	第四周	第五周	第六周
计划完善阶段						
校方需求沟通						
物料资源准备						
人力资源准备						
开展研学旅行活动						
研学旅行安全保障						
成效评估						
跟踪反馈						

图4-5 甘特图样式一

2. 甘特图样式二(见图 4-6)

将项目的预估计划与实际工作进度进行对比,找出实际工作与计划的差别,提前或滞后等,都能够一目了然,从而使项目团队人员能够及时发现并处理出现的进度偏差,保证项目进度计划的顺利执行。

序号	任务名称	日期	开始日期	结束日期	六 1	日 2	一 3	二 4	三 5	四 6	五 7	六 8	日 9	一 10	二 11	三 12	四 13	五 14	六 15	日 16	一 17	二 18	三 19	四 20	五 21
1	活动一	计划	2021/8/1	2021/8/4	■	■	■	■																	
		实际	2021/8/1	2021/8/5	■	■	■	■	■																
2	活动二	计划	2021/8/5	2021/8/8					■	■	■	■													
		实际	2021/8/6	2021/8/8						■	■	■													
3	活动三	计划	2021/8/9	2021/8/14									■	■	■	■	■	■							
		实际	2021/8/9	2021/8/16									■	■	■	■	■	■	■	■					
4	活动四	计划	2021/8/15	2021/8/19															■	■	■	■	■		
		实际	2021/8/16	2021/8/21																■	■	■	■	■	■

图 4-6　甘特图样式二

(二) 四象限法

时间"四象限法"是美国行为科学家科维在 1989 年提出的关于时间管理的理论,即把工作按"重要"和"紧急"两个不同的程度进行划分,划分成四个象限:重要又紧急、重要不紧急、不重要但紧急、不重要不紧急。

基于"四象限法",在处理研学旅行活动工作的顺序上,时间管理理论提出了研学旅行活动工作的优先处理顺序。值得注意的是,要解决好第二优先和第三优先的关系,就要正确区分重要不紧急、不重要但紧急的工作,将二者的模糊性和不确定性清晰化。因为不重要但紧急的工作对研学旅行活动时间管理的欺骗性是最大的，会耗费研学旅行活动执行者大量的时间。可以通过表4-8来帮助研学旅行活动的项目负责人在时间管理工作中整理出事件优先级，有目的和有针对性地去完成工作计划与活动计划。

表4-8 时间"四象限法"

重要又紧急（优先解决）	重要不紧急（制订计划去做）
1. 2. 3. 4. 5.	1. 2. 3. 4. 5.
不重要但紧急（有空再做）	不重要不紧急（给别人做）
1. 2. 3. 4. 5.	1. 2. 3. 4. 5.

课后训练及答案

第五章
研学旅行项目的基地开发与设计

学习目标

1. 了解研学旅行基地开发的概念。
2. 学习研学旅行基地的开发模式。
3. 掌握研学旅行基地的开发程序。
4. 了解研学旅行基地的设计概念。
5. 了解研学旅行基地的专项设计。
6. 学习研学旅行基地的专题设计。

知识框架

```
                            研学旅行项目的基地
                               开发与设计
    ┌──────────┬──────────┬──────────┬──────────┬──────────┬──────────┐
研学旅行基地   研学旅行基地   研学旅行基地   研学旅行基地   研学旅行基地   研学旅行基地
  开发概述     开发的模式   开发的基本程序   设计概述     的专项设计    的专题设计
```

- 研学旅行基地开发概述
  - 研学旅行基地与研学旅行基地开发
  - 研学旅行基地开发的影响因素
  - 研学旅行基地的开发理念
  - 研学旅行基地的开发原则
  - 研学旅行基地的开发理论

- 研学旅行基地开发的模式
  - 研学旅行基地建设的核心要素与基本功能
  - 研学旅行基地开发的主题策划与创新思维

- 研学旅行基地开发的基本程序
  - 基地资源调查与评价
  - 项目建设可行性分析
  - 基地产品的市场分析
  - 基地产品与服务的规划方案
  - 基地概况与土建总规

- 研学旅行基地设计概述
  - 研学旅行基地的构成
  - 研学旅行基地的设计原则
  - 研学旅行基地的设计特点

- 研学旅行基地的专项设计
  - 研学旅行基地的总体环境规划
  - 研学旅行基地建筑造型艺术设计
  - 研学旅行基地建筑的功能与空间组合
  - 研学旅行基地的设施设计

- 研学旅行基地的专题设计
  - 知识科普型基地设计
  - 自然观赏型基地设计
  - 体验考察型基地设计
  - 励志拓展型基地设计
  - 文化康乐型基地设计

- 环保节能与劳动安全方案
- 组织建构和人力资源安排
- 项目建设时序安排
- 开发定位与规划编制

第五章 研学旅行项目的基地开发与设计

学习重难点

1. 学习重点：研学旅行基地开发的概念、研学旅行基地开发的模式、研学旅行基地开发的程序、研学旅行基地设计、研学旅行基地专项设计、研学旅行基地专题设计。
2. 学习难点：研学旅行基地开发的概念、程序、设计的要点，专项设计的理论与方法以及专题设计的类型。

学习导入

研学旅行基地不同于一般的旅游目的地，作为综合实践课程的物质空间载体，它是开展具体的以实践育人为目标的研学活动的地理位置、空间场所、设施设备与研学工具等物质因素的总和，是实现研学旅行的物质基础。因此，研学旅行基地的具体规划与设计，对研学旅行的教育目的的完成状态与完成质量有着非常关键的作用。

目前，由于得到国家政策的扶持，我国各地已有的旅游目的地都在积极进行研学方向的转型升级，新的研学基地也在快速建设中。在粤港澳大湾区，建设了一大批大中小型的研学旅行基地。广东省佛山市的高明区是传统工业重镇，拥有大大小小许多工厂，海天味业生产基地在其中开辟了别具生面的工业研学旅行基地——海天娅米的阳光城堡，结合生产流水线与生产设施、设备，在整洁明亮的工厂厂房中开发适合学龄儿童、颇受好评的研学旅行项目；该研学旅行基地较好地融合了工业生产特性（酿造传统与现代工艺、规模化与智能化生产、粮食的有效利用等）以及教育性、创新性、趣味性与观赏性，有合理的游览线路和良好的活动环境，是一个比较成功的研学旅行基地案例。此外，佛山还有开展生态研学教育的盈香生态园与西樵山研学基地，开展民俗文化教育的南海影视城与祖庙博物馆，开展环保前沿教育的南海固废处理环保产业园，开展爱国教育的铁军公园等比较有影响力的研学旅行基地。

不同地区与不同主题的研学旅行基地都有其独特的优势与价值，学生通过在研学旅行基地中的真实体验，切身感受不同的文化，提升了学习效果。但大部分研学旅行基地的规划、设计与建设，仍然处于比较粗糙的初级阶段，也有一些滥竽充数、粗制滥造或者产生负面效果的规划设计。本教材将整理已有的研学旅行基地规划、设计与建设的成功与失败经验，总结适合我国国情的研学旅行基地的规划设计的基本原则与经验。

第一节 研学旅行基地开发概述

一、研学旅行基地与研学旅行基地开发

(一)研学旅行基地的概念

研学旅行基地是提供具体的产品与服务、开展一系列具体的研学旅行行为(包括食宿、教育学习、旅行活动等)及相关活动的空间场所与物质载体。根据我国《研学旅行基地(营地)设施与服务规范》(以下简称《规范》)的定义,研学旅行基地是"自身或周边拥有良好的餐饮住宿条件、必备的配套设施,具有独特的研学旅行资源、专业的运营团队、科学的管理制度以及完善的安全保障措施,能够为研学旅行过程中的学生提供良好的学习、实践、生活等活动的场所"。《中小学员研学实践教育基地、营地建设与管理规范》(以下简称《管理规范》)则指出中小学员研学实践教育基地"是指各地各行业现有的、适合中小学员前往开展研究性学习和实践活动的优质资源单位"。

(二)研学旅行基地开发的概念

研学旅行基地的开发,一般来说指对研学旅行活动发生的场所空间(物质载体)进行的规划、设计和建设等开发活动。具体来说,对活动基地进行的规划、设计和建设等开发活动,包括直接对布局分区、空间规划、流线设计、装修设计、设施配置等方面进行规划设计,形成整套的系统性方案,以及通过各种整体与细节上的规划设计,间接安排、塑造、引导、烘托、影响或提升基地场所中的各种活动行为与感知体验,最终满足研学旅行活动参与者的各类需求,使其获得良好的活动体验与感知效益。

二、研学旅行基地开发的影响因素

钟志平与刘天晴(2018)对14个省(区、市)的研学相关政策进行了归纳分析,认为研学旅行基地建设应该考虑的因素包括软硬件设施、服务/情感/经济价值、性价比感知、满意度和安全卫生等方面。

《关于推进中小学生研学旅行的意见》要求根据研学旅行的教育目标,结合当地情况,在当地的旅游、文教资源的基础上建设安全适宜的研学旅行基地。

研学基地的开发,一般受到以下因素的影响。

(一)政策扶持

我国研学旅行活动及其基地的开发建设受到当地相关政策的显著影响。在研学旅行的发展初期,政策制度对研学基地的成长有主导与扶持作用。教育部于2017年公布第一批"全国中小学生研学实践教育基地或营地"的名单,各地管理部门也出台了符合

当地情况的研学基地管理文件,加强基地的规划与建设。吴儒练等人(2021)统计至2018年底共16个省(区、市)(拥有373个国家级研学旅行基地)出台了研学旅行基地相关政策文件,占全国出台文件总数的六成以上,这在一定程度上表明基地集聚分布受各地政策的显著影响。

(二)社会经济基础

当下研学旅行的主要参与者为中小学生,出于对未成年人的照顾与保护,一般要求研学基地提供较好的基础设施、便利快捷的交通条件以及完备的安全与卫生设施等。因此,研学基地所在的位置多为经济发展较为发达的地区。吴儒练等人(2021)认为,地区经济实力强劲、服务业发达,能够为研学基地建设提供坚实的物质基础。

(三)区位交通与基础建设

区位交通与基础设施是与当地社会经济基础密切相关的一个因素,一般而言,经济发达地区的交通与基础设施条件、资源条件、产业基础和市场化程度都较为优越。吴儒练等人(2021)发现,研学基地在主要省会城市以及铁路沿线的周边高度集聚,这种分布特征说明研学旅行基地的空间分布具有"廊道效应"。

(四)旅游资源基础

旅游资源是所有旅游活动的基础,是旅游目的地建设的物质依托。旅游资源对研学旅行基地的开发有根本性的直接影响。大部分研学旅行基地会依托已有的各种特色旅游资源和旅游目的地作为主要的旅游吸引物,来进行优化开发。也有的旅游目的地利用自身资源与优势,发掘与教育相关的结合点,进行转型升级,发展研学旅行方向。吴儒练等人(2021)发现全国范围内的研学旅行基地数量与5A级景区正相关,呈"近景"分布格局。

(五)研学参与者需求

所有旅游活动的动机,都发端于参与者的主动或被动的活动参与动机与目标效益需求。研学旅行是教育实践与旅游活动的有机结合,通过寓教于乐来提高学员的学习兴趣与综合人文素养。作为一种兼具教育学习追求与休闲旅游娱乐双重性质的活动,研学旅行活动应当根据潜在参与者的需求来进行设计,要能够提供参与者所需要的教育学习与休闲娱乐的双重效益。需要把目标客户群体的需要和特色研学活动的特性作为研学基地的规划与设计的基础与前提。

三、研学旅行基地的开发理念

(一)明确特色主题

研学旅行基地开发,要在分析本土文化资源的基础上,形成有本土特色与本土生命力的特色元素,再提炼、整合、塑造形成相应的特色文化主题。主题既要有积极意义,也要植根于本土文化与基地的基础基因,还要符合文旅融合与素质教育的主旨。如果之后发展顺利,还应该提炼形成品牌标识,培养品牌效益。基地的主题可以是多个或者复合的,但需有主次;相邻地区的不同基地间的主题也可以有机组合形成一个可以互动的系列主题。服务和产品还可以联合一些广受欢迎的IP来进行推广。

研学基地可以为学生提供丰富的旅游吸引物,是供学生开展研究性学习和集体旅行生活的场所,整体应有一定的观赏价值、历史价值或文科教化价值。因此,文化教育资源的挖掘与塑造是研学基地建设的关键。

（二）突出研学教育功能

研学旅行目的地应当与一般旅游目的地有所区别。目前,国内外学界对研学旅行基地尚没有明确的定义。2016年,《规范》首次提出"研学营地"概念,即研学旅行过程中学员的学习、活动与生活场所。

研学基地在观光游览和休闲度假方面应有较高开发利用价值,并且具备适合宣传教育的基础资源。应围绕主要的研学功能与主题（如团队协作、动手实践、生活自理能力提升、传统文化/科技/生态等的普及教育、爱国/思政/纪律教育、体能训练等）来进行规划与设计。

（三）甄别参与者需求

要通过扎实的市场调研与分析,在研学基地已有基础上,归纳总结能够符合潜在客户群体核心需求的研学主题,并设计相应的具体旅行活动方案。在明确的主题和课程基础上,设计能够符合各类活动需要并提升用户体验的空间场所与设施。总体来说,《规范》要求基地场所规模适当,满足活动需求,布局与路线合理方便;有相应接待与配套设施以满足生活需要,整体布局应当合理,环境设施应当整洁且安全卫生达标;景点类游览路线设计应与研学主题相关;确保活动安全性、营运秩序良好、管理人员到位,具备健全的安全设施与管理制度;具备一定的医疗保障条件。

（四）符合标准、遵守规范

研学基地开发需要符合国家与当地各级管理部门的各类规范、标准与管理要求。《规范》中有关研学基地的规划与设计,主要涉及环境空气质量、声环境质量、污水综合排放、生活饮用水卫生、食品安全与餐饮卫生、洗浴卫生、消防安全、游乐设施安全、垃圾分类、旅游厕所质量、导游服务规范、饭店星级评定、休闲露营地建设与服务、研学旅行服务、道路及游憩服务设施等方面的基本标准与要求。

（五）提供系统性产品

研学基地应该提供有教育价值的、复合多样的研学旅游产品,包括有吸引力与趣味性的观赏、体验或互动项目体系。要在横向上（同一地区的同类产品之间的、相互支持的有机系统）和纵向上（全产业链上相互联系的不同产品与服务也要加强合作,形成共赢）都形成有机产品系统。

（六）与时俱进,智能化与可持续发展

信息时代的市场变化总是迅速的,学生随时能接收到潮流信息。研学旅游产品有教育属性,需要随时与时俱进,以便能够为学生提供最新和最先进的学习体验,有吸引力与趣味性的观赏、体验或互动项目体系,因为落后于时代的研学活动会失去教育意义。

四、研学旅行基地的开发原则

(一)共性原则

关于国内研学基地开发,《规范》与《意见》要求符合以下原则。

1. 教育性原则

研学基地在开发时,要考虑其规划与设计符合课程设置要求。研学旅行活动本身,具体要根据在研学主题与本地特色基础上编制的教育大纲,通过观赏、阅读、探究、服务、制作、体验等各种丰富的方式表达活动的核心主题,形成符合多元的实践性课程,培养学生的综合素质,实现学生的多元能力发展。

研学基地要根据各种具体的活动方式,设计满足活动需要的场所功能与布局。研学活动场的设计目标应该明确,其主题特色应当鲜明且易于辨识,其场所与设施的设计应当突出教育功能。空间设计应科学、完整、丰富,符合相关规范要求。由于目前大部分研学基地主要面向中小学生,因此研学基地大多有教学功能区、生活服务区、户外拓展区、亲子教育区等功能分区,并根据不同的教育主题及不同年龄段的学生,配备符合实际使用需要的场地和设施,或者对不同类型的课程提供相应的演示、体验和实践设施。

研学基地在开发时,研学路线的规划设计是重中之重。研学基地应以地理区位和资源为规划设计的基本依据,要结合所安排的研学课程和相关的研学实践教育路线,进行整体规划、设计和安排。《规范》要求至少提供 2 条以上的研学实践路线,每条路线均包括外部路线和内部路线;路线设置应便捷合理,并有较强的针对性、可操作性和安全性;路线应与基地研学主题协调一致。《意见》强调以基地为依托,推动资源共享和区域合作,打造研学旅行精品线路,逐步形成合理互通的网络。

研学旅行基地开发,还要考虑设施的设置与安排。具体包括教育设施、导览设施、配套设施、交通设施、食宿设施以及安全设施等,需要根据《规范》要求与国家及各级管理部门要求设置,既保证安全性,也保证便利性与人性化、个性化。

2. 实践性原则

研学旅行不是一般性的旅游活动,是一种综合了"研""学""旅""行"的复合多元的新型实践课程形态,是课堂教学之外的实践性教学模式,强调让学生走出课堂,在广阔天地中亲身实践,对于提高学生的实践能力和综合素养有积极促进作用。作为课堂上的知识教育的必要补充,研学旅行是实践教育的一种具体形式,连接实践体验与社会/自然环境;研学课程设计的重点在于引导学生体验自然与社会,在真实的自然/社会情境中,体验仿真学习,进行理论联系实际的实践活动。

实践性是研学旅行的主要特征之一,因此研学基地的场地空间设计,需要便捷、合理地满足研学旅行中的各种实践活动需要,并尽可能根据研学主题来进行空间设计,以便烘托气氛,提升学生体验。

研学旅行课程只有通过开展社会实践,开展体验性学习,引导学生体验自然生态环境或社会生产劳动,了解人与自然的关系,理解社会系统运作,才能有助于提升学生的爱国、爱家、爱岗观念、环保观念与社会责任感等基本价值观,并发展实践能力。

3. 规范性与安全性原则

目前国内研学旅行的学员以中小学生为主,自主能力与抗风险能力较低,需要比较周全的照顾与服务。因此,研学旅行基地提供的设施与场所对安全的要求较高;相关设施与布局,应该能够保障学生的人身安全,并有利于教师及管理者进行规范性管理。其中安全规范最为重要。

研学基地的安全性,包括了学生的人身财产安全与身心健康安全(环境与卫生保障)等各个方面。基地及各类服务与产品的合作供应单位均应根据相应规范提供符合标准要求的安全设施。

在保障学生的人身财产安全方面,安全设施应符合《规范》及各级标准要求,并且进行定期保养,确保安全设施的有效状态;在条件许可的情况下,建议在设施的设置安排等方面,尽量能考虑人性化设计,并凸显主题特色。

在身心健康安全方面,环境空气与声环境质量、污水排放、卫浴设施、图示标志、垃圾处理、传染性疾病预防措施、灾害性天气或气候(雨雪、雷电、紫外线指数等)应对、卫生与医疗措施、用水便利安全、餐饮卫生等方面,都需要符合国家相关规范要求;同时考虑其合理便利与美观实用,尽量考虑人性化与特色化。

4. 公益性原则

《意见》强调研学旅行不得开展以营利为目的的经营性创收,对贫困家庭学生要减免费用。因此,在研学基地的规划设计上,也需要贯彻公益性原则,尽量控制开发与运营成本,以避免后期需要用较高的学费来覆盖成本。所以,规划设计中要考虑研学旅行经营管理中以社会效益为主要目标的实际运营需要,在符合各项标准的基础上严格控制相关成本。

(二)个性原则

1. 开放性原则

首先,在空间上,研学旅行活动中强调实践性,所以研学基地需要为学生提供有别于一般室内课堂的开放或半开放空间(室外空间、自然环境等)。实践课程在开阔的自然、文化与社会环境中开展,能够为学生提供拓宽视野、亲身体验、丰富经验、了解社会与自然环境的机会。

其次,在活动主体上,研学旅行的活动主体是学生,教师作为辅助引导角色,主要工作是引导学生在实践中自行体悟。

2. 共享性原则

基于公益性、资源使用效率、收支控制等各方面的综合原因,研学基地应当具有共享性,对所有希望通过研学活动来实现自我提升的学生开放。虽然目前研学旅行主要是作为中小学教育中的课外实践一环来进行探讨、开展与管理;但在大学教育、成人教育乃至老年教育阶段的成年学生也需要在传统课堂外的实践体验与发展空间。因此,研学基地的建设方向中,应该考虑不同年龄段的学生及相应课程活动的各种需求,在开发与使用上贯彻共享性的原则。

3. 当地性原则

研学基地是当地相关部门、组织或已有的旅游目的地管理方在已有文化、教育、旅游等资源与基础设施的基础上开发建设的。由此可见,研学基地的建设、相关产品与服务设计等方面,必然带有当地社会文化、历史传统、自然环境等方面的烙印。因此,在研学基地的建设过程中,应充分联动当地政府、学校、旅行社、媒体等各方力量,立足本土资源与特色,打造系列研学旅行线路,实现区域联动发展,推动研学基地建设与思政教育、本土文旅融合、乡村振兴等战略协同发展。总而言之,研学基地应当在现有基础上,将本土特色融入研学主题,根据当地性原则进行研学基地的建设开发。

五、研学旅行基地的开发理论

近年来,由于研学旅行的兴起,相关研究文献相继涌现,主要聚焦于针对中小学生的研学旅行的开发设计等方面。严梓溢与沈世伟(2021)认为,研学基地开发务必与中小学教育相结合,教育部及各级政府应整合具有教育意义的各类资源。

对于研学旅行基地开发,也有一些学者关注。严梓溢与沈世伟(2021)认为要鼓励民间资本在基地建设中的作用。邱涛(2017)从教育实践的角度,认为研学基地的建设需要考虑地域特色与学科特色,并遵循实践性、规范性与安全性的原则;同时认为基地在建设策略上需要关注"点""线""面"层面。张安富(2008)认为,研学旅行基地建设应该将资源与内涵结合以形成特色品牌,建立人才团队以健全组织架构与管理机制,并注重基础设施建设。

吴儒练等人(2021)的研究发现,我国研学基地呈现"总体集聚,依托经济、环城、沿路、近景"的空间分布特征。史春云等人(2021)则认为,研学基地未来的发展方向不仅需要考虑中小学生,还应当延伸到成人教育乃至老年教育的发展层面,向全社会提供文旅融合、寓教于乐的休闲娱乐与自我发展体验;同时还提供了回国寻根之旅等方面的发展建议。

但总的来说,现有研究对研学基地的关注比较少,目前成果包括红色研学基地建设、研学基地开发路径探讨与评价等方面,多以定性研究和案例研究为主。

第二节 研学旅行基地开发的模式

研学旅行基地开发的模式,需要根据基地的基本类型与特征来确定。选择好合适的开发模式,不仅能让研学旅行基地的开发建设事半功倍,还能保障研学旅行长远的发展与竞争力。

一、研学旅行基地的基本分类与基本功能

《规范》主要将研学旅行产品按照资源类型分为知识科普型、自然观赏型、体验考察型、励志拓展型、文化康乐型共5种类型。有学者则根据基地的具体资源属性与设施配

置,归纳总结出10种类型:国防军事类、科普教育类、文化遗址类、科研机构类、文博院馆类、古村古镇类、民族艺术类、红色旅游类、综合实践基地、青少年活动中心。其中,科普教育类基地占比最高。也有文献将基地分为自然风景区、文化遗产、综合实践基地、农业基地、工业园区、高等院校和科研院所、重大工程等。

本节关注研学旅行基地类型,除了研学主题,还关注"旅行"活动与"基地"的资源属性。因此在总结已有成果、合并同类项的基础上,本节将研学旅行基地划分为以下7个类别。

(一)研学旅行基地的基本分类

1. 科普教育类

该类型基地中的主要研学项目为科普教育类,以向学生提供各种科学知识、科技常识等科普内容为主,以培养学生的科学素养。科普教育类基地包括各类高校、科研机构、工业园区等。

2. 民族遗产类

民族文化遗产一般指各类物质文化遗产,包括各类历史遗址、历史建筑、村镇聚落、壁画石刻、史迹遗存,等等。民族遗产类基地给学生提供深入了解、直接接触体验民族传统文化与文化遗产的机会,在此基础上培养学生对传统文化遗产的认知与爱护,并提高审美素养与人文关怀。

3. 文化艺术类

人类在文化艺术上的创造非常丰富,能正确认知与欣赏博大精深的文化艺术,也是对人类本身认知的提升,是一种重要的人文素养。文化艺术类的基地提供的研学项目以文化艺术的欣赏与熏陶为主,主要目的是提高学生的人文素养与综合发展能力。

4. 自然风景类

自然风景类基地主要是自然风景类的旅游目的地,包括山川水系、林石洞天、动物花木、四时风光等。自然风景类的研学基地能够让学生亲近大自然,了解生态环境,欣赏大好河山,既陶冶情操,又锻炼身体。

5. 乡村农业类

乡村农业类基地是在当下的乡村田园环境中建设而成的,是自然环境与人工改造的村落环境的综合体,既有适合人们生活的环境,也有新开辟的田园空间,由此形成"农家乐"与乡村民宿等旅游产品。乡村农业类基地是在"农家乐"与乡村民宿等产业基础上转型升级形成的新业态,切合乡村振兴战略。

6. 红色教育类

红色教育类基地是以红色爱国教育为主要产品与服务的一类研学基地,一般在红色旅游目的地、革命根据地遗址、革命博物馆等旅游目的地的基础上建设。红色爱国主义教育是培养年轻一代的爱国情操与综合素质的关键一环。

7. 国防军事类

这类研学基地一般依托已有的但并非保密的、可以对公众开放的国防军事类设施进行开发,如深圳的明斯克航母等。这类研学基地的主要目标是通过展示国防军事方面的知识,提高学生的国防认知,并在此基础上培养学生的爱国情操与民族自豪感。

(二) 研学旅行基地的基本功能

1. 教育功能：课外素质教育与综合发展培养

研学基地需要提供各种研学课程，因此需要建设能够体现各种主题、满足各种需要的研学课程以及实践活动的场地与空间。研学基地的具体活动包括食、住、行、教、学、游、娱等，因此需要教室、会议厅、阅读空间、多功能空间、展示空间、户外活动空间等。这些活动与空间的目的主要是让学生能够通过接受课外素质教育，培养长久的综合发展能力。

2. 生活功能：团体生活与团体合作

研学旅行是一种团体活动，参与者众多，因此研学基地要为教员与学生提供能够满足团体生活的基础设施（满足集体餐饮、住宿、卫浴等基本需求）。

同时，研学旅行中的许多活动都是集体活动，并且需要团队合作完成一些工作或学习的任务。因此研学基地还需要提供能够满足团队活动与团队合作需要的空间、功能分区与交通流线。

3. 休闲功能：放松愉悦，保持身心健康

研学旅行强调寓教于乐，必然包括休闲娱乐部分。因此研学基地要为学生提供能够满足休闲娱乐需要的基础设施（如运动场地、游乐设施等），让学生能够在舒适或有趣的环境中尽情玩乐，以达到放松愉悦、保持身心健康的目的。

二、研学旅行基地建设的核心要素与常见模式

（一）研学旅行基地建设的核心要素

1. 教育发展要素

研学旅行的"学"，强调了学生接受教育、追求发展的目标，因此研学旅行具备鲜明的教育发展要素。研学课程设计是研学旅行的核心部分，旅行中必须贯彻课程教育的部分，课程教育中必须渗透旅行实践。因此研学课程必须经过精心设计，具有良好的课程结构与教育效率，体现出寓教于乐、寓教于游的研学特征。

2. 专业要素

研学旅行与一般的旅游不同，强调教学特质，因此其服务提供者必须具备良好的专业知识水平与素养。一般来说，研学基地中的服务提供者为专业教学者，需要具备教育技能与专业水平以及良好的师风师德。

3. 生活要素

研学旅行一般要求参与者以集体的形式共同生活、学习一段连续的时间，在这段时间内，参与者需要在基地内集中食宿。良好的生活体验是参与者愿意持续、重复到同一基地进行研学旅行活动的基本保障。

4. 安全要素

由于研学旅行参与者需要在基地中共同生活、学习与工作一段时间，且大部分参与者为未成年人，因此基地建设中必须把安全视为重中之重。基地安全包括消防疏散、防疫卫生、预防暴力等方面。基地建设中要建立相应的安全机制与安全管理体系。

（二）研学旅行基地建设的常见模式

1. 旅游资源主导模式

旅游资源主导模式主要基于基地所拥有的旅游资源及其吸引力来进行规划、设计与建设开发。基地的建设开发主要基于资源的实际情况开展，核心目的是对旅游业态转型升级。

2. 教育需求主导模式

教育资源主导模式主要是当地主管部门与教育部门、各级学校等教育机构，根据其实际教育需要与所拥有的教育资源，来主导基地的规划、设计与建设开发。基地开发基本是围绕建设方（或项目主导方）的教育需求进行的。

3. 产业发展主导模式

这种模式常见于已有的工业园区、农业基地等。工业园区、农业基地等基地通过建设科普研学基地，介绍工业生产流水线、农业生产作业等，既做了知识科普，也顺势推广了自己的产品与品牌，是一种产业、教育与旅游的三方共赢。

4. 元素植入模式

这种模式是指在已经建好的旅游目的地中植入与研学教育相关的元素，即直接在原旅游目的地的基础上做一些较小的调整，以较少的成本开展初步的研学旅行活动。

5. 基地先行模式

这种模式一般先进行基地建设，基地建好之后再进行课程开发设计。该模式由于前期节约了课程设计的步骤，建设周期较短，能较快投入使用，相对成本较低；而且一般会按照大部分研学课程的普遍要求来设计，适应性较强。但由于在前期未进行深入的课程设计，因此基地设计与课程设计不一定能较好匹配，或者课程设计受限；同时缺乏个性与特色，不容易进行品牌建设。因此该模式未来发展受限，不是常被推荐的模式。

6. 课程先行模式

该模式要求先做好较为深入的课程开发设计，再根据课程要求进行基地规划与空间设计。这种模式由于前期课程设计阶段的投入较多，建设周期长，而且因为是根据已有课程的特色做的定制设计，所以不一定有广泛的适应面。但由于在前期进行了深入的课程设计，基地与课程匹配度高，凸显个性，有利于品牌的推广发展，因此在同一领域的未来发展有可持续性。

7. 智慧开发模式

这种模式是在项目构思调研的最初阶段，就引入大数据、人工智能、智能化设备、交互设计等最新科技成果，到基地建设完成以及后期的运营管理中，可以在全链条持续应用智慧开发与智慧管理，通过大数据与人工智能的辅助，根据基地实际情况，做出最佳决策。

三、研学旅行基地开发的主题策划与创新思维

（一）研学旅行基地开发的主题策划

1. 挖掘资源，有机整合

研学旅行基地的主题要基于其本身的资源环境来策划，所以挖掘、提炼与整合资源

是主题策划的第一步。在完成详尽的资源调查之后,要甄别出符合市场需要、能够提炼加工、有独特性以及有可持续生命力的资源,进行整合。

2. 提炼融合,塑造主题

进行资源整合之后,要提炼出植根于本土文化的特色元素,由此塑造形成相应的主题。该主题要有积极正面的意义,应属于文化旅游与素质教育的范畴,并且需要符合基地类型,如爱国教育基地的细化主题,要在当地的相关爱国故事中提炼。

确定了基本主题之后,需要提炼形成简单但有寓意、代表项目整体的品牌标识,如形成基地招牌名字、形象、吉祥物等。品牌IP应该容易理解与记忆,适合普遍推广,并且具备趣味性与较高的美学水平。如能获得受认可的奖项或授牌,将对品牌的提升有很大帮助。

3. 市场推广,系统网络,品质控制

形成主题之后,就需要尽快把产品与服务推向市场,大力推广。推广的同时,要与同一地区或相邻地区的其他基地形成横截面上的良好互动与有机组合,并且在供应链上与纵向的各类产品与服务的供应商形成合力。要在横向与纵向上形成系统性的网络,并且做好品质管控,不能因为经营规模的扩大而允许质量水平的下降。

(二)研学旅行基地开发的创新思维

1. 优化品牌(IP),强强联合

基地可以有一个核心主题和数个辅助主题;或在同一主题下,有区分主次的多个IP;也可以是相邻地区的不同基地的主题有机组合成一个相辅相成的大主题。这意味着基地拥有丰富的复合元素,形成强强联合的网络。

另外,属性不同、但是相互有联系的产品与服务可以相互支持形成复合IP。服务和产品之间还可以通过跨界联合形成合力,如有的民宿或酒店(篮球酒店、熊猫酒店、迪士尼酒店等)会联合一些广受欢迎的IP来形成合力,以利于推广。

2. 可持续发展的思考

研学基地的主题要植根于本地文化,以保有蓬勃的可持续生命力。没有本地文化滋养的产品,是无根之萍、无源之水,很快就会失去生命力与竞争力。只有抓住本地文化与本地社区生活的特色,才能把产品与服务深深植根于本地文化,才能让产品与服务能够持续不断地从文化根脉中汲取营养。

同时,研学基地的服务与产品还需要根据市场与客户群体的发展变化,结合新鲜事物、与时俱进地进步升级,以确保该主题与该基地具有可持续发展能力。

3. 智能化发展方向

研学课程旨在让学生获得综合发展的机会。因此,在人工智能蓬勃发展的当今社会,要把智能化设备与理念整体地应用到研学基地开发规划、课程设计与项目运营的全过程之中,让学生接触到最新的科技潮流与成果,这也是研修学习的一部分。而且智能化设备,尤其是各种新奇的机器人,作为一种新型设备,非常受学生的欢迎。

在研学旅行基地的设施中,应用智能化设备也有助于后续的智能化运营和设备升级,提高管理运营效率,降低人力资源成本,让项目更具有生命力、竞争力与发展潜力。

4. 多年龄段发展

从目前的各类成果与相关管理文件来看,目前我国的研学旅行主要是面向中小学生的。但随着人口老龄化,以及人们终身学习的理念形成,未来,研学基地应当把其他年龄段的学生也纳入考量。

无论是从整体社会效益的角度,还是从项目发展能力的角度看,在研学旅行基地规划中嵌入面向多年龄段学生的弹性化设计,都是双赢的局面。

第三节 研学旅行基地开发的基本程序

研学旅行基地开发需要基于规划与设计任务书来开展,而规划与设计任务书的编制需要建立在对研学基地的各种内外条件了解得十分透彻的基础上。

一、基地资源调查与评价

(一)调查研学基地的建设资源、条件与限制

研学基地的所在地区、相关管理条例与扶持政策、市场潜力与客户需求、社会文化背景、当地居民生活状态、地理生态环境、基础设施、旅游资源以及已有的建设基础等条件,都是研学基地建设的基础条件与资源。

只有对研学基地可利用的内外资源与有利的内外部条件有深刻认识,才能高效率地配置、运用这些资源与条件,进行合理的开发建设。只有对该基地面临的挑战、劣势、政策限制、成本限制等方面进行了认真的调查了解,才能避免做出错误的决策,导致损失。

(二)评估研学基地资源,匹配适合的开发模式

在深入调查了研学基地的建设资源、条件与限制之后,需要对这些资源、条件与限制进行归类、分析与总结,最终评价资源该如何应用配置,条件与限制该如何化不利为有利。在此基础上,让基地开发项目能够通过资源配置,匹配合理的、高效率的开发步骤、开发路径、开发手段与开发模式。

二、项目建设可行性分析

在对基地资源进行了详尽调查与评价,并初步拟定开发方案的基础上,需要对项目进行可行性分析,对项目方案的各阶段、各步骤与各路径方法都进行讨论验证,确保项目建设具备较高的可行性。一般的研学基地可行性分析包括以下内容。

(一)项目概况

介绍项目的基本情况、承办单位、主管部门、用地区位与法定图则、项目建设内容(规模、目标、面积、层高、占地、容积率等)、建设地点、可行性研究主要结论(包括产品市场前景、原料供应、政策保障、资金保障、组织保障、技术保障、人力保障、风险控制、财务

和经济效益、社会效益、综合评价)等方面,并对项目存在的主要问题进行说明,列出可行的解决方案。

(二) 基地开发的必要性

主要说明项目背景与投资建设的必要性。

1. 项目背景
(1) 文旅教育的研学市场需求。
(2) 文旅教育的研学行业发展。
(3) 研学基地建设的基础条件。

2. 投资建设的必要性
(1) 消费者对研学产品服务的消费需求。
(2) 从行业角度看,是旅游业态的转型升级需要。
(3) 从教育角度看,是对研学产品服务的补充。
(4) 从文旅融合与乡村振兴看,是研学产品服务的发展潜力。

(三) 基地开发的可行性

主要说明基地资源、支持基地开发的有利条件与支撑性条件、基地开发可行性、问题的解决方案以及基地开发中的主要技术经济指标表。

1. 基地资源、有利条件与支撑性条件
列举、归纳、分析该基地开发可以利用的资源(旅游吸引物、已有历史遗址、自然风光、文化艺术积淀、社区支持、基础设施等),总结支持基地开发的有利条件与支撑性条件(政策扶持、交通区位、市场规模、客户群体等)。

2. 基地开发可行性
包括经济可行性(成本控制及能否实现收支平衡)、政策可行性(是否得到政策鼓励与扶持)、技术可行性(基地环境的建设开发是否存在过大的技术难度)、模式可行性(选择的开发模式符合基地现在的情况并符合当地的发展方向)、人力资源可行性(建立良好的组织架构,保证良好的师资供应)。

3. 问题的解决方案
总结归纳基地开发中的种种限制、劣势以及资源缺失、不利条件,如政策限制、资源不足、市场客源不足等,分析存在的问题、障碍与挑战,提出可行的解决措施或解决方案。

4. 基地开发中的主要技术经济指标表
汇总基地开发的各项主要指标与相关数据,编制在开发建设中的主要技术经济指标表。

三、基地产品的市场分析

任何一个项目决策都要建立在对市场需求充分了解的基础上。市场分析的结果可以推导出研学产品的成本控制、价格设置、品质控制等方面,最终影响研学项目的可行性。

（一）研学产品市场调查

研学产品市场调查包括同类产品服务与相关联产品服务的国际市场调查参考、国内市场调查研判、全产业链上的市场与价格调查、市场竞争调查等。

（二）研学产品市场预测

利用上一步市场调查收集与分析得到的信息，对未来市场需求进行判断、分析与决策，以进一步制定产品方案。具体包括国际市场预测、国内市场预测、全产业链上的市场与价格预测、发展前景预测等。

四、基地产品与服务的规划方案

基地产品与服务的规划方案主要包括项目成本、效益产出、投资测算、区域规划、建筑设计、装修设计、家具购置、课程设计（产品设计、服务设计）、课程与基地的匹配、集体工作与生活安排、设备设施选用、市场推广营销、品牌营造等细项。

五、基地概况与土建总规

1. 基地概况

基地概况主要描述研学基地的地理区位条件、交通便利程度、自然人文资源情况、社会经济与商业配套情况、社区支持和居民生活状态、基础建设情况、人流情况等方面。

2. 土建总规

土建总规包括项目选址、占地面积、场地平整、总平面的规划布置、场地内外交通、周边地域的交通与基础设施、土建及配套工程、工程造价，以及其他辅助工程（供水、供电、供暖、通信等）。

六、环保节能与劳动安全方案

贯彻执行环保和安全卫生方面的法律法规，遵守环境影响报告书的审批制度，在可行性报告中有专门对环保和劳动安全的方案论述。也就是说，如果项目有可能对环境或劳动者产生负面影响，要在可行性分析阶段进行探讨，并提出相应的解决方案或防治措施。

具体是在环境保护方案、资源利用及能耗分析、节能方案、消防方案、劳动安全卫生方案等各个环节提供设计依据、解决措施、安全系统设计、分析评价等。

七、组织建构和人力资源安排

根据项目规模、内容组成、课程设计与活动安排等，提出相应的组织架构方案（组织形式、工作制度、人事安排等）、薪酬待遇及相应的员工培训与团队组建计划。

工作团队的规模要与课程设置的需要相符合，也要与基地的规划设计相适应。基地规划设计上，也要提供能容纳设计师团队的场所空间。

八、项目建设时序安排

项目建设时序是指从正式确定建设项目到项目交付、能够正常开展活动这段时间。主要内容与工序包括前期准备、资金筹集、勘察设计、设备订货、施工推进、开张准备、试运营、竣工验收和交付使用等各工作阶段。各阶段的工作环节是相互影响的,有同时开展的,有前后衔接的,也有相互交叉进行的,因此推荐使用智能化管理手段。在可行性研究阶段,须将各个阶段的各环节尽量进行细化设计、统一规划,也要预留一定的、能快速反应的弹性管理空间,掌握动态平衡,做出合理可行的弹性安排。项目建设时序安排一般应有以下内容。

(一) 实施阶段

(1) 建立实施管理机构。
(2) 资金筹集。
(3) 勘察设计和设备订货。
(4) 施工准备。
(5) 施工生产。
(6) 竣工验收。

(二) 编制并及时更新项目实施进度表

项目实施进度表是有效管理项目进度的管理方法。

(三) 监控实施费用

(1) 建设单位管理费。
(2) 生产筹备费。
(3) 职工培训费。
(4) 办公和生活家具购置费。
(5) 其他支出费用。

(四) 投资计划

编制相应的投资计划,并管理投资计划在每一工作阶段的实施。

(五) 财务评价

对每一阶段的投资与支出进行合理的财务评估。

(六) 收支测算

(1) 计算依据及相关说明。
(2) 项目测算基本设定。

（七）项目总成本费用估算

较为详细地列出开发项目所需的各类成本支出，尽量详细地估算每项支出的相关费用。

九、开发定位与规划编制

在完成可行性分析报告、确定建设方案具备较高可行性的基础上，需要明确研学基地的开发定位，并编制规划与设计任务书。

（一）规划与设计任务书的编制依据

规划与设计任务书的编制依据首先是其先天条件（已有资源、面临的限制等），其次是国家与各地管理部门的各类相关规范与管理条例。其中主要的国家政策法规与行业标准规范包括：国务院办公厅发布的《国民旅游休闲纲要（2013—2020 年）》与《关于促进旅游业改革发展的若干意见》；教育部等 11 部门联合发布的《关于推进中小学生研学旅行的意见》；教育部发布的《中小学综合实践活动课程指导纲要》；国标规范《旅游规划通则》《休闲露营地建设与服务规范》《研学旅行服务规范》；文化和旅游部发布的《文化和旅游规划管理办法》；中国质量认证中心颁布的《中小学生研学实践教育基地、营地建设与管理规范》，以及中国旅行社协会发布的《研学旅行基地（营地）设施与服务规范》。

此外，研学基地的建设开发，涉及区域规划、建筑设计与土木工程各方面，需要对接各地的规划、建设与环境等各方面的政策。

（二）规划与设计任务书的编制要求

（1）符合当地的城市规划、城市管理、教育规划、文化旅游规划等各方面政策倡导的发展方向。

（2）找准能够突出本土特色的研学主题，在任务书中提出相应的主题策划要求。

（3）突出课外素质教育与团队合作、能力发展实践的功能。

（4）发展目标与规划设计任务要符合实际并具有可操作性与易评价性，应该尽可能通过量化指标来明确具体任务。

（三）规划与设计任务书的编制内容

研学基地的规划与设计任务书的编制内容，需要兼顾文化旅游与教育两方面的产品和服务属性。编制内容应该大致包含以下内容。

1. 资源分析

研学基地项目中，能利用的一切有形或无形的物质、条件等都可定义为资源。不利的条件与限制，则是资源有所限制的状态。资源分析包括已有的、可利用的内外有利资源，如旅游吸引物、扶持政策、基础设施等方面；当下市场和能预判到的中长期市场状态，以及潜在客户群体的认知与培育。

应深入分析资源限制的条件，探讨限制条件下的对策方案。

2. 学习目标与定位

在已有先天条件的基础上,确定合理可行的学习目标与定位是能够合理地进行下一步工作的重要保障与必要步骤。明确合理的近、中、远期目标,能够帮助项目开发工作有序地推进。目标定得过低,会导致资源浪费;目标定得过高,则无法实现,导致投入得不到应有回报。

因此,要根据研学基地的内外条件,在前期调研的基础上,找准项目的长期目标与短期目标,并确定基地的战略定位、功能定位、市场地位等,在此基础上形成短期、中期与长期的发展思路与发展规划。

3. 主题策划

主题策划是指根据资源分析与项目定位,设计适合研学基地的主题与发展方向,并进行相关的配套策划与课程设计,以便能进一步确认需要的功能分区、场所形态与交通流线等。

项目中的建筑设计、空间修饰、花木栽种等,都必须与策划的主题相一致,并能烘托主题气氛,展现项目特色等。

4. 功能分区与流线设计

要根据主题与课程设计,进行合理的功能分区布局,设计相应的空间形态与装饰主题,规划适当的动静流线。另外,需要规划好分阶段的建设时序与进度,开发要分清主次缓急,并安排好管理监管措施。

5. 优化配套设施与辅助设计

要落实必需的各种安全保障与后勤辅助空间的安排与设计,确保各种设施能合理有序地设置。其中包括工作人员使用的后勤辅助空间,或学生使用的室内外活动空间中的辅助设施和附属空间。基于目前智能化设备与管理的普及使用,如果条件允许,建议多使用智能化设施、设备来提高工作效率,同时也要做好政策、市场、质量、监控等方面的保障。

6. 成本与收益测算

要对项目建设与监管的成本进行估算与监控,并测算如何达成收支平衡。研学基地的公益性要求项目不能把利润作为主要目标。为了保证公益性,项目的开发成本也需要监管与控制。

第四节 研学旅行基地设计概述

一、研学旅行基地的构成

基地应具有观赏价值、历史价值、文化价值或科学价值,并于当地具有教育意义。基地设施具备教育与游览、生活与实践等特性,由基础设施及主题设施组成。

1. 基础设施

基地规模须满足开展研学旅行活动需求,包括人员住宿、餐饮、医疗等基本生活需求，室外基地应注意游览路线与交通设施的合理布局，以便人员集散。基础设施主要包括住宿设施、餐厅设施、交通设施、接待设施、教育设施。

2. 主题设施

主题设施指以科技、文化、革命教育、体育、生物、影视、动漫、探秘、拓展等作为主题的设施，根据基地主题，编制教育大纲，并按不同学龄学生设计教材，衔接学校教育内容，融入理想信念教育、爱国主义教育、革命传统教育、国情省情教育、文化传承教育、学科实践教育。

二、研学旅行基地的设计原则

由于研学旅行基地设施功能类似旅游项目中的综合体，根据《基地设施规范》，研学旅行基地须满足下列四项原则。

（一）教育原则

首先，研学旅行基地的设计应围绕教学的课程目标，做到课外实践与课堂课程相结合，与课堂课程相辅相成，寓教于乐，引导学生自我思考与总结；其次，需要根据不同学校、不同年级，在基地空间与设施设计上有所区别，针对不同的需求制定个性化的设计方案，同时也丰富景观的类型；基地的景观设计还须建立在教育学、中小学生行为心理学、环境心理学等理论基础上，将游戏、探索、学习、互动等功能融入设计。

（二）因地制宜原则

研学旅行基地的建设应充分利用基地周边的资源，如教育、交通、自然地理与历史人文资源等，同时在基地建设中合理利用现有材料，尽量就地取材，坚持因地制宜原则。在研学旅行基地的设计中，可提取当地的历史与人文文化元素，融入设计，打造具有地域文化特色的研学旅行基地。

（三）安全性原则

研学旅行基地作为研学旅行中的重要实践场所，在其建筑及空间设计中，需要全面考虑所有人员，特别是学生的安全问题。应注意景观设计中安全尺度的问题，根据中小学生的人体工学资料，设计适合他们的安全尺寸，保障他们在活动中的安全。

基地应增设全面的监控设施、消防设施；增加医务室、警务室等后勤保障空间；在危险的地方增加防护设施以及醒目的警示标识；在设计选材中尽量选用环保、温和、安全的材料；在项目设计中要考虑未来可能发生的安全隐患并利用合理的设计去规避隐患。尽可能做到在前期设计时最大限度地保障人员的安全。

（四）可持续原则

研学旅行基地的建设应该对当地文化传承具有积极影响，不仅为研学旅行对象提供研学内容服务，更要促进研学旅行基地当地的可持续发展，如文化的传承发展、文化带动经济发展等。同时，应在景观设计中坚持使用环保材料，通过合理的设计，最大化利用水、电、土壤等资源来减少资源浪费，减轻对生态环境的破坏，以促进生态可持续发展。通过对研学旅行基地的景观进行科学合理的设计,为开展研学旅行教育提供对应的载体,也为其他研学基地的景观设计提供参考,从而促进研学旅行基地建设的可持续发展。

三、研学旅行基地的设计特点

研学课程也就是研学产品,当地旅游资源是研学旅行的载体,需要依托研学旅行基地的旅游、教育、文化资源来进行开发设计。因此,相较于其他公共建筑设计,研学基地的设计有以下特点。

(一)研学旅行活动的策划设计

根据各学段学生对于研学旅行课程的心理认知、价值认同和学习能力的差异,需要针对不同学段规划研学旅行路线。

在小学阶段,学生好奇心强,身心发育不成熟。这一阶段的研学可以集中在理论学习和了解观赏上,营造一个安全、休闲的研学环境。初中阶段学生在学习能力和自我表现能力上有明显的进步,对于职业的体验学习容易产生兴趣。高中阶段学生学习主动,善于思考和行动,对于自己未来的职业选择有了初步的规划。这一阶段研学应注重培养学生的自主学习和研究能力,可以将职业体验作为研学的重点。

(二)研学旅行空间的体验设计

研学旅行是一种旅游+教育的过程,体验活动贯穿其中。体验活动经历了一个由旁观到参与的阶段,因此在空间的设计中需要设计可以参与活动的场地,这样不仅可以让学生获得新的感受和得到休闲的乐趣,还可以增长见识,积累经验,达到怡情益智的效果。

在设计中,要尽可能地把学习过程中某些环节的一般性操作转化为可参与性的操作,给学生提供尽量多的直接感受的机会。

(三)研学旅行空间的互动设计

"互动"在研学基地活动空间设计中,不仅表达了学生与空间的互动,更强调通过空间促进学生与学生、学生与导师之间的互动。可以通过设计思维赋予空间和景观生命力,在基地活动空间中规划出丰富多彩的互动体验区域,让儿童在有智慧、有个性、有温度的空间里主动探索世间奇妙,让学习实践充满趣味性。通过交互设计,将展示与互动相结合,为学生提供更加形象直观、印象深刻的观感体验和触觉感受,从而引导学生在"玩乐"中激发自我想象力与创造力,真正做到寓教于乐,寓学于景。

第五节 研学旅行基地的专项设计

研学旅行基地通常是一个小区或者单体建筑,小区性的基地可以是一个旅行目的地景区,无论是新建还是改建的景区,其设计内容均包括以下工作内容:基地的总体环境规划、功能与空间组合、建筑造型艺术设计。

一、研学旅行基地的总体环境规划

总体规划是指为了研学旅行活动的需要,利用物质技术,按照科学法则和审美要求,通过对空间的塑造、组织与完善所形成的物质环境。

通过收集与分析基地的基础资料,如工程地质、水文地质等资料,对当前拟建设开发的地区进行功能分区、空间布置与流线安排。主要的工作内容是完成建筑、活动设施和绿地的空间布局及景观规划设计;道路系统、绿地系统、工程管线规划与竖向规划设计。工作成果包括规划主要图件:区位图、规划地块现状图、规划总平面图、道路交通规划图、竖向规划图、综合管网等设施规划图、绿化景观旅游设施规划图、表达规划设计意图的透视效果图或模型。

(一)总体环境布局

研学旅行项目基地的总体环境规划应考虑内在因素和外在因素两方面的问题,即建筑本身的功能、经济及美观的问题与城市规划、周围环境、地段状况等问题。其中,室外环境的空间与场所包括宽敞的空间场所(集散广场)、活动场地、停车场所。

在研学旅行建筑中,因为人流比较多而要求设置宽敞的室外场所,形成一定规模的集散广场,根据人流车流、客流物流等各种流线的通行能力和空间构图的需要来确定其规模和布局形式。同时在艺术处理上要求较高,因此需要充分考虑广场的空间尺度和立体构成等构图的问题。

室外活动场地是大多数研学旅行项目基地的主要使用功能区域之一,而且与室内空间的联系密切,应靠近主体建筑主要部位。

机动车停车场要考虑其在基地的易达性,如设置在主体建筑物的一侧或后侧,既方便使用又不影响整体空间环境的完整性和艺术性。在车辆较多的情况下,可以考虑利用地下停车场或立体停车场,以节约场所用地。如果利用道路边设停车位,则不应影响道路有效通行宽度。单向车道路宽不应小于 4 米,双向车道宽度不应小于 7 米,人行道宽度不应小于 1.5 米。车行道路转弯处应满足车辆最小转弯半径,兼做消防车道时,应该按消防车最小转弯半径要求设置。

大多数研学旅行项目建筑还需要设置服务性的院落,如锅炉房、厨房等。为了货运车辆出入方便,且与活动场所互不干扰,有条件的应该设置单独的后勤出入口。

(二)总体环境布局的空间与环境

在设计研学旅行项目建筑时,其空间组合不能脱离总体环境,应放在特定的环境之中来考虑单体建筑与环境之间的关系,即考虑与自然的和人造的环境特点相结合,将建筑融入环境,相互协调,形成不可分割的整体。

室外空间环境设计要注重利用环境、改造环境、创造环境三个原则。即从整体布局出发,充分利用环境的有利因素,排除不利因素,甚至创造环境,以满足设计创意的需求,使室外空间环境更完美。

(三）研学旅行建筑环境的空间组合

群体空间组合设计要求在特定条件下（地形特定、建筑性质等），采取适当的空间布局，组成各种形式的中心，如基地内的学习培训中心、体育锻炼中心、展览中心、娱乐中心、信息中心、服务中心以及生活中心等公共建筑群。

研学旅行项目建筑的空间环境要兼顾适用、合理与美观的设计原则。

首先，从建筑群的使用性质出发，着重分析功能关系，合理分区，运用道路、广场等交通联系手段，使总体空间环境的布局联系方便、紧凑合理。

其次，在群体建筑造型艺术处理上，从不同类别的研学项目建筑特征出发，结合周围环境及规划的特点，按照一定的设计意图，创造出完整又优美的室外空间环境。

最后，利用绿化、雕塑等，丰富群体建筑空间环境的意趣，以取得多样而统一的室外空间环境效果。

二、研学旅行基地建筑的功能与空间组合

（一）建筑的空间组成

研学旅行基地是承载研学活动的物质载体，从概念上看包括单个空间与组合空间、室内空间与室外空间的设计。研学旅行项目建筑功能设计的核心问题是处理好功能分区、人流疏散、空间组成以及与室外环境的联系等。

研学旅行建筑空间的使用性质与组成类型可以分为主要使用部分、次要使用部分（辅助部分）和交通联系部分。主要使用部分包括培训课室、活动室（场）、餐厅与学生集体宿舍等空间，次要使用部分包括储物间、工作间、员工宿舍与厨房等空间。

以上建筑空间需要通过交通联系成为一个整体，空间联系的方式分为水平交通、垂直交通和枢纽交通三种基本空间形式。

1. 空间组合中的水平交通空间

水平交通空间包括属于交通联系的过道、过厅和通廊；主要作为交通联系空间兼为其他功能服务的过道、过厅或通廊；各种功能综合使用的过道和厅堂。

建筑空间组合中的通道宽度与长度是根据功能需要、防火规定及空间感受来确定的。一般专供通行的通道宽度通常在 1.5 米以上，如宿舍的通行通道要做到 1.5—2 米或者更宽些，教学及观演建筑的通行通道宽度一般为 2—3 米。公共建筑过道的长度，应根据建筑性质、耐火等级、防火规范以及视觉艺术等方面的要求而定，其中最远房间的门中线到安全出口的距离应控制在安全疏散的范围之内。

通道要满足公共建筑的采光标准，一般尽量在走廊的尽头开窗，或借助于门厅、过厅或楼梯间的光线采光，也可利用走道两侧开敞的空间来改善过道的采光。

总之，空间组合中的水平交通布置，应从全局出发，在满足功能要求的前提下，结合空间艺术构思，力求减少通道、厅堂的面积和长度，使建筑空间联系紧凑，提高平面使用率。

2. 多层建筑的空间组合

多层建筑的空间组合要通过垂直交通进行联系，垂直交通主要包括楼梯、坡道、电

梯等交通设施。

楼梯除了要满足不同类型功能空间的人流使用宽度要求，还要满足防火疏散的需要，一般而言，每个单体建筑至少应设置两部楼梯。

有些功能受限或者受地形限制的建筑内外需要设置坡道，其坡度一般为8°—15°，在人流较集中的部位需更加平缓，坡度常为6°—12°。坡道基于安全起见，还应考虑必要的防滑措施。

3. 建筑的主要路口或走廊交叉部分

研学旅行建筑的主要路口或走廊交叉部分属于交通枢纽，考虑到人流的集散、方向的转换、空间的过渡以及与通道、楼梯等空间的衔接等，需要设置门厅、过厅等空间，起到交通枢纽与空间过渡的作用。交通枢纽是空间组合的咽喉要道，既是人流汇集的场所，也是空间环境设计的重点，应该满足功能和精神两个方面的需要。

特别是门厅，除了面积规模应满足通行能力，具有合适的尺寸与明确的导向感，还需处理好室内外的过渡问题，应体现出空间的构思意境，营造良好的室内空间第一印象。

（二）建筑的功能分区

研学旅行最理想的基地与营地应满足学生教育、体验、审美的多重需要，能为学生提供学、游、行、吃、住等多项服务，具备教育与游览、校园与景区的多重功能。

1. 教育功能

基地与营地应开发设计有各种主题的研学课程、研学线路，建设满足各种实践活动主题的场馆，满足交流讨论需求的活动教室、会议室、多功能厅、展示厅，有条件的基地与营地还可以配建运动场、拓展营等场馆。

2. 生活功能

基地要提供接待服务，营地还需要提供能一次性集中接待一定规模学生的餐饮、住宿服务，满足中小学生集体生活的需要。

3. 休闲功能

有些基地与营地本身依托风景秀丽的景区而建，既有景区的优美环境、公园的休憩设施，又有校园的文化氛围，既能很好地满足学生研学过程中的审美需要、身心愉悦需要，又能让学生在研学过程中享受休闲教育和美好时光。

功能分区是总体规划的基础，首先需要根据研学旅行的设计任务书，结合基地的环境条件，在项目用地上进行安排布置。在空间组合中，重要的工作是将建筑空间按不同的功能要求进行分类，根据密切程度按区段加以划分，做到功能明确、联系方便；还应对主与次、内与外、闹与静等方面进行分析。

功能分区的主次关系应与具体的使用顺序相结合。有的空间功能以对外联系为主，有的与内部关系密切；考虑空间组合时，应妥善解决功能分区中的内外关系问题。各个空间设施的先后次序应符合研学课程流程的安排，符合青少年活动的特点，做到合理有序。例如，涟水蜂巢研学旅行营地根据研学活动的不同内容，将基地空间划分成为趣味运动、生态运动、水上运动、竞技体育与研学教育五大功能区。各个区域周边式布局，并通过中心核心区域连接，形成一个功能分区明确、联系方便的规划结构。

(三)建筑的人流聚集与疏散

与功能分区密切相关的设计工作是妥善安排组织各种流线。研学旅行建筑空间组合中的流线组织问题,实质上是基地内各种活动的安排顺序是否合理的问题。在功能分区的基础上,要检查各种流线的安排是否合理、是否达到人流车辆分离和客流物流互不干扰、流线便捷明晰的要求。

其中,人流疏散问题是人流组织的重要内容,尤其是人流量大而集中的研学旅行建筑。不同的建筑空间具有不同的人流疏散特点。例如,宿舍的人流疏散具有连续性;影视室、会堂、体育馆等的人流疏散具有集中性;展览馆、课室、培训室等建筑的人流疏散兼有连续性和集中性的特性。因此,应该根据不同的空间合理均衡地安排人流。

例如,阶梯教室的人流疏散常采用两种基本方法:一是出入口合并设置,人流疏散时,自上而下,方向一致,从而简化阶梯教室与相邻房间的联系;二是出入口分开设置,出口布置在阶梯教室的后部,使人流经过楼梯进行疏散。

最后,研学旅行建筑空间除了解决其使用性质、功能分区、流线特点、疏散设计等方面的问题,还要争取良好的朝向、合理的采光、适宜的通风以及优美舒适的景观等。

三、研学旅行基地的建筑造型艺术设计

(一)建筑造型艺术的基本特点

建筑艺术不同于其他艺术形式,即建筑语言不像其他的艺术形式,它只能通过一定的空间和形态、比例和尺度、色彩和质感等方面构成的艺术形象表达某些抽象的思想内容。物质与精神上的双重要求是创造建筑形式美的主要依据。在对研学旅行建筑进行造型艺术创作时,只有先力求达到内容与形式的高度统一,才有可能获得完美的艺术形式。

形式美规律用于建筑艺术形式的创作中,称为"建筑构图原理",这是通过长时间的实践、总结和认识得来的,也是公认的和客观的美的法则,如统一与变化、对比与微差、均衡与稳定、比例与尺度、视觉与视察等构图经验。

多样统一是建筑艺术形式普遍认同的法则,也是研学旅行建筑造型艺术创作的重要依据。

其一,多样性应是所有的建筑环境艺术创作中的重要原则,当然也是公共建筑环境艺术创作的重要依据。因而在公共建筑艺术处理中应紧密结合"公共性"这一基本特征,善于处理"统一中求变化,变化中求统一"的辩证关系。

其二,形式与内容的辩证统一。它既是建筑艺术形式创作的普遍法则,也是公共建筑艺术形式美的创作准绳,因而需要正确处理内容与形式之间的关系并善于运用娴熟的艺术技艺和新的技术,更好地为创造新的建筑艺术形式服务。

其三,正确对待传统与革新的问题。要善于吸收建筑历史中优秀的创作经验,取其精华,去其糟粕,做到"古为今用,外为中用",在公共建筑艺术创作中,力求不断创新。

(二)室内空间环境艺术

因研学旅行项目主要是面对中小学生的活动,所以特别要处理好空间的尺度问题。所谓空间尺度,就是人们权衡空间的大小、粗细等视觉感受上的问题。因为人对建筑空间的整体认识,除了通过在使用过程中的接触,在很大程度上是由人的视觉连续性和视觉规律所形成的综合印象,所以人的视觉规律同样是分析建筑空间尺度的重要因素。在视觉规律中,不同的视角和视距所引起的透视变化以及由于形体的大小、光影的明暗、方向的横竖等一系列的对比作用所产生的错觉,必然会产生不同的尺度感。在建筑构思中,常运用这些视觉规律增强或减弱视觉艺术的特征效果,以创造某些预想的建筑空间环境的意境。例如,有时候人们会将远处的细部尺度放大,借以矫正由于透视变小而产生的视差,当然也不能忽视近看的效果。有时也增加建筑由近及远的层次,以增强其深远感。此外,建筑空间的明与暗,也常会产生不同尺度感的错觉,可以利用采光和照明的不同效应,调整建筑空间的尺度感。

对于室内空间环境的构思,常采用围透划分与序列导向的处理,形成一个完整的空间体系,使整个建筑空间环境具有优美的整体感。

室内空间环境的划分,应根据设计的意图适当地对空间进行围透的处理。空间组合中界面的围透,是空透一些还是封闭一些,两者的效果是迥然不同的。另外,也可以采用如半隔断、空花墙、博古架、落地罩或家具组合等方法,以取得空间之间既分又合、分隔而不死的效果。

空间序列组织除了能将空间有秩序地组合在一起,还能打造丰富有趣的空间感觉。根据青少年学习的进阶心理模式,从感知、知觉、理解和联想的先后次序来安排空间内容以及组织活动流线,能使空间有序而活泼,体现研学建筑空间的特点,增加空间的吸引力。

(三)室外空间环境艺术

研学旅行建筑外部造型的艺术形式,离不开统一与变化的构图原则,即从变化中求统一,从统一中求变化,并使两者得到完美的结合,达到高度完整的境界。具体的设计手法应处理好建筑构图中主要与从属、对比与协调、均衡与稳定、节奏与韵律等方面的关系。

研学旅行建筑类别繁多,一些红色教育基地常利用纪念性建筑,采用对称的手法,以表现端庄的学习氛围,达到青少年接受红色教育的目的。对于功能比较复杂而在氛围上需要体现轻松活泼的公共建筑,就不一定采用对称平衡的体量组合,根据需要可以选择均衡的建筑体量组合方法。

所谓韵律,常指建筑构图中的有组织的变化和有规律的重复,使变化与重复形成有节奏的韵律感,从而可以给人以美的感受。常用的韵律手法有连续的韵律、渐变的韵律、起伏的韵律、交错的韵律等。

连续的韵律——一种或几种的组成要素连续和重复出现。

渐变的韵律——将某些组成要素,如体量的高低大小、色调的冷暖浓淡、质感的粗细轻重等,做有规律的增强与减弱。

起伏的韵律——将某些组成部分做有规律的增减变化所形成的韵律感,但与渐变韵律有所不同,在形体处理中,更加强调某一因素的变化,使形体组合或细部处理高低错落,起伏生动。

交错的韵律——在建筑形体构图中,运用各种造型因素,如体量的大小、空间的虚实、细部的疏密等做有规律的纵横交错、相互穿插的处理。

在运用有关形式美的构图规律时,既要注意解决透视变形的问题,还需注意解决具体环境对建筑形象的影响问题。所见形象的透视变形,源于人们观赏建筑时的视差所致,即人的视点距建筑越近,感觉建筑体形越大,反之感觉越小。另外,透视仰角越大,建筑沿垂直方向的变形越大,前后建筑的遮挡越严重。

在建筑设计构思中,常运用光线的明暗、颜色的冷暖、质地的粗细等给人的视觉带来的不同感觉,借以增强各种建筑形象的特色气氛。暖色调给人以亲切热烈的感觉,冷色调则常给人以幽静深沉的感觉;亮光易突出材料的质感和色彩,并能使光滑的材料闪闪发光。

四、研学旅行基地的设施设计

一般而言,为满足研学实践教育活动开展的需要,研学旅行基地与营地应至少建有以下硬件设施。

(一) 基础设施

应配备与研学课程相适应的基本硬件条件,如必要的围界,能源、动力的供给设施等。

(二) 教育设施

应配备适宜的教学设备、教材教具、展示方式与场地空间等。教育设施应符合以下规定。

1. 自然遗产教育设施

应划定地质和自然地理结构的范围;明确标注濒危动植物生存区;有地质、生物结构和自然面貌的说明设施;有重要的地质过程、生物演化、人类与自然相互联系现象的演示;在自然现象、地貌特征、生物群落的实验区,设置教学活动平台。

2. 文化遗产教育设施

文化遗产教育设施应设置古文化遗址、古迹、古建筑的说明设施;有展示近现代历史的图片、影像、文献等设施;有历史文化艺术品的展示空间;有展示历代社会制度、生产、生活、风俗等代表性实物的展示平台;有模拟历史事件的场所和生活场景。

3. 红色文化教育设施

故居、旧居、革命活动地等旧址类教育场地有说明牌;战役、战斗、惨案、重要事件等遗址类教育场地应有指示牌匾或说明牌;纪念碑、陵园、雕塑性建筑等祭奠类教育场所应有研学场地;爱国主义教育基地、红色旅游经典景区等有教学设施;应有展示传统文化、革命文化、革命精神和革命事迹的设施。

4. 民俗文化教育设施

已有展示地方民俗文化的设施和场地;有乡规民约的展示和说明;有地方语种和方言文化的演示场所;设置地方特色餐饮制作、演示和品尝的区域;对民间信仰的场地划定展示区,设置说明牌;对有历史、艺术和科学价值的民间建筑进行介绍说明。

5. 非物质文化遗产教育设施

已有口头传授和表述的工具载体;有表演的载体和场地设施;有社会风俗、礼仪、节庆等表现形式的演示设施;有学习、了解、体验自然界和宇宙知识的实践场所;有传统手工艺技能操作、体验的展示场所。

6. 景观教育设施

宜在文化景观区设置具有展示、传承、学习和互动功能的设施;在历史景观区设置人物、事件、过程的展示设施;有展现地方性、原生性的乡土景观设施;有演示、体验、实践的活动景观设施。

7. 科普教育设施

应设用于科普教育的展示、学习和教学场馆;有开展科普教育的实验室;备有开展科学知识教学的仪器设备;设开展科普活动的体验场地;提供科普教育的标本采集区。

(三)游览设施

应设置必要的游览步道、公共休息区及必要的导览、提示标识等。

(四)配套设施

配套设施主要包括接待、区间交通、通信、监控、餐饮、住宿、安全、医疗、卫生等方面的设施。

(五)应急设施

应急设施应配备适宜的应急装备、器材、逃生通道等。

国内现在针对研学旅行基地建设的规范比较少,主要执行的是国家出版的相关建筑规范。为了加强对研学旅行基地设施的建设管理,中国研学旅行联盟团体标准编制的《研学旅行基地设施规范》(T/YXT 002—2017)对基地设施的总则、教育设施、游览设施、配套设施提出了一些原则性的标准和要求。此外,还对游览设施(讲解设施、展陈设施、体验设施与导览设施)、配套设施(接待设施、交通设施、餐饮设施、住宿设施、安全设施与卫生设施)提出了设计与建设的要求。

第六节 研学旅行基地的专题设计

尽管各类研学旅行基地都有落实实践教育活动的责任,但根据研学旅行基地的资源属性,考虑耦合资源本身的特色、研学主体需求和学科特色之间的内在联系,各类研学基地的规划设计还是有自身的设计属性。

一、知识科普型基地设计

知识科普型基地主要服务于学生校外综合实践教育活动及相关培训活动,能够满足学生多学科、多维度的研学需要。其主要优势是实践体验部分,通过综合课程的训练,有针对性地培养学生的价值体认、创意物化、责任担当等核心素养。在知识科普型基地设计时还要关注以下要点。

(一) 以学生为中心

以学生为中心是指学生的主体地位得到尊重,可以自主探究和自由表达。设计站在学生的角度,使学生获得有效的学习。

(二) 寓教于乐,注重实践,多感官的参与活动方式

这是指基地的设计和教育活动力求活泼、多元,营造生动活泼的活动气氛,循序渐进地引导学生"耳听、眼看、手动、心动",通过多感官接触,赋予学生愉快的学习体验和更广阔的想象空间。学生不仅能听、能看,还能动手摸,甚至还可以去闻、去尝。

(三) 自主、自导、互动的学习方式

在基地设计中,要避免老师带着学生不断去做,而应是学生自主地学习。通过基地流线的设计,学生自然而然地朝着规划顺序去学习,从而使研学体验完整。

德国沃尔夫斯堡大众汽车博物馆,是研学旅行开发非常成熟的基地。博物馆坐落在占地25公顷的大众汽车城里,是一个工业和建筑艺术、人文艺术结合的地方。这里展示了汽车史上的多款经典车型,让学生了解了这些划时代的汽车之所以能够成为时代标杆的原因,并且展示了当代最新的汽车技术,是历史与当下的结合。

沃尔夫斯堡大众汽车博物馆集博物馆、科技馆、纪念馆于一体,具有水平高、深度参与、体验、探究和互动的条件。沃尔夫斯堡大众汽车博物馆引入了新媒体手段,增加了互动性、虚拟环境的营造,与传统实物展品展示手段相结合,学生有大量的硬件设备可以接触,还有专业的教师进行场馆讲解。博物馆在设计时,就考虑到场馆与学校的合作,在场馆设计、学习活动上与学校达成共识并相互支持,使场馆的科学设计和有效组织达到课程化的要求。

二、自然观赏型基地设计

自然观赏型研学基地主要是以山岳、森林、河流、地质遗迹、地质地貌、湖泊、沼泽、草地、林地等资源为优势,其中包括自然保护区、风景名胜区、森林公园、地质公园、水产资源保护区、海洋公园等。毫无疑问,这类保护地将是建设自然观赏型研学旅行基地的重要资源载体。

自然观赏型基地设计的安全永远是研学旅行基地设计与营地建设选址要考虑的问题,营地选址应符合国家和地方对自然环境、文化、历史及资源保护等方面的要求。

以广东韶关丹霞山国家级自然保护区研学基地为例,应实地考察,分析韶关丹霞山的地貌、土壤、河流、气候、植被等自然环境特征及成因;思考并探讨如何合理开发保护韶关丹霞山景区,以实现可持续发展,开展生态旅游;分析韶关丹霞山自然保护区内的研学建设,以及丹霞地貌对研学基地发展的意义;研学基地本身依托风景秀丽的景区而建,既有景区的优美环境、公园的休憩设施,又有校园的文化氛围,既能很好满足学生研学过程中的审美需要、身心愉悦需要,又能让学生在研学过程中享受休闲教育和美好时光,赋予研学旅行基地休闲功能。

三、体验考察型基地设计

体验考察型研学旅行基地主要是指一些农业示范类农产品生产基地、实践基地和夏令营营地等,它们具备观光、现代科技展示以及综合体验等众多功能。

体验考察型研学旅行活动的开展离不开良好的餐饮住宿条件、必备的配套设施,如游客中心、集散广场、停车场、旅游厕所、各类解说系统、度假鸟巢、民宿、农家乐、农耕体验等基础服务设施。应通过业态聚焦发展,盘活公园存量资产,为研学旅行活动的开展提供完善的配套服务。

桂林国家热带农业公园是海口市体验考察型研学基地之一,是海南省"农高区"核心园区,基地是按国家5A级智慧旅游景区标准建设的农业主题化、农业景观化、农业科技化、农业体验化的国家热带农业公园,致力于把农业转化为创意,把农村转化为旅游体验、让学生参与休闲旅游服务的具有代表性的园区。其研学课程设置丰富,具备较强的参与性、知识性、趣味性。

共享农庄是基地最重要的一个抓手,以建立农旅合一的田园综合体为目标,紧紧依托海南独特的热带农业资源,通过"互联网+农业"技术,以新型农业经营主体为载体,打造了集循环农业、创意农业、农艺体验于一体的田园综合体。

四、励志拓展型基地设计

这类基地主要是一些知名的大学校园、红色教育基地和军营等,学生到这类基地开展研学旅行活动,主要是为了感受不同高校的学习氛围和接受爱国主义教育,激励他们形成正确的世界观、人生观和价值观,增强自身的价值体认和国家认同感、归属感。

英国曼彻斯特大学是著名的研学基地。曼彻斯特大学是一所门类齐全、科系众多的综合性大学,在英国乃至全球都享有极高的声誉,走出过25位诺贝尔奖获得者。该研学基地吸引着全球最优秀的学生来到英国,近距离接触世界顶尖大学,亲身感受这所有着悠久历史的学府的魅力。学生除了解曼彻斯特文化,还有机会充分感受英格兰风情,更加深入地了解英国文化。

五、文化康乐型基地设计

文化康乐型基地主要是指产生文化娱乐、康体活动的基地,如文化场馆、主题公园、演艺影视城等。

以香港文化中心为例。香港文化中心是香港地区主要的艺术表演场地之一,位于九龙尖沙咀梳士巴利道,毗邻香港太空馆和香港艺术馆。香港文化中心设有音乐厅、大剧院及剧场三个主要表演场地,提供各式音乐会、歌剧、戏曲、舞蹈及电影等,中心亦设有展览馆、排练室和会议室等。

课后训练及答案

第六章
研学旅行项目的质量管理

学习目标

1. 了解研学旅行项目质量管理的基本知识。
2. 了解研学旅行项目质量管理的影响因素。
3. 掌握研学旅行项目质量管理的方法。
4. 熟练运用研学旅行项目质量管理的优化策略。

知识框架

```
                              研学旅行项目的质量
                                    管理
        ┌───────────────────┬───────────────────┬───────────────────┐
   研学旅行项目质量        研学旅行项目质量        研学旅行项目质量        研学旅行项目质量
      管理概述              管理的基本理论         管理的内容与过程       管理的标准与维度
   ┌──┬──┬──┬──┬──┐    ┌────┬────┬────┬────┐   ┌──────┬──────┐   ┌──────┬──────┬──────┐
  研  质  研  质  研      全   体   服   其        质     质         质     质     质
  学  量  学  量  学      面   验   务   他        量     量         量     量     量
  旅  管  旅  管  旅      质   学   质   理        管     管         管     管     管
  行  理  行  理  行      量   习   量   论        理     理         理     理     理
  项  的  项  的  项      管   理   理             的     的         的     的     的
  目  功  目  基  目      理   论                  内     过         标     关     优
  的  能  的  本  质      理                      容     程         准     键     化
  定      原  特  量      论                                               成     策
  义      则  征  管                                                       功     略
              理                                                           因
              存                                                           素
              在
              的
              问
              题
```

学习重难点

1. 学习重点：研学旅行项目质量管理的定义、基本特征，研学旅行项目质量管理的基本理论和方法。

2. 学习难点：研学旅行项目质量管理的内容和过程。

我国中小学研学旅行课程开展得怎么样？呈现出什么样的特点，又反映出哪些问题？2020年下半年，有研究团队对北京市小、初、高三个学段的学生、学校教师、家长三类群体开展了定向调查，以了解中小学研学旅行课程的供给与实施状况，为研学旅行课程的发展，尤其是学校特色实践课程的建设提供参考。在此次调查中，有效问卷共41808份，其中学生问卷18475份、学校教师问卷1608份、家长问卷21725份。学生和家长对研学旅行课程的评价主要从两个方面呈现。

1. 课程满意度

79.2%的学生认为课程非常有意义，但有14.5%的学生觉得研学中旅行体验少，是换个形式、地点的学习。家长对课程的整体满意度为79.1%，其中对"安全防护"满意度最高，其次分别是"活动效果""信息宣传"，而对"收费情况"满意度最低。

2. 课程效果

学生认为研学旅行课程带来的最大好处是丰富知识、开阔视野，其次是放松心情、缓解压力，再次是增强独立性和团队精神。也有近三成学生认为研学旅行课程有助于生涯规划和选择大学专业。家长认为通过研学旅行课程，孩子收获最多的三项是服务和奉献精神（65.4%）、性格更开朗活泼（65.0%）、提升意志体质（63.6%）。

家长对研学旅行课程的关注与期待主要体现在以下几点。

（1）家长最担心安全保障和课程品质。报告显示，家长最担心安全问题（38.0%），其次为课程品质（32.0%）、营地品质（12.0%）。

（2）家长对课程效果的期待。家长最希望提升孩子的团队精神（91.9%），其次是问题处理能力（91.2%）、自律独立意识（90.6%）；对组织领导能力（77.4%）、语言表达能力（81.8%）、知识学习（82.2%）的关注度较其他各项略低。不同区域、不同学段的家长对各项能力的关注度差异不大。

（3）家长得到最多的课程反馈是活动现场的图片及视频。家长得到的反馈由高到低依次是活动现场图片及视频（82.6%）、家长会（34.1%）、书面报告（30.9%）、导师的口头说明（27.8%）。

资料来源：杨德军，王禹苏，余发碧《满意与期待：北京中小学研学旅行课程实施状况调研》。

思考：

1. 研学旅行项目品质的管理就是指对研学旅行课程的管理吗？

2. 除了学生和家长，研学旅行项目质量管理的相关利益相关者还有哪些？他们对研学旅行的评价能否体现出研学旅行项目的品质？

第一节 研学旅行项目质量管理概述

一、研学旅行项目质量管理的定义

项目可以帮助组织实现期望的目标,它是组织战略管理的基础。质量的定义各有不同,在某种程度上反映了个人和社会的不同观点,比如项目的效率、学习目标的实现程度、获得的经济价值和推动的变革等。项目的质量管理是项目推行的应有环节,它可以改善组织内外部的沟通,缩短时间和削减成本等,从而提高生产率和利润率,增加市场份额。项目质量管理是决定企业经营绩效和企业可持续发展的关键因素。从客户感知角度来看,项目质量指的是项目"满足客户的期望"或"使客户满意"。从项目评价角度来看,项目质量管理被视为一种评价方式,指的是为满足客户的需求,保证项目成果的高质量输出,从而使客户满意的一种测量。从组织管理的角度来看,ISO 8402 给出的定义是:项目质量管理包括确定质量方针、目标和职责并加以实施的全面管理职能,如质量体系内的质量策划、质量保证、质量控制和质量改进。

本书采用美国项目管理协会在《项目管理知识体系指南(PMBOK 指南)(第六版)》里对项目质量管理的定义:项目质量管理指将组织的质量政策应用于规划、管理、控制项目和产品质量要求,以满足相关方目标的各个过程。因此,本书将研学旅行项目质量管理界定为:研学组织和机构的质量政策应用于规划、管理、控制研学产品和服务质量等方面,以满足相关利益方期望为目的实施的过程。研学旅行项目涉及多种利益相关者,包括学生、家长、学校、研学服务机构、研学旅行基地(营地)、政府、研学旅行行业协会、高校及参与研学旅行的其他主体。不同利益主体对于研学旅行项目的期望不同,所以在项目的规划、管理、控制及其产品和服务的质量政策和评价标准方面各不相同。

项目质量管理的概念最早出现在制造业,随后在建筑业和软件行业得以实施,教育行业和服务行业逐渐对项目质量管理予以重视。随着研学旅行的兴起,研学旅行项目的质量管理被提及,要说明的是,研学旅行项目的质量管理仍然是一个新的研究领域。

二、研学旅行项目质量管理的功能

从组织管理学的视角,根据美国项目管理协会在《项目管理知识体系指南(PMBOK 指南)(第六版)》的划分,项目质量管理功能可分为规划功能、管理功能和控制功能。规划功能关注工作需要达到的质量,即在研学旅行项目启动和计划阶段,研学主体就应该确定项目的质量标准。管理功能指整个项目期间的质量管理过程。研学计划阶段确定的质量标准成为测试与评估工具,用于控制研学项目质量管理,以确认项目是否达到这些质量要求。控制功能关注研学项目的成果与质量要求的比较,确保结果可以接受。

（一）规划功能

规划功能指的是研学机构或组织识别研学项目及其可交付成果的质量要求与相关标准，并书面描述研学项目将如何证明符合质量要求与相关标准的功能。规划功能的实现需要完成一系列的流程。研学组织和机构需要根据项目章程、项目管理计划、项目文件、内外部环境分析等一系列的前期分析，通过专家判断、数据收集和分析、决策、测试和检查规划、会议等一系列的方式，制定质量管理计划、质量测量指标，进行项目的管理计划更新和项目的文件更新。

（二）管理功能

管理功能是研学机构或组织将质量政策用于研学项目，并将质量管理计划转化为可执行的质量活动的功能。研学组织或机构根据项目管理计划、项目质量管理相关文件、内外部环境分析，进行数据收集、分析、决策和表达，经过审计提出质量管理问题和改进方法，以质量报告、测试和评估文件的方式提交项目质量管理更新计划。

（三）控制功能

控制功能是研学机构或组织为了评估绩效，确保研学项目输出完整、正确，并满足客户期望，而监督和记录质量管理活动执行结果的功能。研学机构或组织根据项目管理计划、质量管理计划、项目质量管理更新计划、质量管理成果、工作绩效数据、内外部环境分析等材料，采用核查、问卷调查等方式，对项目的绩效进行审查和原因分析，评估项目成果，发布质量控制测量结果，以及核实项目成果、工作绩效、项目管理计划的变更和更新。

三、研学旅行项目质量管理的基本特征

（一）教育主导性

从研学旅行项目的需求方来看，学生是研学旅行项目的消费主体，家长、学校、教师是研学旅行项目的间接消费者。研学旅行是立足实践，体验与互动相结合的教育活动，是引导学生走向社会的研究性、探究性的学习，即通过旅行游览的认知、体验、感悟过程，让学生获取有益的知识。研学旅行是加强学生素质教育、历史教育、传统文化教育、理想信念教育、爱国主义教育、革命精神教育和乡土情怀教育的有效方式，可以增强学生的品德素养、家国情怀和社会责任。因此，研学旅行与一般意义上的旅游活动有着本质区别，教育性是研学旅行的本质属性。无论参与研学旅行项目的利益相关者如何多元，都应该将学生的素质教育作为研学旅行项目质量管理的首要目标。

研学旅行的实施过程，是以学生走出校园、走向户外、面向社会为前提的，无疑需要社会要素的支持，但这些要素仅仅是实现研学教育活动的必备条件或保障，而非研学旅行活动的最终目的。因此，研学旅行项目质量管理的核心是研学旅行项目达到教育教学效果。众所周知，传统教科书是学生在校内学习期间获取知识的重要来源，而研学项目不同于校内各科目的课程、课间活动、课外劳动等，它必须依据研学基地教材内容，按照课程化的模式,进行按学段、分课时、差异化的合理设计。因此,研学旅行项目的质量管理理应注重项目的教育教学评价,对研学教材编制、研学课程设计、研学导师评价等影响项目教育质量的构成要素进行有效管理。

(二) 过程复杂性

研学旅行项目过程复杂,增加了项目质量管理难度和评价指标遴选的难度。2019年中国旅行社协会发布《研学旅行指导师(中小学)专业标准》,从学生对项目质量感知的角度,将研学旅行的评价分为过程性评价和多元化评价。其中,过程性评价即在研学方案的每一个重要环节适时设计评价,发现和赏识每位学生的进步,给予学生恰当评价和指导,通过过程性评价激励学生进行积极的自我评价。不同的研学项目类型、不同利益主体对重要环节的理解是存在差异的。

从项目流程来看,通常将项目阶段分为启动、计划和执行三个阶段。项目的五阶段划分是目前比较完整细致的划分方式,将项目流程划分为启动、计划、执行、监督和控制、结束五个阶段。通过梳理2015—2019年项目质量管理论文,我们发现项目的计划和执行阶段关注最多。关注计划阶段的论文数量占论文总数的18%,关注执行阶段的论文数量占20%,对监控阶段的关注度正在大幅增加。可见,这三个阶段在项目质量管理中的重要性比较突出。目前,研学旅行项目流程被简单地划分为研学前、研学中和研学后三个阶段。研学旅行项目的阶段划分可以依据项目质量管理对项目阶段进行更为细致的划分,可以划分为研学项目启动阶段、计划阶段、执行阶段、监督和控制阶段、改进阶段。

(三) 对象多元性

研学旅行项目质量管理主体多元,不同利益主体对于研学旅行项目质量的评价标准各有不同。研学旅行项目的利益相关者多元,包括学生、家长、学校、研学服务机构、研学旅行基地(营地)、政府、研学旅行行业协会、高校及参与研学旅行的其他主体。研学旅行的标准可以划分为国家标准、行业标准、地方标准和团体标准、企业标准,并且研学旅行项目在项目的规划、管理、控制及其产品和服务的质量政策和评价标准方面各不相同。

研学旅行项目质量的管理对象不尽相同,造成了项目质量评价标准不同。2019年《研学旅行指导师(中小学)专业标准》指出,多元化评价是指评价主体、评价对象、评价内容应该多元化,对学生的研学态度、能力和研学结果等方面进行综合性评价。《服务规范》指出,研学旅行服务项目包括教育服务项目、交通服务项目、住宿服务项目、餐饮服务项目、导游讲解服务项目、医疗与救助服务项目。从研学旅行活动的形式看,研学旅行项目设计分为知情类、体验类、科普类、互动类等项目。从研学旅行的主题来看,可以分为户外体育、乡村、森林、艺术、劳动、军事等研学项目。从研学旅行教育的方式看,可以分为参观、讲解、报告、讨论、心得总结等。研学旅行项目评价是研学旅行项目设计的主要环节。

四、研学旅行项目质量管理的原则

研学旅行项目的质量管理是项目管理和质量管理在项目组织中的整合。需要遵循以下三个方面的原则。

(一) 以客户为主导

专家们认为,组织要取得可持续的成功,客户满意度是关键因素。如要取得可持续的成功,则要求整个组织都关注客户需要。对于质量管理而言,服务客户应该是一种结果而不是驱动力——良好的质量会有正面的影响,所以对客户满意度的关注可能提高企业的市场份额。许多组织有能力锁定客户的偏好,关注客户的项目需求,而不是决定客户的需求和期望。如果客户满意度被定义为一种对交付的期望率,那么很明显,项目团队必须解决双方之间期望的差异。为了解决双方期望差异,或为了做到以客户为导向,提高管理质量,有必要进行项目管理方法和技术的改进。

(二) 团队合作

团队合作包括管理者和非管理者的合作,是不同职位者的合作,是客户之间的合作。第一种形式的团队合作是基于众所周知的假定,即非管理型雇员在有能力又有准备的情况下能够对组织做出重大贡献。团队合作基于以下概念:如果次级单位过分强调自己的产出,那么组织就不能作为系统存在。客户和供应商的团队合作的原理的基础是相关利益者的假定利益。这些合作的类型在项目组织中比较普遍。有专家提出,项目是一个集合体,是将组织资源结合在一起形成的一个特定的共同基础,并把各式各样的经验和观点集合起来,同时促进管理的参与和专业化。事实上,项目组织单元经常被描述为"团队",团队成员来自组织内外的各个领域。然而,创立一个团队与团队合作并不一定是同义的。有专家指出,一种合作以及学习型组织的创立,会通过程序管理实践来落实,而一旦要落实,组织就会通过实践、产品和服务的连续改进来支持客户满意度和组织的生存。项目经理培养团队合作的程度、客户满意度和持续改进将影响项目成就。对于希望项目完成的投资商而言,专业项目团队是具有优势的。在一个项目中,项目管理允许一名项目经理通过倡导一种项目的共同观点和完成工作任务的方式,为生产合作奠定合适的基础。

(三) 持续改进

从表面上看,项目质量管理与持续改进的原则相冲突,因为项目是暂时的,而且其结果是唯一的。由于项目是临时的,导致对于项目经理的评价和奖励倾向于以短期时间表、短期耗费和短期技术绩效来评价。这种对短期目标的过度管理,有可能对长期的质量管理产生不利影响。此外,由于项目产生独特的结果,定义单一的持续改进是不可能的。再者,只有当项目管理被当成组织正在进行的步骤时,持续改进才有可能实现,同时也是值得高度推荐的:因为在任何系统的设计当中,如计划系统,人们经历的步骤正如产品一样有价值。评估和设立项目办公室有利于持续改进项目质量。

五、研学旅行项目质量管理存在的问题

(一) 研学旅行项目质量管理与产业发展规模不匹配

研学旅行项目质量管理的参与度、深度和广度不够,明显滞后于研学旅行产业发展速度。自2013年研学旅行在国家层面首次提出以来,到2019年"研学旅行管理与服务"纳入高等职业教育(专科)目录,短短六年间,提供研学旅行业务的企业发展到了7300多家。到2020年8月底,全国已有超过1600个中小学生研学旅行实践教育基地、177个中小学实践教育营地。在质量管理标准建设方面,截至2021年6月,已有9个省、市出台了地方标准,9个民间协会制定了团体标准,10家企业修订了企业标准。具体来看,还存在三个方面的问题。首先,就参与度而言,民间社会团体、企业制定质量管理标准的热情高涨,部分省份的官方标准陆续出台,标准起草方多为文旅从业者,教育从业者参与度不够。其次,从质量管理标准的广度来看,研学旅行的质量管理仍处在摸索阶段,针对不同研学项目的参与主体,在研学活动前、中、后的全过程标准尚未覆盖。最后,从质量管理标准的深度来看,已有的标准比较零散,研学项目的利益主体标准内容深度不够,尚未构建起全行业标准化内容体系。

(二) 质量管理标准同质化严重,质量管理体系缺失

研学旅行项目质量管理的标准化、规范化是大势所趋,但也出现了标准之间交叉重合、衔接不一致、同质化严重等问题。项目质量管理措施的制定和落实需要经过调研、起草等一系列步骤后才能发布和推广,是一件耗时耗力的艰巨任务。首先,从横向上看,各省市标准的内容大同小异,地方特色不突出,只有贵阳市和吕梁市明确指出项目质量管理标准要体现地方文化。其次,研学组织和机构之间的质量管理标准没有突出项目主体的具体需求。从纵向上看,不同层级的质量标准衔接不一致,如针对研学旅行讲解服务的质量规范,山西省2019年出台了《DB14/T 1810—2019 研学旅行讲解服务要求》,但2020年发布的《DB14/T 2044—2020 研学旅行服务评价规范》却指出,研学旅行讲解服务的评价"应符合《GB/T 15971—2010 导游服务规范》要求",同一省市标准前后衔接出现不协调、不一致现象。

研学旅行标准化建设还处于探索阶段,尚缺乏科学、系统、适合当前研学旅行发展的标准体系,行业间的对话交流较少,体系没有构建起来,这使得研学旅行项目存在一定的自发性与盲目性。比如,在基地和营地概念的界定上,基地和营地突出的区别在于营地可以提供住宿服务,而基地不提供。但就地方质量管理标准来看,基地(营地)标准中,只有绍兴市的《DB3306/T 025—2020 研学旅行基地和营地建设与管理规范》明确将营地与营地进行了区分,大连市的《DB2102T 0006—2020 研学旅行基地建设与服务管理规范》和河北省的《DB13/T 2710—2018 研学旅游示范基地评定规范》没有明确提及营地的住宿服务标准,但安徽省的《DB34/T 2604—2016 研学旅行基地建设与服务规范》和湖南省的《DB43/T 1792—2020 研学旅游基地评价规范》明确提到营地的住宿服务应符合相关要求。

（三）质量管理实施力度不够，可操作性不强

研学旅行项目的质量管理是推动研学旅行行业可持续发展的根本因素，质量管理的生命力在于执行。但是，研学旅行项目质量管理的各种标准发布后，实施力度不够，操作性不强，很难发挥实际效用。从项目管理的主体来说，标准涉及政府、学校、社会组织、旅行社、景区和中小学生及家长等多方主体，标准公益性性质与市场化运作交织，职能管理部门交叉，实施质量管理的难度大。从市场主体对项目质量管理的认识来说，研学旅行业界对项目质量管理的意义已有初步的认识，但对质量管理具体操作流程和细节认识还不到位，导致很多质量标准在出台后被束之高阁，没有很好地落实到实践当中。究其原因，第一，研学项目的质量管理缺乏理论依据，项目质量管理理论已在制造业、软件业等领域广泛应用，但是，研学旅行项目具有独特的教育性和服务性，项目质量管理在研学旅行中的探索还没有形成较为完整的理论指导体系。第二，现有的质量管理标准都为推荐性标准，市场主体自愿采纳，缺乏法律的约束力，没有强制性，不利于质量管理规范的贯彻落实。第三，项目质量管理重要性的宣传不够、项目质量标准的普及率低，加上标准的实施缺乏有效监督管理机制、后期标准执行率低，不利于发现研学旅行项目质量管理中存在的问题。

第二节　研学旅行项目质量管理的基本理论

项目质量管理是项目管理的一个方面，它的目标是将专业组织制定的质量政策正确地应用在项目的各个过程，如策划、管理和控制等过程。项目通过达到各方利益相关者的期望，确保获得顾客的满意。项目质量管理起源于经济领域中的制造部门。但是，研学旅行属于服务行业，并且必须实现一定的素质教育目标，该领域还比较缺少运用质量管理的案例。依据 Slawomir Wawak(2020)所做的对 2000—2019 年质量管理的文献综述和趋势研究，我们将从管理、教育和服务等维度探讨与研学旅行项目质量管理相关的基础理论。

一、全面质量管理理论

全面质量管理，简称 TQM(Total Quality Management)。1961 年，美国哈佛大学教授费根堡姆和质量管理专家朱兰共同提出了这一概念，费根堡姆在其出版的著作《全面质量管理》中对全面质量管理进行了定义：全面质量管理是在充分考虑满足客户需求的基础上开发生产和提供服务，实现经济效益最大化，并在企业各部门的活动中，形成一套研发质量、维持质量和提高质量的高效管理体系。全面质量管理具有以下几个特点：第一，质量管理重在预防，其核心为事前控制，改变了传统事后检验的被动管理模式，从源头上实现对质量的全面控制与管理；第二，全面质量管理从全局出发，设计长远的质量规范体系，并对所有参与者明确质量职责，做到责任到人，对任何质量问题都能

找到责任人；第三，全面质量管理是以客户需求为导向，改变了传统的以达到质量标准为目标的管理方式，而是基于客户需求的持续改进和优化，注重产品或服务全生命周期的全过程管理；第四，全面质量管理主张以人为本，改变了ISO 9000质量管理体系中严格按照标准重复操作的模式，而是根据环境和要求的变化不断改进和发展。

全面质量管理理论起初没有在美国引起很大的反响，质量管理专家戴明、朱兰等人将该理论引入日本，发展了如PDCA循环、朱兰三部曲、"缺陷成本"理论、"零缺陷"理论、"六西格玛"理论等管理方法和理论。我国在1978年引入了全面质量管理的相关理论，并归纳出"三全一多样"的基本要求，即全过程、全员、全企业和多方法。21世纪以来，随着我国经济的发展，质量管理越发引起重视，学者专家们针对我国企业存在的问题，提出了一些具有代表性的观点。

全面质量管理是一种管理模式，是一种手段而不是目的。全面质量管理在实施过程中不可僵硬固化，一个企业的质量体系应该随着企业方针、目标和策略的改变做出相应调整。实施全面质量管理体系不能局限于企业内部运营流程中的管理，而是应该朝着系统化的方向发展，使之适用于外向型经营管理。这也是全面质量管理的发展趋势。

企业全面质量管理的成效与企业领导的质量意识、参与程度有着极大的关系，企业领导自身质量管理意识的提高，在质量管理中发挥领导作用，能够极大地提高企业的质量管理水平，提高企业的整体绩效。

在全面质量管理中要以人为本，提高质量管理成效的关键在于充分激励和调动人的积极性和创造性。一方面，要充分认识到质量人才在提高质量管理水平方面发挥的作用，在企业内部制定有效的质量激励措施并贯彻落实，同时制定培训计划，开展质量教育培训，帮助员工提高工作能力，提高企业的质量管理水平。另一方面，要以客户为中心，根据客户的需求和企业产品特点不断改进产品，提升客户满意度。

想要在实施全面质量管理体系过程中将各项管理措施贯彻执行到位，必须建立各种保障制度。全面质量管理的保障与改进措施可以根据企业所处环境和产品特点，从加强领导重视、加大人才培养投入、增强质量意识、加大设备投入、加大技术创新力度、注重售后服务等方面制定。

当今社会，企业的持续发展离不开全面质量管理的实施。应根据企业自身的特点调整制定适用于本企业的质量管理模式，并在实施过程中根据现实情况及时做出动态调整。首先，加强对全体员工的质量管理知识培训，提升员工质量意识和士气，激励全体员工积极参与全面质量管理活动，增强在全面质量管理体系应用过程中的应变能力。其次，找出企业在实施全面质量管理过程中存在的问题，制定相应的解决对策。再次，时刻铭记全面质量管理的实施一定要以客户为中心，充分调查了解并且满足客户需求，提高客户满意程度。最后，确保全面质量管理的实施不仅要落实到企业各个环节，还要进行统筹管理。

目前，全面质量管理体系在我国企业没能取得很大成效，是因为在建立并实施全面质量管理体系时普遍存在一些误区：一方面是过分关注产品质量的管理，没有站在企业战略的高度领会全面质量管理体系的作用；另一方面是忽视了教育与培训对提升全员质量意识、质量观念的作用，人员培训投入不足。

全面质量管理的研究方法和研究领域的创新是该理论的未来发展趋势，结合研学旅行项目质量管理的具体需要,介绍两个应用最为广泛的质量管理理论方法。

(一) PDCA 循环

1950年,美国著名管理专家戴明提出 PDCA 循环(见图 6-1)。该方法包括四个阶段:计划(Plan)、实施(Do)、检查(Check)、处置(Action)。在这四个阶段中又包含八个具体的实施步骤:分析现状、建立目标、分析原因、制定计划、实施对策、检查效果、固化成果、未来计划。全面质量管理要求对产品或者服务质量持续不断地改进,因此 PDCA 循环表现为大环套小环,互相促进和影响且不断循环上升,直到彻底解决质量问题。

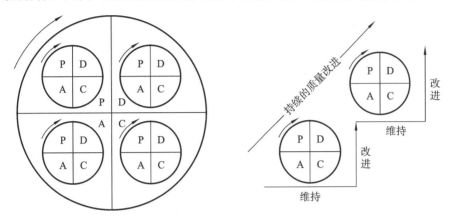

图 6-1 PDCA 循环工作图

P 是第一个阶段,主要内容是在充分掌握研学旅行的客户需求的基础上,建立相应的研学旅行项目的过程与目标,以实现最终结果。这一阶段的核心工作是对研学旅行市场开展访问、市场调查等以掌握客户的需求,并确定研学项目质量目标与方案。具体实施步骤为发现问题、分析原因、确定要素、制定措施等。

D 阶段即按照预定的计划、标准等,根据已知的内外部信息等条件因素,按照研学旅行项目质量管理具体的计划实施,努力实现预期目标,同时在实施过程中跟踪检查质量管理的过程。实施步骤为执行计划。

C 阶段即对研学旅行项目质量实施方案进行评价,看其是否实现了计划的质量目标。一般是在执行过程中或者执行结束后对项目质量执行的情况进行检查,对其是否实现预期目标进行评价,并找出成功的经验与失败的教训,确认最终结果。具体实施步骤是对结果的评估。

A 阶段即以检查结果为基础制定标准,总结研学旅行项目质量管理的问题。这个阶段的核心工作是根据项目质量管理的最终结果采取应对措施。对成功经验进行巩固,纳入执行标准,而对遗留问题进行总结。该阶段的重点在于修订标准,包括技术标准和管理制度。实施步骤为巩固标准、改进不足。

(二) 六西格玛质量管理理论

20世纪90年代,六西格玛质量管理理论在美国兴起。21世纪以来,六西格玛管理理念开始被中国许多企业应用。六西格玛管理方法是基于对事实依据、真实数据的统计和有效利用,充分理解客户需求,它是一种与企业业务流程管理、优化改进和创造发明密切相关的综合性系统管理方法。六西格玛管理能够指引企业通过早期采取预防措施防止质量问题的产生,制定有效和有针对性的质量问题改进解决方法,不断改进企业内部流程,控制不合格产品和服务的产生,通过建立以"零缺陷"为目标的精益化企业目标来降低企业自身运营成本,根本目的是实现企业自身核心竞争力和实现企业财务收益的增加。

"六西格玛"又称 DMAIC,项目流程主要分为:定义阶段(Define)、测量阶段(Measure)、分析阶段(Analyze)、改进阶段(Improve)和控制阶段(Control)。每个阶段都具有特定的量化衡量与分析方法,六西格玛更加注重以测量数据为基础,作为分析和最终决策的依据,进而选出最优的六西格玛项目。结合研学旅行项目质量管理,六西格玛的各个阶段的主要内容如下(见表6-1)。

表 6-1 DMAIC 过程活动的要点及工具

阶段	活动要点	常用工具与技术
定义阶段(Define)	明确问题,确定关键质量特性	头脑风暴、立场图、亲和图、因果图、树图、客户的需求、流程图、SIPOC图、质量功能展开、项目管理、平衡积分卡、不良质量成本
测量阶段(Measure)	确定项目质量测量标准	排列图、不良质量成本、因果图、水平对比法、散步图、直方图、流程图、趋势图、测量系统分析检查表、失效模式与效应分析、抽样计划、过程能力指数
分析阶段(Analyze)	确定影响项目质量的因素	头脑风暴、试验设计、因果图、抽样计划、全面生产维护、假设检验、水平对比法、多变异分析、方差分析、回归分析、浪费分析、作业时间分析、价值流图、价值工程、流程程序分析、失效模式与效应分析
改进阶段(Improve)	消除影响项目质量缺陷的因素	实验设计、FMEA、响应曲面法测量系统分析、调优运算、构成改进
控制阶段(Control)	保持项目质量管理的成果	控制图、标准化作业、统计过程控制、过程文件控制、防差错措施、过程能力指数

(资料来源:《六西格玛管理》。)

1. 定义阶段(Define)

定义阶段的工作是了解研学项目中的客户需求,并且对应该改进的流程进行改进,确定研学项目需要测量、分析、改进和控制的关键质量特性,确定项目设计的过程,以便制定研学项目计划,对项目的责任、目标以及关键步骤进行确认。

2. 测量阶段(Measure)

该阶段包括收集客户、产品或服务关键过程性能的数据,测量和评价研学项目质量管理的过程参数,确定项目质量缺陷,制定预期质量管理的目标和性能测量标准,收集研学项目产品或服务和过程状态的数据,为寻找原因提供依据,并对质量管理的测量系统是否有效进行验证。

3. 分析阶段(Analyze)

该阶段的工作包括研究测量阶段获得的数据,找出症结所在,对影响研学旅行项目质量管理的关键因素进行研究,从而使下一阶段的变量数量减少。

4. 改进阶段(Improve)

本阶段通过实验设计等方法对研学项目质量管理的可能解决方案进行探讨,分析出最有效的改进方案,并应用最有效的改进方案,判断能不能达到质量管理改进目标和要求。

5. 控制阶段(Control)

评价改进效果,对研学项目质量管理解决方案的有效性、目标的实现性进行判断,并且测量和监控六西格玛项目的结果,判断是否需要做成书面文件,提出改进措施。员工对科学合理体系的长期遵守是成功的关键因素。

二、体验学习理论

体验式学习(Experiential Learning)是指学习者通过实践活动获得知识与技能、方法与态度的学习过程。体验式学习注重学习者在情境中的连续体验、个体与情境的相互作用。体验式学习理论建立在库特·勒温(Kurt Lewin)的群体动力学的行动研究与实验室训练模式、杜威(John Dewey)的在经验中学习模式、皮亚杰(Jean Piaget)的学习与认知发展模式基础之上,大卫·库伯(David A. Kolb,1984)教授在《体验式学习——让体验成为学习和发展的源泉》(Experiential Learning: Experience as the Source of Learning and Development)一书中,创造性地提出四步骤的体验式学习圈模型。该模型构建了程序化、科学化的体验学习过程,包括四个步骤:具体体验——从具体体验中获得感知;反思观察——多角度观察和思考具体体验;抽象概括——通过观察与思考,领悟获得相应的理论和概念;主动检验——将获得的理论运用到实际生活中,形成自己的处事风格和方式。

体验式学习圈强调学习者在情境中获得感知与体验,进行反思总结获得成果与理论,再进行实践,实现了体验、感知、认知与行为的有机统一,从体验到检验不断循环往复、螺旋式上升,从而促进学习者的学习与思维的提升。目前,中小学研学旅行作为一种在教育部门和学校有计划的组织安排下,通过集体旅行、集中食宿等方式开展研究性学习和旅行体验相结合的新型综合实践活动,提倡在真实情境中进行体验反思与合作探究的学习方式,强调知行合一、书本知识与社会生活的融合,注重发展学生的创新精神、实践能力等,具有体验性、研究性、实践性等特点。研学旅行的特点与要求非常符合体验式学习圈的原理,将研学旅行与体验学习有机结合,可实现培养学生核心素养的质量管理目标。基于体验学习的研学项目质量评价量表见表 6-2。

表 6-2 基于体验学习的研学项目质量评价量表

指标	一级指标	二级指标	研学旅行项目小组评价	指导老师评价	自评
研学旅行项目质量	情感态度与价值观	学习态度 组织纪律 思想品德 集体意识			
	过程与方法	小组合作讨论情况 发现和提出问题的次数 动手操作的情况 研学课程的探究情况			
	知识与能力	收集和获取信息的能力 运用知识解释现象的能力 创新和实践能力 观察能力 综合分析能力 解决问题的能力			
	研学成果	研学旅行项目报告/活动感想 PPT 汇报 其他形式的效果展示			
评价得分			A	B	C

最终研学旅行成绩:(A×30%+B×30%+C×40%)

(资料来源:蒋谊芳《基于体验学习的地理研学旅行研究》。)

三、服务质量理论

服务质量是影响客户评价服务的主要因素,是决定客户满意与否的关键。北欧著名学者格罗鲁斯(Gronroos,1982)指出服务质量是游客内心期望与实际感知的差距。Lewis 和 Booms(1983)将服务质量作为测量企业服务满足消费者期望的能力高低。Parasuraman,Zeithaml 和 Berry(PZB,1987)指出服务质量是客户期望和实际体验之间存在的差距,并且提出了服务质量感知模型 SERVQUAL,将服务质量分为五个评价维度:可靠性、响应性、保证性、移情性、有形性。Cronin 等人(1992)大胆地提出了 SERVPERF 模型,这一模型继续采用了 SERVQUAL 中的五个评价维度,但是不再使用预期服务质量与感知服务质量的差值,而是只选用唯一的变量服务绩效对服务质量进行评价,这里所说的服务绩效指的就是实际感知到的服务。

20世纪90年代后,SERVQUAL被逐渐引入旅游行业,用于评价一些旅游目的地(何琼峰,李仲广,2014)、旅游景区景点或游乐设施(刘军胜,马耀峰,2014)、旅游会展(李婧,2010)、乡村旅行服务质量(陈晓馨,2012)、旅游智慧平台(何建民,2012)、医疗旅游服务(QolipourM,2018)等。国内学者彭爽(2020)将SERVQUAL模型运用到了研学旅行服务质量的研究,认为研学旅行项目服务质量指的是研学旅行项目能够满足规定和潜在需求的特征和特性的总和,是研学旅行项目的服务工作能够满足市场需求的程度。侯卓佳(2021)认为,研学旅行项目质量包含"两部分""两反应"和"一满足"。"两部分"指包括研学旅行过程质量与研学旅行结果质量两个部分。"两反映"是指研学旅行过程质量由研学教师行为、研学旅行项目设施条件和项目管理三个要素反映;研学旅行结果质量由研学旅行教育成效反映。"一满足"指的是学校与相关社会组织提供的研学旅行项目满足学生研学需求的能力和程度。

研学旅行项目服务质量的评价侧重在研学机构提供给学生的研学服务评价。本书借鉴侯卓佳(2021)使用的SERVPERF评价方法,对服务质量进行评价,拟从可靠性、响应性、安全性、移情性和有形性五个维度进行测量。

（一）可靠性

可靠性是指能够准确可靠地执行所承诺服务的能力。在研学旅行服务中,可靠性是指研学机构在提供研学服务、问题解决及定价等方面的每个环节按其承诺行事。在这些维度中,可靠性在学生的感知服务质量中是最重要的因素,不能提供可靠的服务通常将会导致研学旅行活动的失败。

（二）响应性

响应性是指研学机构及时提供服务承诺。响应性反映研学机构对学生的要求、询问、投诉、问题处理的专注、快捷和自发性,也就是研学机构能否主动、及时地提供服务。响应性一般表现在两方面:一是学生得到帮助或关注之前的等待时间,二是为学生提供所需服务的柔性和能力。

（三）安全性

安全性反映了学生在享受服务时,不会感受到服务是存在风险或者危险的,感到服务是安全的。信任是通过使研学机构和学生联系在一起的关键一线人员——研学导师来实现的,研学机构应努力提升研学导师的专业能力,同时,研学旅行前应加强相关导师的学科知识、讲解能力、管理能力和安全保障等方面的培训,提升学生以及家长对研学机构的信任与信赖。

（四）移情性

移情性是指研学机构对学生的关心和对需要个性化服务学生的关心。移情性反映的是研学导师将每一位学生看作独立的且有差别的个体,为不同的学生提供个性化研学旅行服务，让学生感受到自己是被重视和被理解的。

（五）有形性

有形性是指用研学旅行项目的设备、人员、工具、纸质资料等可以看得见的具体事物。这些有形的事物是学生评价研学旅行项目服务的客观依据，这既表现在研学旅行的一些手册、指南、小程序、安全保障设备、医疗用品等方面，同时也表现在研学导师的人员结构和数量等多方面。

四、其他理论

研学旅行项目管理是一个基于教育学、服务营销学、管理学、消费心理学等多学科交叉的领域，因此，研学旅行项目质量管理的基础理论仍在不断演化，不同学科的学者从不同角度，采用不同方法围绕研学旅行项目质量管理展开研究。表 6-3 列举了目前部分学者采用的研究理论和技术。

表 6-3　研学旅行项目质量管理的其他基础理论

基础理论	维度	作者	常用工具与技术
期望感知理论	研学课程感知 管理服务感知 环境形象感知 配套服务感知	于洪波(2020)	GAP 模型
具身理论 畅爽理论 体验学习理论	身体感知 认知和行为 旅游体验 学习效果	魏方圆(2020)	试验设计
客户满意度理论 客户感知价值理论 客户质量评价理论	满意度 PDCA 模型 教育成效 服务质量	孙茜(2017) Aliand Rahmat(2010) 侯卓佳(2021)	因子分析 假设检验 方差分析 回归分析
绩效管理理论	财务绩效 成本 实践安全 环境友好 客户参与 沟通充分和服务创新	Sławomir Wawak 等 (2020)	平衡积分卡 关键绩效指标 质量功能展开(QFD) 失效模式和效度分析(FMEA)
认知学习理论	获取的知识 态度和思维方式的改变 培养的技能	Mc Gladdery(2017)	文献分析法

续表

基础理论	维度	作者	常用工具与技术
服务质量理论	导师质量 教育项目 教育服务 结果质量 物理环境	Byun Ha Rim 和 Park Jong Woo（2020）	KANO模型 SEM

第三节 研学旅行项目质量管理的内容与过程

一、研学旅行项目质量管理的内容

研学旅行项目质量管理是研学旅行项目管理的一个主要部分，它通过对客户质量要求的识别和确认，制定出满足这些质量要求的方法和步骤，并在项目实施过程中进行检测和测量，从而保证项目在规定的时间、批准的预算范围内，完成预先确定的工作内容，并且使项目的交付结果符合客户的需求，使客户满意。质量管理的首要任务是确定质量方针、目标和职责，核心是建立有效的管理体系，通过质量计划、质量控制、质量保证和质量改进具体的四项活动，确保质量方针、目标的实施和实现。

质量计划——确定与研学项目相关的质量标准，并决定如何满足这些标准。

质量控制——监控研学项目结果以确定其是否符合相关的质量标准，并制定相关措施来消除导致不满意执行情况的原因。

质量保证——定期评价总体研学项目执行情况，以提供项目满足相关质量标准的信心。

质量改进——根据项目执行存在的偏差，改进质量计划方案。

二、研学旅行项目质量管理的过程

项目质量管理一般包括六个主要过程，即质量政策、质量目标、质量计划、质量保证、质量控制和质量审核。质量政策是质量管理的起点，它反映了所需的组织形象和构想。质量保证和控制过程所包含的工作和技术能够设立质量标准，监督质量绩效。质量战略的制定是在项目计划和评审阶段完成的，而质量体系绩效的评估和监控则是通过质量审核过程实现的。项目质量管理"六合一"模型如图6-2所示。

（一）质量政策

质量政策是研学组织、研学机构或研学基地（营地）等对研学项目质量的整体构想的说明。它明确指出了研学组织对研学项目质量的态度和所采取的方法，并设定了项

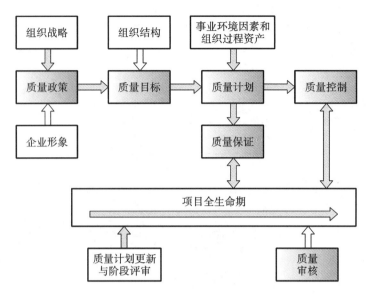

图 6-2　项目质量管理"六合一"模型

目绩效的总体成功标准。通常,研学组织应该把质量政策看成是绩效的保障和中心,它应该得到高级管理层的全面支持,整个组织也应该对这种支持给予认可。在制定质量政策时需要关注以下几点。

(1) 明确规定研学组织的质量方针。
(2) 合理协调质量方针与组织既定战略目标之间的关系。
(3) 高级管理层的明确支持。
(4) 规定不执行质量方针的后果和惩罚措施。
(5) 以主要法律法规为依据和约束。
(6) 明确考核和评估的形式。

(二) 质量目标

质量目标是指研学企业在质量方面所追求的目的,它是落实质量政策的具体要求,它依赖于质量管理方针,应与成本目标、进度目标相协调。质量目标应分解落实到各部门及项目的全体成员,以便于实施、检查和考核。

(三) 质量计划

质量计划类似于项目主进度计划和项目成本计划。它是质量管理系统的战略实施计划,该计划将组织的质量目标进行分解,分解为不同部门的单个目标。它不仅是所有质量监督和控制系统的基础,同时也为质量管理系统的实施与评审设定了时间范围和成本限制。研学项目可以分为多个工作内容,如研学线路和课程设计、研学课程执行、研学导师培训与管理等。每一部分可以采用特定的质量工具和技术,并可以对结果进行监督和控制以确保与质量目标一致。这种形式使项目经理能够对实施过程进行项目管理,也可以确保质量管理系统的有效性。一个好的质量计划应该能够做到以下几点。

(1) 确定最终结果和目标。

(2) 确保所有的目标都切实可行。
(3) 允许各项工作之间存在各种相互依赖关系。
(4) 允许对变动做出合理的响应。
(5) 明确指出绩效目标成功标准。
(6) 创建每一个受到影响的部门和工作项目的风险图。
(7) 针对所有绩效的偏差提出纠正措施。
(8) 明确所有权和特定责任。
(9) 对纠正措施的有效性进行监督和控制。
(10) 生成适当的报告并对项目结果进行控制。

质量计划不仅包括计划的更新，也包括阶段性的评审。质量计划应该是动态的，必须能够体现出质量管理系统和客户需求之间的联系，应对生产系统和客户的变更做出及时的响应，这种响应可采用质量评审的方式。

（四）质量保证

质量保证就是为了使人们确信研学项目能够达到有关的质量标准，而在质量体系中展开的有计划、有组织的活动。它贯穿于整个研学项目的始终。质量保证的另一个目标就是不断地改进质量。质量保证有两种类型，一种是向项目团队提供的内部质量保证，另一种是向客户和其他没有介入项目工作的人员提供的外部质量保证。通常，质量保证系统需要确定某种基准或者目标，并以此为基础来评估实际绩效。总的来说，一个好的质量保证系统应该具有以下特征。

(1) 明确制定可接受的最低绩效标准。
(2) 具有前瞻性。
(3) 快速的反应能力。
(4) 应用于项目过程涉及的所有部门。
(5) 建立绩效数据的收集和分析流程。
(6) 与所有相关的审核以及项目评审过程相结合。

（五）质量控制

质量控制是监控研学项目的结果，以确定其是否符合相关的质量标准，并制定相关措施来消除导致不满意执行情况的原因。质量控制和质量保证的主要区别在于：质量保证主要是指前瞻性地建立为保证绩效的一系列标准和程序；而质量控制则偏重于对质量标准和目标的实际完成情况进行评估，并针对出现的任何偏差做出响应。

质量控制过程包括不断地进行调查，抽取样本，并使用统计分析方法对采样结果进行分析。然后，将这些结果与项目质量标准进行对比，这些标准是项目质量保证的一个组成部分，目的是对项目组织分解结构和项目工作分解结构的不同层级上的质量偏差绩效进行评估，并找到造成偏差的原因。为了确保达到项目质量管理的标准，项目质量管理中出现的偏差必须能够可识别、可测量。研学项目质量控制系统应该实现以下功能。

(1) 评估并确认实际绩效。

(2) 对比项目质量目标和实际绩效，找出绩效偏差。
(3) 识别出严重的绩效偏差。
(4) 找出导致严重绩效偏差的原因。
(5) 提出适当的纠正措施和建议。
(6) 分配质量管理责任。
(7) 监督纠正措施是否有效。
(8) 生成适当的报告，控制最终结果。

（六）质量审核

任何一种质量管理系统都必须包括审核过程。也就是说，研学旅行项目的质量管理需要由特定人员进行公正的、独立的检查，以确保最终结果符合研学项目的质量标准。研学项目的质量审核可以由内部或外部人员开展。质量审核系统需要确认以下各项工作。

(1) 质量控制流程的有效性和一致性。
(2) 质量控制绩效数据收集的正确性。
(3) 所有过程既符合内部标准，又符合外部法律法规的规定。
(4) 所有分析和报告既符合内部标准，又符合外部法律法规的规定。
(5) 所有建议的纠正措施既符合内部标准，又符合外部法律法规的规定。
(6) 所有的监督和控制系统既符合内部标准，又符合外部法律法规的规定。
(7) 所有的报告系统既符合内部标准，又符合外部法律法规的规定。
(8) 任何需求提升的领域都已经明确识别，并妥善解决。
(9) 准确制定和实施了提升计划与战略。
(10) 任何可能存在误导和误解的问题都已经妥善解决。
(11) 系统不再存在任何问题。

第四节　研学旅行项目质量管理的标准与维度

根据俄罗斯职业旅游教育学院的界定，质量的概念包括两个方面，即符合标准或规范以及满足客户需求。因此，研学旅行项目的质量应结合国际体系和质量标准，以及现在对研学旅行服务市场的要求。

一、研学旅行项目质量管理的标准

标准是一份共同的、重复的规范性文件，经协商后拟定，并经公认机构批准，以特定的形式发布作为共同遵守的准则和依据。标准化有助于提高产品、供需或服务的适用性，促进预期目标的实现和技术、贸易合作。构建研学旅行的标准体系、推动标准的贯彻实施，对提升研学旅行标准化水平起到了重要的指导作用，也是推动研学旅行规范化、实现研学旅行高质量发展的重要举措。2016年,国家旅游局出台了研学旅行行业标准,为研学旅行标准化开辟了道路。

2019年,中国旅行社协会发布了T/CAT S001—2019、T/CAT S002—2019两项团体标准,进一步助推研学旅行标准化、规范化发展进程。自此,全国部分省(区、市)政府、相关行业协会及企业陆续制定、发布了研学旅行的地方标准、团体标准及企业标准,研学旅行标准呈现出"百家争鸣、百花齐放"之态势。截至2021年1月,我国现行研学旅行标准主要分为行业标准、地方标准、团队标准、企业标准四大类。行业标准聚焦于服务规范,地方标准着重基地(营地)建设和服务的规范性,团队标准则侧重基地(营地)的规范化,企业标准侧重研学旅行服务的提升。其中,地方标准和团体标准数量最多、企业标准次之,尚缺乏国家标准,而《研学旅行服务规范》(LB/T 054—2016)是国家层面发布的唯一一项推荐性行业标准。根据标准所呈现的具体内容,进一步可分为导师类标准、基地(营地)类标准、服务类标准、课程类标准(见表6-4)。其中,导师类标准9项,基地(营地)类标准20项,服务类标准22项,课程类标准5项。

表6-4 研学旅行标准统计表

类别	行业标准	地方标准	团体标准	企业标准	合计
导师类标准	—	3	3	3	9
基地(营地)标准	—	9	8	3	20
服务类标准	1	9	7	5	22
课程类标准	—	—	3	2	5
合计	1	21	21	13	56

(资料来源:万田户、廖淑婷、吴玲丽《中国研学旅行标准分析及构建策略》。)

目前,研学旅行标准多注重供给层面的标准建设,却忽略了需求层面与保障层面的标准建设,微观标准体系不健全、不完善。于是,万田户等(2021)提出了研学旅行标准总体框架图(见图6-3)和研学旅行标准分类体系(见图6-4)以供参考。

政策法规(国家发布的研学旅行相关政策、法律法规)和通用性标准(国家发布的标准化工作所应遵循的标准性文件)是研学旅行标准制定的重要依据,为研学旅行标准框架体系提供了制度支撑。研学旅行国家标准,对研学旅行具有全国性、基础性、统一性规范效力,推动了研学旅行行业标准、地方标准、团体标准、企业标准建设。同时,基于各类标准性文件的理解,微观层面的研学旅行标准体系可分为基础标准体系、供给标准体系、需求标准体系与保障标准体系四个子系统。其中,基础标准体系对研学旅行市场发展具有基础的、广泛的指导性;供给标准体系涉及研学旅行活动所需的课程、人员、场地等众多服务要素等;需求标准体系是围绕研学旅行需求方而制定的活动行为、参与行为与管理行为等规范标准;保障标准体系主要涉及行业人才培养、教育公平公正、安全作业流程等要素,是提升研学旅行服务质量的有效支撑。

具体来说,基础标准体系是对研学旅行与研学实践、研学导师、研学旅行组织机构、研学旅行基地(营地)、研学旅行课程等基础性概念、术语、标志与符号等进行统一界定的参考指南。由于基础标准体系涉猎面广、跨界性强,需要根据具体标准的制定要求进行相应抉择。

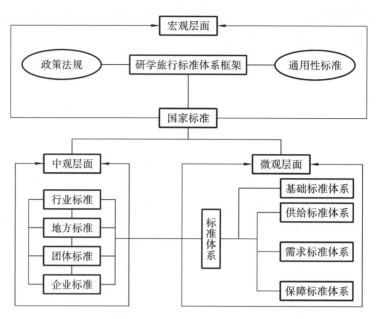

图 6-3 研学旅行标准总体框架图

供给标准体系主要应聚焦课程标准、人员配置标准、场地标准、配套服务标准、产品标准等。课程标准是指研学旅行所配套的课本、资料、手册、指南等各类用书,其他标准是指研学教学活动中所需要的各种教辅用具的规范要求;人员配置标准分为研学导师标准、安全员/辅导员标准、医务人员/随团医生标准,主要是针对研学活动开展中所涉人员的资质、培训、考核工作的相关规范,以保证学生研学旅行的学习效果和质量;场地标准包括基地标准、营地标准、线路标准等,主要对场地的各类配套设施、卫生、场地面积、日常管理等提出相应要求;根据研学旅行活动所需的吃、住、行、游、娱、学等多要素,可将其配套服务标准细分为交通服务标准、医疗救助服务标准、餐饮服务标准、教育解说服务标准、住宿服务标准等;产品标准是将市场开发的各类研学旅行业态、产品纳入标准规范体系,如乡土类、自然类、竞赛类、文博场馆类研学旅行产品体系标准与规范等。

需求标准体系应对学生、学校、家委会成员的参与行为、组织行为及监督行为提出明确的规范与要求,应主要着力于中小学生研学旅行行为规范、中小学校研学旅行管理标准、家委会参与研学旅行招标/活动标准等体系建设,确保流程的规范、组织得当、管理合规、效果满意。其中,中小学生研学旅行行为规范主要就中小学生研学过程中的文明礼仪、仪容仪表、集体意识、团队精神、学习态度、学习效果及后续知识迁移与应用等提出规范性要求;中小学校研学旅行管理标准则主要对学校开展研学活动的组织与管理分工、自主或校本课程建设、项目设计与勘探、活动申报备案、家长沟通、教师职责、承办方选择、成果转化与社会推广等进行明确规范;家委会参与研学旅行招标/活动标准建设,主要是赋予家委会知情权及发挥其在研学旅行活动不同阶段的监督职能。

保障标准体系中,则包括为研学旅行提供信息技术与服务支撑的信息类标准、为研学旅行发展培养与输送行业人才的专业类标准、为学生研学旅行出行保驾护航的安全作业与救援保险标准、为规范项目收费与补贴以实现研学旅行机会均等的费用类标准、

第六章 研学旅行项目的质量管理

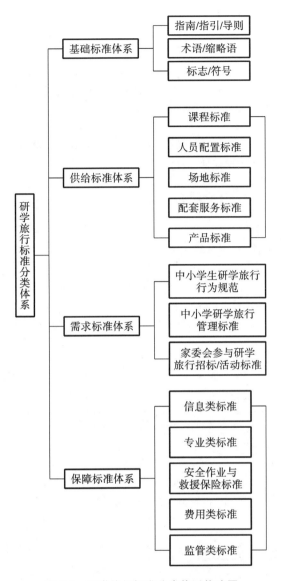

图 6-4　研学旅行标准分类体系构建图

以及为促进研学旅行服务质量提高的评定、评价与投诉处理等监管类标准。当然，保障标准体系中还应有一个基于实现未来供给侧高质量发展的顶层设计标准，即对企业、基地、学校等研学旅行课程/产品的知识产权进行保护的标准，以激励行业创新，助推中小学生研学旅行活动的高质量体验、高质量收获与高质量迁移。

二、研学旅行项目质量管理的关键成功因素

关键成功因素(Critical Success Factors)是指通过分析找出项目质量管理成功的关键因素，然后围绕这些因素来确定系统的需求，并进行项目质量管理规划。因此，识别项目质量管理实施的关键成功因素及其指标，是项目质量管理成功的关键。根据 Abdullah(2015)和 Ping Lu(2019)等对影响项目质量管理的关键成功因素的综述分析，

我们总结了 9 个主要的关键成功因素(见表 6-5)。

表 6-5 项目质量管理的关键成功因素

关键成功因素	具体内容	特点
最高管理层的支持	(最高管理者)制定质量战略和目标;参与质量改进活动;鼓励参与;接受质量责任;强调质量	与人相关的因素
参与者的参与	参与者参与质量提升活动;提出质量提升的措施;解决问题和参与小组作业;理解质量名词和标准	
关注客户	项目满足客户需求;考虑提升客户满意度;与客户保持密切联系	
团队合作和沟通	创建共同目标,促进团队合作、沟通和持续改进	
教育和培训	项目为参与者和管理者提供质量不同阶段的培训	与过程相关的因素
过程管理	项目维持标准;书写工作流程和步骤;项目路线;无缝实现;参与者获得项目信息	
质量战略计划	平衡利益相关者的需要,整合多方的角色和责任;促进团队合作,项目过程中将客户的质量目标与流程联系起来	
绩效测量和改进	根据项目质量体系标准,收集数据、事实和数字,并以合理的方式进行内外部审核	
信息、通信技术	建立基于网络的电子质量文件管理系统;信息技术要求与质量系统要求的整合;管理信息和通信技术的使用	

三、研学旅行项目质量管理的优化策略

(一)研学旅行项目质量标准的规范构建

研学旅行是一种有计划、有组织地在旅游过程中践行校外教育教学的一种有效途径。通过研学旅行加强对中小学生的乡土乡情教育、市情国情教育、传统美德教育、心理健康教育、环境保护教育、国防教育、法制教育等,让学生在旅行中接触社会、体验生活、学习知识。结合研学旅行的学习内容、学习目的,构建完善的研学旅行的学校教学质量标准、旅行社服务质量标准、基地(营地)服务质量标准等标准体系,规范研学旅行项目的质量管理。

(二)研学旅行项目智慧平台构建

深入研究研学旅行的市场需求、资源情况、项目媒介、研学项目质量管理等多个维度,研究创建学生、学校、旅行社、研学基地(营地)、旅游行政管理部门、家长"六位一体"

的研学旅行项目平台 App,为研学旅行项目的开展提供智慧服务,对研学旅行项目的全过程实行动态、实时监控,解决目前我国研学旅行市场供应与需求错位、重游轻学、质量监控不到位等现实问题,促进研学旅行项目可持续发展。

（三）研学旅行质量评价体系构建

鉴于目前研学旅行项目实施中存在"重游轻学"、主题模糊、组织涣散等问题,亟须建立一套完整的研学旅行项目质量评价体系和质量监控体系,保障项目有序组织和项目的质量。研学旅行项目质量评价体系应包括研学产品、研学导师、研学基地、旅行社等方面的质量评价内容和评价标准,使研学旅行在理论研究和实践探索双轮驱动下顺利前进。

未来研学旅行项目理论内涵将会越来越丰富,其实践也将会越来越完善,研学旅行项目将会是引导中小学生用自己的眼睛观察社会、用自己的心灵感受社会、用自己的方式探究社会的一种高效的教育形式。

课后训练及答案

第七章
研学旅行项目的品牌塑造与推广

学习目标

1. 了解研学旅行项目品牌资产与品牌的内涵。
2. 掌握研学旅行项目品牌塑造的原则。
3. 熟悉研学旅行项目品牌塑造的过程。
4. 熟悉研学旅行项目品牌的推广路径。

知识框架

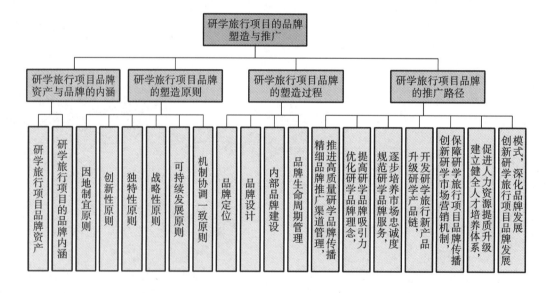

学习重难点

1. 学习重点：了解研学旅行项目品牌资产与品牌的内涵，掌握研学旅行项目品牌塑造的原则，熟悉研学旅行项目品牌塑造的过程和研学旅行项目品牌的推广路径。
2. 学习难点：研学旅行项目品牌的塑造过程和推广路径。

中小学生普遍对科学知识、科学技术感兴趣,科普类研学实践基地因而有着较大的市场需求。位于广州空港文旅小镇的小翼航空科普基地,以航空文化为特色,是广州首家综合性航空科普基地。在这里,青少年可以学习航空科技知识,也可以在多个模块的实践体验中,培养对航空的兴趣。

据介绍,为了能让孩子们将学到的航空知识及时地学以致用,基地开设了手工DIY的课程。通过手工课程,大家可以了解发动机、固定翼、小翼、轮子等不同航空部件的构造。

同时,基地还引进国际飞行教练,现场带领孩子们体验飞行驾驶的乐趣。在模拟驾驶舱内,孩子们通过大屏幕学习操作飞机的起飞和降落,收获第一视角的难忘体验。

将理论知识与实际应用相结合,是小翼科普遵循的STEAM教育理念的其中一个方面。这一教育理念有别于传统的单学科、重书本知识的教育方式。将Science(科学)、Technology(技术)、Engineering(工程)、Arts(艺术)、Maths(数学)多学科相结合,把航空作为一个知识应用场景,打破学科界限。

以重实践的超学科教育方式,为青少年普及航空科技知识。基地为不同年龄段的人群设置了有针对性的课程,当前共设有12个课程体系,覆盖范围从幼儿阶段到高中阶段,包括航空基础学科课程、航空应用科学课程、飞行体验课程、无人机课程、小翼公益科普、小翼游学六大教育内容。

幼儿园的课程设计以兴趣启蒙、互动体验为主,目标是让幼儿对航空产生一定的认知,在以后的成长中激发兴趣;小学的研学课程则对应增加更多体验内容,到了高年级,会融入更多航空基础知识;初中和高中研学课程的设计会充分考虑学生的知识储备、实践能力的提升,以及沟通、团队合作能力、解决问题和决策的能力。通过基地形式多样的科普活动,成年人也可学到航空知识,并体验"冲上云霄"飞行的乐趣。就教育意义而言,这类航空教育科普实践基地,能培养孩子对航空的爱好,传播航空文化,并极大地增强青少年的航空意识与爱国情怀,在孩子心中播种下"中国梦、飞行梦"的种子。而从文旅方面来看,作为航空文化和航空旅游的联系纽带,航空研学有望盘活独具优势的航空产业资源,推动航空文化和旅游深度融合。

思考:

1. 小翼航空科普基地研学课程体系的创新点有哪些?

2. 请分析案例,然后设计为期两天的小翼航空科普基地小学、初中、高中的研学课程。

第一节 研学旅行项目品牌资产与品牌的内涵

一、研学旅行项目品牌资产

品牌研究可以追溯到20世纪50年代,学者们在品牌基础理论、品牌营销、品牌忠诚度、品牌形象等领域的研究逐渐深入。"品牌"一词源于市场营销学,学者对其概念有较为深刻的探讨。品牌较早的定义是:用来识别的名称、术语、标志、符号或设计,或它们的组合——一个或一群卖家的商品和服务,并将品牌与其他品牌区分开来,进行差异化竞争(K. L. Keller,2003)。品牌是一种产品或客户需要记住的东西的身份,品牌形象是客户设计的假设和信念,反映在客户心目中以及与产品或品牌形成的关系中。从本质上说,品牌形象可以被认为是消费者所记住的产品的个性(Kotler,2008)。随着市场营销与品牌建设的专业化发展,品牌的定义逐步完善了塑造品牌文化、形成品牌特色、进行差异化发展的新路径和新方向。

旅游品牌的研究是学者基于品牌研究基础理论,根据旅游行业的特点进行旅游品牌理论研究与旅游品牌塑造等研究。国内学者对于旅游品牌的研究始于20世纪90年代,截至2021年,知网搜索"旅游品牌"学术期刊有7494篇,主要包括旅游品牌、旅游服务品牌、旅游目的地品牌、旅游企业品牌、旅游品牌评价等内容;知网搜索"研学旅行"学术期刊有2134篇,研学旅行品牌有64篇,相关研究较少。

研学旅游项目品牌有狭义和广义之分,狭义的研学旅游品牌是指单项研学旅游商品,广义上的研学旅游品牌是指整个研学旅游目的地品牌和研学旅游企业品牌等。目的地品牌形象是指存储在旅游者记忆中的,反映着对旅游目的地感知的所有联系(Balakrishnan,2011)。旅游目的地品牌就是一个旅游目的地在推广自身旅游目的地形象的过程中,根据旅游目的地的发展战略定位所传递给社会大众的核心概念,并得到社会的认可。旅游目的地品牌的定义至少有三层含义:旅游目的地品牌是一种标识,但又不仅仅是一种标识;旅游目的地品牌是旅游者心中被唤起的想法、情感、感觉的总和;旅游目的地品牌是旅游目的地与旅游者之间的一种契约,以及一种对质量、品位和情感的长期承诺(母泽亮,2006)。

品牌资产是市场营销学里面的重要概念之一,有40多年的发展历史。品牌资产是一种无形资产,却具有重要的理论和实际价值(徐虹,梁燕,2019),通过知网搜索发现,品牌资产在旅游领域的研究集中在旅游目的地品牌资产研究方面,旅游目的地品牌资产是与品牌的名字和象征相联系的资产(或负债)的集合,它能够使通过产品或服务提供给客户(用户)的价值增大(或减少)(许春晓,莫莉萍,2014)。文献研究发现,使用品牌资产相关理论框架来进行研学旅行品牌的研究较少,研学旅行品牌资产的维度主要包括研学旅行品牌的认知程度、研学旅行品牌的忠诚度、研学旅行品牌的形象、研学市场客群价值感知程度、研学产品体验感、研学品牌承诺等。目前相关研究较少,值得关注。

在旅游品牌和品牌资产研究的基础上,我们得出研学旅行项目品牌的定义是:研学旅行项目品牌是研学旅游项目推广者,是在研学旅游项目的课程设计、集体旅行、以集中食宿方式开展的研究性学习和旅行体验相结合的校外教育活动的过程中,根据项目定位所传递给市场客群的核心概念,并获得市场的认可。

二、研学旅行项目的品牌内涵

研学旅行项目品牌是研学旅游行业最关注的焦点之一。按照菲利普·科特勒的观点,品牌的含义包括属性、利益、价值、文化、个性及市场六个层次。

(一)研学旅行项目品牌的属性内涵

研学旅行项目品牌的属性内涵是基于研学旅行产品的开发与使用,使学生在研学旅行中丰富知识、开阔视野、拓展能力、生成素质、培育情感态度价值观;研学旅行是新时代国家推动基础教育育人模式的新探索,学在旅途,知行合一。研学旅行项目品牌是需要通过高质量的研学旅行产品、高质量的研学课程服务来体现和逐步形成的,因此研学旅行项目品牌的属性内涵,要因地制宜,呈现地域特色,引导学生走出校园,在与日常生活不同的环境中拓宽视野、丰富知识、了解社会、亲近自然、参与体验。研学旅行课程品牌是体现研学旅行项目品牌教育属性的核心,精心设计研学旅行课程是提高研学旅行质量的根本保证。要以教育部门和学校为主导,联合基地和研学机构,将研学旅行作为理想信念教育、爱国主义教育、革命传统教育、国情教育、综合实践教育的重要载体,根据学段特点和地域特色,加强研学旅行校本课程建设,开发具有特色的自然类、历史类、地理类、科技类、人文类、体验类等多种类型的活动课程,编写适合中小学生研学旅行活动的专题读本,逐步建立小学阶段以乡情县情市情为主、初中阶段以市情省情为主、高中阶段以省情国情为主的研学旅行活动地方课程体系。

(二)研学旅行项目品牌的利益内涵

旅游者在消费研学旅行项目和品牌的过程中,会收获使用价值和情感价值。研学旅行项目的使用价值和情感价值主要包括有助于让广大中小学生在研学旅行中感受祖国大好河山,感受中华传统美德,感受光荣革命历史,感受改革开放伟大成就,感受地域特色文化;有助于推动素质教育全面实施,创新人才培养模式,引导学生主动适应社会,促进书本知识和生活经验的深度融合。研学旅行项目品牌具有公益性属性,主要是研学旅行需要被纳入中小学教学体系。

(三)研学旅行项目品牌的价值内涵

研学旅行项目品牌的价值内涵是研学旅游项目创新和发展的核心,价值内涵体现在知识增长、价值体认、实践内化、责任担当、创意物化等维度。知识增长,指获得相关知识,拓展学科视野。知识点可包括自然科学知识、人文地理知识、历史文化知识、社会规范知识等。价值体认,指体认社会主义核心价值观。通过切身多空间多形式的感知、亲历、体验等主题教育活动,树立社会主义核心价值观、正确的人生观和世界观,以及团队合作精神、劳动精神,形成家国情怀,培养对中国共产党的朴素感情,坚定听党话、跟党走,不断增强"四个自信"。实践内化,指感受文化,促进问题解决,形成思维,提升能力,促进深度学习。让学生动手实践、出力流汗,深入探讨个人感兴趣的问题,综合运用所学知识,有效利用信息工具,增强解决实际问题的能力,养成勤俭、奋斗、创新、奉献的精神。责任担当,指培养独立自主的精神和能力。养成独立自主、勇于挑战、敢于担当的积极态度;形成对学校、集体、社会负责任的态度和公德意识;具备法治观念,形成探究社会问题的意识;树立开放意识,尊重多元文化,积极了解人类文明进程和世界发展动态,形成全球意识和开放视野。创意物化,指有创意地制作研学成果作品。结合研学旅行过程与经历,及时对自己的学习状态进行审视反思并优化调整,形成比较规范的研究报告或其他形式的研究成果;拍摄研学旅行过程的照片、视频等,制作出有创意和学习意义的影像成果,体会劳动创造美好生活、劳动最光荣的劳动观念。

(四)研学旅行项目品牌的文化内涵

研学旅行项目品牌的文化内涵是研学旅游项目品牌区别于其他项目的核心要义,研学旅行项目品牌的文化内涵较为丰富,主要包括研学旅行体验性研究和创造性,让旅行者在大自然和社会中学习,将课堂生活与生活空间联系起来,培养旅游者的生活能力。研学旅行项目品牌通过营造文化氛围,让旅行者感受到参与研学旅行的乐趣,让旅行者在轻松愉悦的文化氛围中充分激发自身的创造力和想象力,从而实现个人更全面的发展。

(五)研学旅行项目品牌的个性内涵

旅行者具有不同的个性,对于旅游的体验具有差异性,研学旅游项目品牌可以根据不同年龄段和客群的不同需求来制定相应的课程,并且提供个性化的服务。研学旅行的个性内涵体现在组织实施的主体多元,包括学校、旅游企业和社会文化机构;在活动类型上,包括历史文化类、红色文化类、高科技体验类、强身健体类、技能培训体验类、自然探索体验类。

(六)研学旅行项目品牌的用户内涵

研学旅行项目品牌的价值与旅游者的关系密切,旅游者对于研学旅行项目的认可度可以说明研学旅行项目品牌的价值。研学旅行项目组织者应建立并维护好与用户的良好关系。研学旅行产品的教育属性和文化属性较强,因此课程设计是提高用户体验的重要内容。要建立多元的用户反馈和评价机制,设立多元的评价主体、评价内容和评价方式(杨晓,2018)。

第二节　研学旅行项目品牌的塑造原则

研学旅行项目品牌自身具有不同的特征,应根据自身的特征和发展战略进行品牌选择与塑造,确定自己独特的品牌标识和品牌标志语,树立自己的品牌形象,以区分其他的品牌,研学旅行品牌的传播需要品牌形象的打造。品牌的塑造需要一个长期的可持续发展的过程,在品牌的塑造过程中也需要不断地维护研学旅行项目品牌。前瞻产业研究院相关数据显示,2014年我国研学旅行总人数是140万人次,2015年我国共有200万人次参加研学旅行,2016年我国共有260万人次参加研学旅行,2017年我国有340万人次参加研学旅行,而2018年我国共有400万人次参加研学旅行(陈凯,2021)。随着我国研学旅行市场在旅游业中的不断增长,参与研学旅行的适龄儿童和青年人的增加,研学旅行项目不仅要对研学旅行基地品牌进行建设,还需要对研学课程研发品牌、研学旅行服务等品牌进行专业化的建设,因此在研学旅行项目品牌塑造方面需要遵循以下原则。

一、因地制宜原则

研学旅行产品是研学旅行项目的重要内容,研学旅行产品需要根据不同项目地的相应特点来进行品牌的塑造与提炼,通过深入挖掘和梳理不同项目地的地方特色、文化内涵、建筑特色、传统习俗、城市风光、乡土资源、特色美食和特色产品等,设计研学旅行线路品牌,将相关元素进行组合,形成研学旅行项目品牌,从而形成研学旅行品牌凝聚力,丰富研学旅行品牌。

从研学旅行品牌经济学的角度来看,研学旅行项目品牌塑造的目标之一就是为旅游者提供满意的旅行产品。研学旅行项目品牌应遵循因地制宜原则,在研学产品、研学服务、研学体验等方面进行品类的设计与特色的注入。

二、创新性原则

创新是研学旅行项目品牌可持续发展的重要推动力量,研学旅行项目品牌的创新包括研学旅行项目品牌名称、品牌宣传语,以及产品创新、营销方式创新。在大数据时代,研学旅行项目品牌要重视品牌的宣传和营销方式的创新,利用大数据助力品牌形象的定位与梳理。研学旅行项目品牌的发展和其他旅行产品一样是有规律的,基于原有品牌进行创新性延伸能够优化升级研学旅行品牌,利用好网络渠道,将移动端的信息进行推送,注重品牌质量的宣传,将优质信息推送给研学旅行市场,从而促进其高质量发展,研学旅行品牌的建设需要不断优化自己的创新体系,利用不同线路的优势资源,创新课程设计与线路设计,更好地满足消费者的需求。

在研学旅行项目品牌塑造的过程中,需要对研学品牌进行管理,研学旅行项目管理包含的内容较多,包括优化品牌、品牌力的提升、客群推广等,在这些方面都需要注入创新动力,建立品牌创新驱动机制,将整个品牌塑造的过程看成一个系统,进行优化提升。创新研学旅行品牌塑造模式,要把握国内外研学旅游品牌发展的动态和走向,对研学旅行品牌中的行业管理、体制机制、资源开发、产品设计、开发模式等进行全面创新。

三、独特性原则

研学旅行项目品牌相较于传统的旅行具有特殊性,研学旅行是一门新课程,研学旅行强调课程情境的真实性。课程情境包括课外、校外空间与资源,社会与大自然是研学旅行的主要情境,学习的内容是研学旅行课程的主体,研学课程以及研学旅行线路设计突破传统的学科课程的界限,融入多种学科成为一个研学产品。研学旅行市场构成有其特殊性,主要是通过旅行社、研学机构、教育机构进行课程研发、产品设计与推广,市场上的研学旅行产品质量参差不齐,同质化现象较为明显,因此要把教育性作为塑造研学旅行品牌的本质特征,合理设计旅游与学习之间的比例分配,满足市场客群接受教育的需求。

四、战略性原则

品牌战略是一个研学旅行项目品牌长远发展的方向和目标,研学旅行的发展需要将文化和教育内涵纳入研学旅行线路,同时注重研学旅行研发体系的建立,逐步解决好研学旅行人才匮乏、研学旅行课程研发质量不高、研学旅游管理机制等问题。研学旅行品牌塑造首先需要进行战略设计,从长远出发,梳理科学发展观,加强品牌塑造各个环节的开发与合作。研学旅行品牌需要根据市场需要,配套系列产品,一个研学旅行项目品牌的构建应该规范化、系统化、战略化,首先对研学旅行项目进行战略化顶层设计和战略品牌识别,建立好研学品牌与市场客群之间的关系,让市场认可这个品牌,让消费者能够信任研学品牌并进行选择。在品牌战略设计方面,还应该推出相应的品牌标准,促进产业健康发展。要从"内容+构成"方面规范研学旅行产品,打造在国内外具有核心竞争力的研学旅行项目品牌,要对服务接待、质量监控、质量把控等标准进行具体化,提高其可操作性与实用性,逐渐建立一套系统规范的研学旅行组织方和承办方品牌的优质体系。

五、可持续发展原则

在研学旅行品牌塑造过程中,可持续发展原则贯穿始终,研学旅行品牌应该注重可持续性社会责任,培养市场客群的创造力与学习力,在研学旅行线路开发与设计、品牌经营和管理方面都要坚持可持续发展原则,研学旅行项目品牌应该做好研学项目、设计好研学线路、做好研学产品的多元化有效供给,从研学旅行品牌供给侧进行着力,设计出特色鲜明、高质量的研学旅行项目品牌。

自2010年以来,市场对研学旅行行业较为青睐,行业投融资力度加大,市场较为热门,但是研学行业项目品牌集中度较低,市场规模还未形成,这一方面说明研学旅行的市场前景较好,另一方面也说明研学旅行品牌的打造需要遵循可持续发展的原则,研学旅行是旅游消费的升级,研学项目品牌也需要在庞大的市场需求基础上进行系统化提升。

六、机制协调一致原则

研学旅行品牌的建立需要整合研学资源。在全民旅游时代,市场客群的购买能力和心理诉求发生巨大的变化,研学旅行产业所提供的服务质量较难满足市场需求,在研学旅行品牌塑造中,需要对研学资源进行全盘统筹。一方面,有效提高产品设计资源的利用率和研学产品开发质量;另一方面,整体提高研学旅行项目品牌的市场竞争力。

研学旅行项目品牌需要建立组织协调机制和行为约束机制,包括旅游政策协调机制和危机问题应急处理机制,以促进研学旅行品牌协调发展。同时,也需要借助各方合作力量,建立品牌系统规则与相应责任。助力研学旅行项目品牌与城市区域品牌发展,政府要在推进研学行业标准化建设及维护研学市场稳定等方面发挥职能作用,可将重要旅行城市打造成为研学旅行的示范点城市,促进研学旅行项目品牌的高质量发展。

第三节 研学旅行项目品牌的塑造过程

一、品牌定位

将 RMP 模型引入研学旅行项目品牌塑造,R(Resources)表示研学旅行项目资源分析。M(Market)表示研学旅行项目市场分析,P(Product)表示研学旅行项目产品分析。通过分析研学旅行资源、市场、项目产品三大要素之间的互动关系,基于研学旅行项目品牌定位模型,研究研学旅行项目品牌定位,为研学旅行项目品牌塑造开发注入新动能。

(一) R(Resources)研学旅行项目资源分析

研学旅行项目资源是包含研学基地、研学旅行线路、研学旅行导师、研学课程体系、配套服务要素等为一体的综合服务体系。其中,研学课程体系是基础前提,研学旅行线路是相应载体,研学旅行导师、服务人员等人力因素是研学旅行项目价值实现的重要推动力。除此之外,研学旅行项目基础保障体系也非常关键,包括各类研学基地、研学景区、研学教育、研学博物馆、研学图书馆、研学住宿、研学交通等研学配套服务要素。

不同研学旅行项目对于资源的需求也不同,要根据研学旅行的线路主题来进行资源的分配与集合,研学旅行项目资源要充分利用好教育机构+旅游企业+研学机构等优势,结合项目资源特点来梳理研学旅行项目资源,并且选择和挖掘具有较强吸引力的研学旅行项目资源来进行研学旅行品牌定位。

(二) M(Market)研学旅行项目市场分析

研学旅行项目市场针对的人群主要是 3—16 岁的青少年,随着适龄青少年人群数量的增长,研学旅行的市场较为广阔。"去哪儿"网的数据显示,大约有 80% 的家庭出游人群会搜索研学旅行相关旅游产品;前瞻数据研究院调查显示,超过一半的受访者想要了解研学旅行,约 80% 的人对研学旅行特别感兴趣。研学旅行机构依托自身的研学课程产品优势及其在教育与旅游服务领域内的深耕,直接面向大中小学校提供研学旅行产品与相应服务。大中小学校是研学旅行项目的最大组织方,约占市场份额的 70%,在 2017—2019 年研学旅行被纳入中小学教学体系之后,研学旅行发展较为迅猛,学校需求变大。各地学校积极响应政策,为提高学生的综合素质,组织相应的研学活动。

国内研学旅行市场从参与时间来看,消费者普遍接受的研学时间段是寒暑假,这是市场主流的时间偏好。对于研学旅行相关机构来说,市场竞争较为激烈,学期时间内模式目前较少,但是随着政策支持力度的逐渐加大,长远来看,研学旅行市场的前景较为可观。

(三) P(Product)研学旅行项目产品分析

研学旅行项目产品一般根据竞争性、独特性、识别性三个原则对研学旅行产品进行提炼分析,研学旅行产品的品牌属性产生于市场客群在研学过程中的相互影响与作用,研学旅行者在研学过程中的学习体验,也会融入研学旅行产品的属性特征。文化是研学旅行的重要内容,当前部分研学旅行产品文化价值较低,对于研学旅游目的地的深入体验较少。同时,研学旅行产品应该与一般旅游产品区分开来,突出其教育性和创新性。在研学旅行产品品牌定位的过程中,应该充分了解学生和家长的消费诉求,从市场客群的视角进行分析,通过供需双方对于研学产品的生产、体验、互动,确定好研学旅行项目的产品定位,进而有效提升研学旅行产品的品牌价值。

研学旅行项目品牌定位模型如图 7-1 所示。

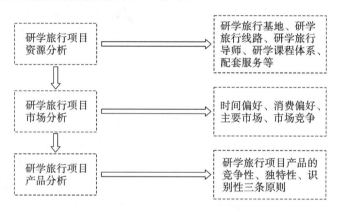

图 7-1　研学旅行项目品牌定位模型

二、品牌设计

研学旅行项目品牌设计系统是一个复杂的综合体,包括研学旅行项目概念识别系统、研学旅行行为识别系统、研学旅行项目品牌视觉识别系统(见图 7-2)。研学旅行项目概念识别系统是指研学旅行产品的品牌理念和内涵,这是研学旅行产品设计的初心,主要涉及研学旅行教育理念、研学旅行线路设计思路、研学旅行服务理念。近几年,研学旅行市场发展迅速,研学客群需求也在变化,对于专业性的要求更高,为了保障研学旅行项目品牌设计理念的实效性,在研学旅行项目品牌设计之初就需要从宏观市场层面进行研学旅行项目品牌理念设计。研学旅行行为识别系统是指在研学旅行项目品牌建设过程中,为了品牌标准化制定的针对研学产品供给方与需求方的行为准则。研学旅行项目品牌视觉识别系统包括品牌标志(见图 7-3)和宣传口号,设计应该立足于研学旅行产品本身,保证研学旅行项目品牌的完整性和统一性。

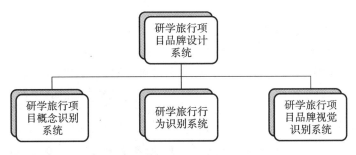

图 7-2　研学旅行项目品牌设计系统

图 7-3　新东方研学品牌标志
（图片来源：新东方教育科技集团有限公司官网。）

三、内部品牌建设

研学旅行项目内部品牌的建设包括研学人才队伍建设、研学旅行项目规章制度的制定与建立、研学旅行项目的品牌文化。内部品牌的建设需要对研学旅行项目人员的人事系统进行培训，将简洁、清晰、严谨的内部品牌运用到研学旅行项目品牌塑造的细节中，并对研学项目员工进行营销培训。研学旅行项目内部品牌建设的关键是将项目成员与研学项目发展紧密联系起来，让项目成员自发地关注研学旅行项目品牌的建设。研学旅行项目品牌内部评价体系是项目的形象，也是对项目成员的价值承诺，是研学旅行项目品牌综合实力的体现。因此，要建立收入动态调整机制，满足项目成员，尤其是核心成员对收入增长的期望（杨红玲，高涛，2015）。研学旅行项目内部品牌建设如表7-1所示。

表 7-1　研学旅行项目内部品牌建设

研学旅行项目内部品牌	研学人才队伍建设
	研学旅行项目规章制度的制定与建立
	研学旅行项目的品牌文化
研学旅行品牌内部评价体系	项目成员的价值承诺
	研学旅行项目品牌的综合实力
	收入动态调整机制

四、品牌生命周期管理

和其他旅游品牌一样，研学旅行项目也具有较明显的品牌生命周期。品牌生命周期是指品牌在诞生、发展过程中所展现的相应形态和生命循环过程。研学旅行项目品牌在推向市场之后,其品牌效应会随着研学旅行项目产品生命周期有所变化,研学旅行项目品牌要经过创建、推出、成长、成熟、更新、维护、变化和延伸等阶段(杜筱莹,2014),根据研学旅行项目的相应特征,研学旅行项目品牌生命周期主要包括研学旅行品牌创始期、研学旅行品牌增长期、研学旅行品牌成熟期、研学旅行品牌转型期。在不同时期,研学品牌的具体特征也不同(见图7-4)。

研学旅行品牌创始期:品牌认知度低,品牌个性模糊	研学旅行品牌增长期:有一定市场知名度,品牌认同感较低,个性不够突出
研学旅行品牌成熟期:品牌形象突出,市场认可,品牌知名度较高	研学旅行品牌转型期:品牌知名度降低,研学品牌市场影响力减弱

图 7-4　研学旅行项目品牌生命周期

研学旅行项目产品在其所属的不同品牌生命周期,推出组合品牌营销策略,有针对性地进行研学旅行项目品牌的营销、管理和创新升级。在创始阶段,需要花费较高的营销费用,迅速占领市场;在增长期,需要从产品推广逐渐向品牌建设转变,优化品牌服务,提高研学旅行项目产品在市场中的美誉度;成熟期,也就意味着研学旅行项目品牌进入了较高发展阶段,这就需要培养客群的忠诚度,同时通过互动式体验,提高研学旅行市场客群的满意度;转型期主要是指研学旅行项目品牌需要创新和优化品牌体系,并且重新对市场进行定位,促进品牌的可持续发展。

第四节　研学旅行项目品牌的推广路径

基于对研学旅行项目品牌的研究,目前研学旅行项目品牌推广普遍存在如下问题:研学旅行项目品牌力不强,品牌定位和品牌形象不清晰。随着研学旅行消费的自发式增长,粗放型研学消费出现升级,市场客群开始深入考察研学产品和服务的设计理念和细节,学校也较为重视研学课程的设计,因此研学旅行项目需要提高自身的品牌能力,塑造出令市场满意的品牌形象。研学旅行项目品牌营销能力需要提高,研学旅行机构应该积极参加相应的研学品牌会议,提高其在行业和市场中的影响力。目前,研学旅行项目的满意度和专业性有待提高,许多小型的研学旅行机构研发能力和经费不足。研学课程质量和安全保障基础是研学旅行项目品牌的立身之本,目前研学行业人才缺乏,基础保障设施需要优化。根据以上分析,研学旅行项目品牌需要从以下七个方面进行路径优化(见图7-5)。

第七章 研学旅行项目的品牌塑造与推广

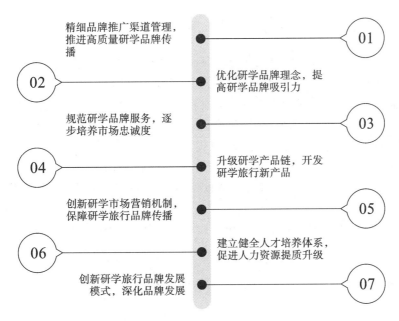

图 7-5 研学旅行项目品牌的推广路径

一、精细品牌推广渠道管理，推进高质量研学品牌传播

调整研学旅行项目品牌传播方式，研学旅行项目品牌可以通过品牌会展进行有针对性的品牌推介，同时也可以利用融媒体的优势，进行多平台的推广，如进行直播研学，让潜在客群能够近距离了解研学旅行。对于当地市场，应该积极开展市场考察与服务反馈工作，维护好已有市场，提高品牌黏性。区域教育品牌和旅游品牌成就了研学旅行项目品牌，研学旅行项目品牌影响力的持续扩大，也会提高教育类、旅游类产品的融合与创新力度，三者之间形成了一个良性的互动系统。融媒体超时空的互动营销提高了研学旅行市场与品牌的互动性，潜在客群可以随时随地了解研学品牌，获取研学品牌的最新资讯。

二、优化研学品牌理念，提高研学品牌吸引力

研学旅行项目品牌理念是引领研学旅行未来发展的方向，针对青少年市场，研学旅行项目品牌理念需要去了解这个群体。目前，主流的研学旅行消费人群不仅包括"80后""90后"，还包括"00后""10后"。年轻群体具有较好的购买力，年轻人喜欢探索新事物，喜欢通过社交媒体与研学旅行项目品牌互动，如何去影响年轻人的消费决策，如何在其心中树立品牌形象，这是值得研学企业思考的问题。研学旅行项目品牌理念需要根据不同学段进行优化，如在关注"亲子研学"的同时，也需要关注"银发市场"，深入研究老年市场需求，将康养与教育理念融入研学品牌，推动研学旅行项目品牌精细化发展。

三、规范研学品牌服务，逐步培养市场忠诚度

研学旅行服务规范是促进研学旅行项目品牌高质量发展的重要动力，当前研学旅行项目品牌服务存在服务品类不全面、研学品牌售前服务和售后服务缺乏侧重点、研学品牌服务质量控制体系薄弱等问题，因此研学旅行项目品牌服务需要制定服务规范，制定售前服务、教育服务、交通服务、住宿服务、餐饮服务、课程讲解服务、医疗和救助服务、研学课程评价等方面的规范和制度，以提高研学旅行客群的体验感和满意度，进而培养研学旅行市场的忠诚度。同时，研学旅行机构也需要制定各类突发事件的应急预案，包括应对地震、泥石流、研学设施设备故障、研学旅行安全问题等各项突发事件的应急预案，并进行定期演练。

研学旅行项目品牌还需要建立完善的投诉处理制度，规范处理各项流程，及时地回应市场反馈，并且提供相应的解决方案。

四、升级研学产品链，开发研学旅行新产品

随着国家对于研学旅行的政策和标准规范不断丰富和完善，研学旅行的市场逐渐变大，产品需求也在增多，产品体验性在逐渐增强，逐渐步入"研学+"的多元产品链时代。当前，研学旅行产品链还不够完善，市场上具有创新性的研学旅行产品有待增加，随着文化产业和旅游产业的融合发展，研学旅行产品内容、课程内容逐步细分，"研学+"的多元产品链成为研学旅行发展的重要产品力和支撑力。研学产品链的开发和升级的重点主要可以从以下几个方面来考虑（见图7-6）。

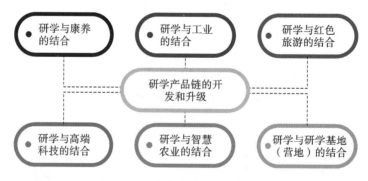

图7-6 研学产品链的开发和升级

（一）研学与康养的结合

面对老年人市场，充分挖掘老年人研学市场潜力。老年研学是"研学+康养"的结合，这契合老龄化社会的新需求，满足"银发市场"在文娱、康养、休闲、社交、运动等方面的需求。

（二）研学与工业的结合

在传统和现代工业区开展研学旅行，是对以往工业旅游的一种创新性结合，这是新思路和新产品，工业研学旅行的教育价值很大，不仅可以激发学生的思考和对工业知识

的探索，还可以培养学生的工业制造意识，激发其对学习的探索兴趣。在工业研学旅行产品的设计过程中，最重要的是与工业企业进行对接，保障活动的有序性、学习性、安全性，同时也要丰富工业研学旅行产品的知识性、探索性，达到寓教于乐的效果。

（三）研学与红色旅游的结合

研学旅行开展红色教育是中小学生思想政治教育的创新路径，研学旅行红色教育需要注入时代内涵，根据不同地域进行课程设计，要善于利用不同地域的红色文化资源，优化创新红色教育形式，不断充实研学旅行红色教育的特色资源，利用线上和线下的研学平台进行互动，带领游客参观游览红色景观，把握市场特点和趋势，提供相应的研学品牌课程和相关服务标准。红色研学旅行项目要充分围绕红色主题，在内容上要把握红色旅游线路体验与互动，将本地资源进行整合和优化。

（四）研学与高端科技的结合

随着人工智能的发展，高端科技对青少年的吸引力较强，科技领域内有丰富的数理化知识和设计美学等知识，研学与科技具有天然的适配性。研学课程融入高科技，并且结合课本知识进行实地教学和展示，科技研学课程对于青少年智力的开发、逻辑思维的培养具有重要的启发作用，同时能够培养青年学子对科学的热爱以及对科研工作的向往与期待。

（五）研学与智慧农业的结合

农业与人们的生活息息相关，随着市场对农产品质量要求的提高，专业的、高质量的农场增多，农业开始朝着智慧化的方向发展，这也是当前农业领域较为热门的研究课题。智慧农业主要包括智慧农场、智慧生产、智慧包装、智慧运输等，将智慧农业与研学旅行结合，可以丰富青少年的农业知识，激发青少年对农业相关领域的研究兴趣。

（六）研学与研学基地（营地）的结合

研学基地（营地）可以提高客群参与度，能够提高互动性和体验感。充分开发双向式互动研学基地（营地）产品，主要包括青少年素质教育培训、学习成长营地、高科技展览馆、农业研究院和示范基地、红色文化教育基地、民俗展览馆等基地。通过研学营地，可以培养青少年的社会和情感互动能力，为其提供高质量的、有创意的生活体验。

五、创新研学市场营销机制，保障研学旅行项目品牌传播

研学旅行项目品牌保障需要创新研学市场营销机制，值得注意的是研学旅行项目品牌危机管理。在自媒体时代，研学旅行项目品牌危机传播有以下特点：全民监督、新媒体使用者具有一定的话语权、事件传播迅速、影响力较大。研学旅行项目品牌在利用自媒体进行传播的同时，也需要提高自身的危机意识，优化自身的服务，及时发现和解决尚处于萌芽期的问题。研学旅行机构需要建立品牌传播危机预警反馈机制，在进行市场营销与传播的同时成立市场反馈机制，在发现客户反映的问题后迅速做出科学的回应（丁聆可，2016）。在研学品牌出现传播危机之后，保障部门需要迅速反应，建立相

关负责机制,调查事件原委,对相关信息进行实时发布,保证研学旅行相关信息的公开化和透明度,展现研学旅行项目品牌的诚意,做好善后工作,让品牌危机变成机会,重新获得市场的认可。

六、建立健全人才培养体系,促进人力资源提质升级

鉴于研学旅行对于专业性和创新性的要求较高,研学旅行项目品牌的核心竞争力在于研学课程研发,研学课程的研发需要专业的研学人才来进行研发与设计。在研学旅行项目品牌建设与发展的过程中,根据课程设计相关内容,可以将人才分为课程研发型、研学授课型、研学服务型、研学保障型、研学评价型。课程研发型人才主要负责研学课程的开发,主导课程设计,是研学课程的智库;研学授课型人才就是所谓的研学导师,主要负责课程的讲解和引导,其与市场的互动较多,能够及时向研发团队反馈研学课程效果;研学服务型人才就是在研学旅行过程中提供各项相关研学服务的人才,如非遗手工师傅、园艺师等专业技术人才;研学保障型人才主要负责研学后勤的保障,保障游客安全出行,统筹协调好相关事宜;研学评价型人才主要是定期或者不定期地对研学旅行基地(营地)和研学产品体系进行评价与反馈,其作用在于不断完善研学旅行项目品牌,提高研学产品质量。

七、创新研学旅行项目品牌发展模式,深化品牌发展

首先,研学旅行项目品牌的发展要构架品牌思维,通过品牌来助力研学旅行的发展。研学旅行项目品牌发展模式要根据研学旅行项目品牌发展生命周期进行调整。在创始期,研学品牌发展模式主要需要采取市场拓展模式,塑造品牌形象;在成长期,主要着力点在研学旅行项目品牌的深化和提升;在成熟期,研学旅行项目品牌需要进行创新和创意设计,丰富品牌内涵;在品牌转化期,要进行品牌的梳理和市场重新定位,实现品牌的转换升级。研学旅行项目品牌发展模式的选择需要进行品牌的分类和市场分析,不断完善自身品牌和特色产品的打造与优化。另外,在研学品牌的可持续发展方面,要制定合理的规划,合理选择研学旅行项目品牌发展模式,确立研学旅行项目品牌价值体系,注意培植富有创意的研学品牌新类目,对于市场竞争力下降,不能满足市场需求的品牌进行提质升级和更新换代,以市场主打品牌为基础,实现研学旅行项目品牌市场的发展和延伸。

课后训练及答案

第八章
研学旅行项目管理中的财务控制

学习目标

1. 了解研学旅行项目管理和财务控制的概念、目标、作用、特点、关联。
2. 熟悉研学旅行项目财务可行性分析的要素。
3. 掌握财务控制在研学旅行项目中的成本管理方法。

知识框架

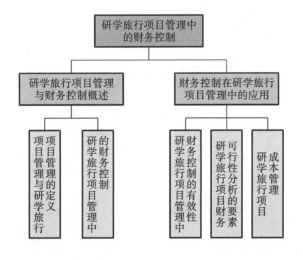

学习重难点

1. 学习重点:研学旅行项目管理的特点、研学旅行项目管理与财务控制的关联、研学旅行财务控制的有效性。
2. 学习难点:研学旅行项目的现金流量和成本识别、研学旅行项目的成本管理。

学习导入

北京世纪明德教育科技股份有限公司(以下简称"世纪明德")成立于 2006 年,是国内最早一批进入研学旅行行业的学生创业企业之一,属新三板挂牌企业(股票代码:839264)。经过十几年的发展,世纪明德以"做青少年素质教育的引领者"为企业使命,已经逐渐成长为以研学实践教育为核心的泛素质教育企业。业务领域覆盖中小学研学与校外实践教育、青少年综合素质培养、基地(营地)赋能服务、教师素质能力提升、亲子教育五大板块,形成了一个以"学以成人的教育:培养知识完善、人格完美的人"为核心目标的素质教育生态。

2020 年,因受新冠肺炎疫情影响,世纪明德主要产品与服务面临阶段性、暂时性无法持续、广泛开展的问题;为应对疫情影响,在经营模式和商业模式上,世纪明德更偏向和侧重线上模式的创新和发展,主营业务未发生重大变化。

表 8-1 为世纪明德 2020 年报中披露的盈利分析指标,表中显示,世纪明德 2020 年度营业收入较 2019 年度下降了 81.62%,归属于挂牌公司股东的净利润下降了 322.41%,归属于挂牌公司股东的扣除非经常性损益后的净利润比 2019 年同期下降了 542.33%,基本每股收益下降了 322.64%。

表 8-1 财务指标:盈利能力分析(2019—2020 年)

单位:元

	本期	上年同期	增减比例%
营业收入	114854757.68	624926082.02	−81.62%
毛利率%	15.00%	19.61%	—
归属于挂牌公司股东的净利润	−70795354.22	31831134.94	−322.41%
归属于挂牌公司股东的扣除非经常性损益后的净利润	−66458878.12	15024734.60	−542.33%
加权平均净资产收益率%(依据归属于挂牌公司股东的净利润计算)	−45.61%	16.56%	—
加权平均净资产收率率%(依据归属于挂牌公司股东的扣除非经常性损益后的净利润计算)	−42.81%	7.62%	—
基本每股收益	−1.18	0.53	−322.64%

面对新冠肺炎疫情,世纪明德积极响应教育部"停课不停学"的教育精神,推出"明德 E 学堂"开展公益直播,以满足学生、家长与教师不同对象的学习需求。2020 年,世纪明德在现有研学产品的基础上,不断推陈出新、丰富产品,推出了"生涯规划""心理健康教育""学习成长""劳动教育"等一系列专题课程,满足青少年不同维度的需求。

同时,其子公司北京明德华艺教育科技有限公司(以下简称"明德华艺")主要从事境外艺术类游学业务,因疫情,境外业务受到严重影响。世纪明德参考北京德瑞资产评估事务所(普通合伙)出具的"德瑞评报字(2020)第 F-309 号"评估报告,对明德华艺计提了 2635.86 万元商誉减值。

研学旅游项目不仅包括研学企业日常经营的研学营团活动,还包括研学基地营地的投建和运营等,项目管理和财务控制是研学旅游项目成败的重点工作,应引起研学项目方的高度重视。

第一节 研学旅行项目管理与财务控制概述

一、项目管理与研学旅行项目管理的定义

(一)项目管理

国际标准化组织根据美国项目管理协会(PMI)的项目管理知识体系对项目管理进行了定义:项目管理包括在一个连续的过程中为达到学习目标而对项目各方面所进行的规划、组织、检测和控制。

现代项目管理的理论认为,项目管理是从项目开始到结束有关的各环节要素管理,即从项目的决策到实施全过程进行规划、组织、指挥、控制、协调和总结评价。项目管理的对象为具体项目本身,包括这个项目中相关的人力、资金、物资等,依据项目特点与管理制度做各要素的管控,最终实现项目的效益。项目管理的核心是综合管理、范围管理、时间管理、成本管理、质量管理、人力资源管理、沟通管理、风险管理、采购管理九大要点,其中成本管理和风险管理是最为重要的环节,也与财务控制密切相关。

(二)研学旅行项目管理

结合研学旅行项目的特征,研学旅行项目管理是指在研学旅行项目活动中运用各种知识、技能、方法与工具,使研学旅行项目能够在有限资源限定条件下,为满足或超越研学旅行项目设定的需求和期望,所开展的各种计划、组织、领导和控制等方面的活动。这一研学旅行项目管理定义是从管理目的、管理方法和管理工作内容的各个维度给出的,其内涵包括以下三个方面。

(1)研学旅行项目管理的目的是满足或超越研学旅行项目有关各方对项目的要求与期望。这些要求与期望既包括明确的要求与期望,也包括隐含的要求与期望;既包括研学旅行项目各利益相关方对项目的共同要求与期望,也包括研学旅行项目各利益相关方对项目的单独要求与期望。

(2)研学旅行项目管理需要运用各种相关知识、技能、方法与工具,包括项目管理、研学旅行专业领域管理、一般管理等方面的相关知识、技能、方法与工具。

(3)研学旅行项目管理的内容包括各种计划、组织、领导和控制等方面的活动,既包括符合一般性管理原理中的计划、组织、领导和控制等方面的活动,也包括针对具体研学旅行项目的各种独特的计划、组织、领导和控制等方面的活动。

在这一定义中,满足和超越研学旅行项目利益相关方对项目的要求与期望是研学旅行项目管理的基石,无论是对于研学旅行项目的组织者学校、研学旅行项目的受益者学生群体,还是对于研学旅行项目的服务者研学机构或是研学旅行项目的资源方研学基地(营地),乃至行政主管部门。

(三)项目管理知识体系与研学旅行项目管理

美国项目管理协会(PMI)早在20世纪70年代末就率先提出了项目管理知识体系(Project Management Body of Knowledge,PMBOK),并将PMI出版的书称为《项目管理知识体系指南》(PMBOK Guide)。利用PMBOK Guide,可以查找项目管理相关的其他知识内容。每隔数年,来自世界各地的项目管理学者会重新审查更新PMBOK Guide的内容,使它始终保持"适用于绝大多数场景的良好实践"的地位。

2021年7月1日,PMI发布了《项目管理知识体系指南》(第七版),即《PMBOK指南》(第七版)。它的发布对项目管理界来说,具有划时代的意义,也意味着全球最大的项目管理协会PMI正式地、完全地、完整地接受以往项目管理五大过程组转变为以项目管理原则为导向的价值理念,由原来的项目科学化管理理念转变为项目人心塑造和建设的理念。

《PMBOK指南》(第七版)完全摒弃了以往熟悉的项目管理过程组与知识领域相结合的风格,采用原则+绩效域的新架构进行编写,订立项目管理12项原则和8大绩效域,以一种柔性的原则体系打破原有约束性的过程组体系,以一组相互关联的项目管理活动(即绩效域)集成原有的项目管理知识领域(见图8-1)。

研学旅行项目管理的特点主要体现在以下三个方面。

(1)研学旅行项目与其他商业性质类似的项目有所差异,研学旅行项目的开展具有公益性原则,不得开展以营利为目的的经营性创收,对贫困家庭学生要减免费用,实现公益性的办法是:政府拨一点、学校贴一点、承办机构减免一点、社会赞助一点、家庭支付一点。而PMI发布的《PMBOK指南》(第七版),强化了产出和可交付物对于客户和业主的价值,包括经济价值、社会价值和环境价值,对于研学旅行项目而言,除经济价值外,其教育价值、社会价值、环境价值在项目管理中应予以充分的重视。

(2)研学旅行项目涉及多方的利益相关者,即《PMBOK指南》(第七版)提及的项目绩效域之一的干系人。在项目管理中,"干系人"是指积极参与项目实施或者在项目完成后其利益可能受积极或消极影响的个人或组织(如客户、用户、发起人、高层管理员、执行组织、公众或反对项目的人)。研学旅行项目管理中的干系人包括政府主管部门、学校、旅行社、研学机构、研学基地(营地)、学生集体、家长集体、公益组织及其他相关组织。在研学旅行项目中,干系人也可能对项目及其可交付成果施加影响。为了明确项目的要求和所有相关方的期望,项目管理团队必须识别所有的内部和外部干系人。此外,为了确保项目成功,项目经理必须针对项目要求来管理各种关系人对项目的影响。不同关系人在项目中责任和职权各不相同,并且可随项目生命周期的进展而变化。

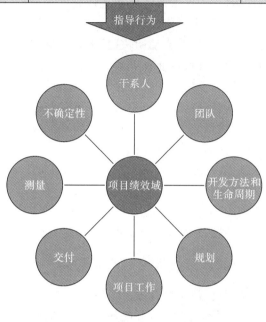

图 8-1　12 项原则指导 8 大绩效域

有些只偶尔参与项目调查或焦点小组的活动,有些则为项目提供全力支持,包括资金和行政支持。干系人也可能对学习目标有负面影响。识别干系人是一个持续性的过程,可能有一定的难度。干系人极可能看到项目的积极结果,也可能看到项目的消极结果。有些干系人受益于一个成功的项目,而另一些干系人则看到项目成功给他们带来的负面影响。项目经理的重要职责之一就是管理干系人的期望。但由于干系人的期望往往差别很大,甚至相互冲突,所以这项工作困难重重。项目经理的另一个职责就是平衡干系人的不同利益,并确保项目团队以专业和合作的方式与干系人打交道。

(3)《PMBOK 指南》(第七版)中,第二条原则为"创建一个利于协作的项目团队环境",而这一原则正是研学旅行项目的成功的关键。作为研学机构,需要清楚了解学校及学生群体的需求,对标研学旅行的目标,与学校共同协作,开发可行、有质量的研学旅行课程内容,研学基地(营地)负责提供研学课程的空间和资源,研学导师、专家学者、学校带队教师、辅导员、安全员等提供完备的研学师资团队,交通部门、酒店、景区景点等需提供学生价格优惠、专用通道等便利条件,以确保研学旅行项目的公益属性和安全性。

二、研学旅行项目管理中的财务控制

(一) 财务控制的相关概念

财务控制是指对企业的资金投入及收益过程和结果进行衡量与校正,目的是确保企业目标以及为达到此目标所制订的财务计划得以实现。

财务控制的总体目标是在确保法律法规和规章制度贯彻执行的基础上,优化企业整体资源综合配置效益,厘清资本保值和增值的委托责任目标与其他各项绩效考核标准来制定财务控制目标,是企业理财活动的关键,也是确保实现理财目标的根本保证,所以财务控制将服务于企业的理财目标。

项目财务控制与企业财务控制有着一定的差异,它是指按照一定的程序与方法,确保项目及项目各方机构和人员全面落实和实现财务预算的过程。

项目财务控制的特征:以价值形式为控制手段;以不同岗位、部门和层次的不同经济业务为综合控制对象;以控制日常现金流量为主要内容。

财务控制是内部控制的一个重要组成部分,是内部控制的核心,是内部控制在资金、价值和风险等方面的体现。

财务控制的基本原则:目的性原则;充分性原则;及时性原则;认同性原则;经济性原则;客观性原则;灵活性原则;适应性原则;协调性原则;简明性原则。

(二) 研学旅行项目管理与财务控制的关联

和企业日常经营管理相比,研学旅行项目管理最大的不同在于,管理过程中的不确定性极强,由此带来的一系列风险将严重影响研学旅行项目的质量和目标的实现。在研学旅行项目实施过程中,由于项目小组人员分工不同,各自侧重的目标不同,导致项目进度、项目质量、项目利润与现金流等因素相互制约,甚至相互冲突。因此,财务控制必须贯穿于整个研学旅行项目进程,通过科学有效的财务控制手段,合理控制项目成本支出、监管项目收入、防范项目风险,用财务手段协调和平衡项目质量、利润和现金流的关系,给项目管理提供有力支撑,推动项目实施,以确保研学旅行学习目标的完成。

1. 研学旅行项目管理与财务控制的共性

研学旅行项目管理与财务控制的目的相同,都是为了减少资金的占用,让资金灵活周转。财务控制可以通过动态跟踪资金动向,使之与项目管理对项目时限的要求达到一致,使项目的价值和收益得到增长,提高资金的使用效率。

2. 研学旅行项目管理与财务控制的差异

第一,两者关注内容不同。研学旅行项目中的财务控制注重关注资金活动,对资金活动过程进行监督控制;研学旅行项目管理的范围广泛,包括与项目开展有关的人、财、物等各方面的协调和管控。

第二,两者管理使用的方法不同。研学旅行项目中的财务控制是通过财务核算的办法来对资金活动进行精准的管理控制;研学旅行项目管理则是通过项目生产技术与质控方法来做项目管控。

第三,两者在管理的时间上不同。研学旅行项目管理的时间要短于财务控制,因为资金活动是循环往复的,须不断地持续管理,但研学旅行项目管理是从项目开始到结束,项目完成后项目管理就完成,研学旅行项目管理周期相对于财务控制时间较短。

因此,两者之间有着相互辅助和牵制的关系,要相互配合才能达到更好的管理成效,达到项目的预期标准。

综上所述,研学旅行项目中的财务控制是指从财务管理的角度对研学旅行项目实施控制活动,以实现研学旅行项目的价值、效益和质量等控制目标。研学旅行项目中的财务控制是研学旅行项目内部控制的核心,它决定了研学旅行项目的资金流是否持续,以及研学旅行项目是否能顺利开展并实现战略目标。

为加强研学旅行项目财务管理与研学旅行项目业务管理的衔接,充分发挥财务监督作用,控制研学旅行项目的成本费用,规范研学旅行项目结算程序,科学筹措、合理使用研学旅行项目资金,及时准确核定新增资产价值,在研学项目运营周期内,应采取一系列相互协调和制约的财务控制程序与措施。

第二节 财务控制在研学旅行项目管理中的应用

研学旅行项目是一个研学组织为实现既定目标,在一定的时间、人员和其他资源的约束条件下所开展的工作,因此,凡是为创造特色研学产品或服务而开展的一次性社会工作都属于研学旅行项目的范畴。例如,研学旅行项目可以是建造或运营一个研学旅行基地(营地),也可以是一项研学旅行新产品、新课题或新课程研究,还可以是一项研学旅行特定服务或特定活动,研学旅行项目还可以小到一件研学设备的购置或是一项研学费用的支出等。研学旅行项目可以由政府统筹,也可以由研学企业或学校设计、组织、实施。

无论是什么类型的研学旅行项目,都要考虑成本、效益和价值,既要讲究财务可行性,还要在项目运营管理中做好成本、收益和风险的管理和控制。

下面,将从财务的角度出发,介绍研学旅行项目管理中财务控制的思想、知识、方法和技术,以确保研学旅行项目运营的效率和效果。

一、研学旅行项目管理中财务控制的有效性

研学旅行项目运营中的财务控制要真正有效,就必须做到以下几点。

(一)明确研学旅行项目财务控制的目的

研学旅行项目控制的基本目的就是保证实现项目的范围、进度、质量、费用、风险、人力资源、沟通、合同等方面的目标。

(二)确保研学旅行项目财务控制的及时性

研学旅行项目组必须及时发现偏差,迅速报告有关的利害关系者,使他们能及时做

出决策,采取措施加以更正。否则,就会延误时机,造成难以弥补的损失。

(三) 考量研学旅行项目财务控制的代价

对偏差采取措施,甚至对项目过程进行监督,都需要费用。因此,一定要比较控制活动的费用和可能产生的效果。只有当效果大于费用时才值得控制。

(四) 强化研学旅行项目财务控制中的项目人心塑造和建设

研学旅行项目的财务控制是一个全面性的工作,需要与人员分工、职责和权限结合起来,必须充分考虑研学旅行项目财务控制的程序、做法、手段和工具是否适合项目实施组织和项目班子成员个人的特点,是否能被他们所接受;项目控制要对项目各项财务工作进行检查,要采取措施进行纠正等,所有这些都涉及人。人们一般是不愿意接受使他们感到不愉快的控制措施的,实施财务控制的经理或其他成员应当掌握一些心理学知识,弄清人们为何对财务控制产生抵触情绪,研究如何使人们对财务控制采取积极态度,注重项目人心塑造和建设,创造有效的研学旅行项目财务控制环境。

(五) 及时预测项目的发展趋势

"凡事预则立,不预则废",因此,在研学旅行项目的财务控制中,必须由过程控制转换到事前控制、事中控制和事后控制三个阶段,在每一项目阶段或每一子项目的完成阶段,研学旅行项目组需要前置化预测该项目的发展趋势,与其事后发现问题加以补救,不如提前预见并采取预防措施,做到防患于未然。项目财务预测并非只在计划阶段实施,而应贯穿整个项目管理系统的循环流程。

二、研学旅行项目财务可行性分析的要素

在研学旅行项目的起始阶段,重点工作是项目的选择与决策。研学旅行项目主持方或其委托的项目管理单位针对研学旅行项目的初始项目意图,通过对项目环境调查和分析,确立和论证研学旅行学习目标及产业发展方向,进行研学旅行项目定义,在明确本项目功能、规模和标准的基础上,估算研学旅行项目的投资或成本费用,进行投入产出分析、构建融资方案等一系列的工作。同时,该研学旅行项目可能涉及项目的选择,项目的选择就是对多种项目设想或方案进行比较,挑选出机会成本最小,能够为研学旅行主体、资源投入者和社会带来最大价值的项目,并对成功可能性最大的项目进行继续研究,进而实现项目落地的过程。

在这一过程中,项目管理中的财务分析至关重要,以下将从现金流量、资金的时间价值、投资估算方法、成本识别四个方面介绍项目可行性研究中的财务分析要素。

(一) 确定研学旅行项目的现金流量

1. 研学旅行项目现金流量的概念

现金流量是现代理财学中的一个重要概念,是指企业在一定会计期间按照现金收付实现制,通过一定经济活动(包括经营活动、投资活动、筹资活动和非经常性项目)而产生的现金收入、现金流出及其总量情况的总称。

若将某个研学旅行项目作为一个系统,对该项目在整个生命周期内所发生的费用和收益进行分析和计量:在某一时间,将流入系统的实际收入(收益)称为现金流入,将流出系统的实际支出(费用)称为现金流出,现金流入与现金流出的差额部分便是净现金流量。该研学旅行项目的现金流入、现金流出和净现金流量统称为"现金流量"。

因此,研学旅行项目的现金流量是以研学旅行项目作为一个独立系统,反映该项目在整个生命周期内的实际收入(收益)或实际支出(费用)的现金活动。与常规的财务会计核算方法不同,现金流量应准确反映现金的实际发生时间,采用收付实现制,而不是权责发生制。另外,现金流量只计算现金收支,不计算项目内部的现金转移(如折旧等)。

2. 研学旅行项目现金流量图的绘制

在对某个研学旅行项目进行经济分析和评价时,可绘制现金流量图(见图 8-2),具体步骤如下。

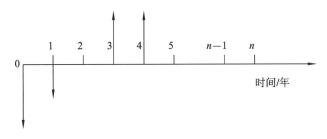

图 8-2　研学旅行项目现金流量图

(1)对研学旅行项目生命周期内将要发生的现金流量做出预测,包括研学旅行项目建设期各年发生的投资和运营后历年的收入和费用支出,以及项目结束时的残值等。

(2)画一条带有时间坐标的数轴,表示一个研学旅行项目,其中每一个点代表一个时间单位(一般为年),箭头方向表示时间推移。

(3)画与带有时间坐标数轴相垂直的箭头,表明现金流量。其长短与收入或支出的数量及成本成比例,箭头表示现金流动的方向,箭头向上表示现金流入,箭头向下表示现金流出。

(4)把所有预测的现金收支结果绘制在时间数轴上,让项目决策者掌握整个周期内的现金收支情况,同时也可以进行复核和校验,避免差错。

在研学旅行项目的投资决策中,现金流量是衡量各个备选方案经济效益的基础,为了对各个备选方案的经济效益进行评价,必须对各种方案的现金流量进行科学预测。

(二)解决资金时间价值的等值换算

本杰明·弗兰克说:"钱生钱,并且所生之钱会生出更多的钱。"这就是货币的时间价值的本质。货币的时间价值是指当前所持有的一定量的货币比未来获得的等量货币具有更高的价值。从经济学的角度看,当前一定量的货币与未来的一定量的货币的购买力之所以不同,是因为要节省现在的一定量的货币不消费而改在未来消费,则在未来消费时必须有大于一定量的货币可供消费,作为弥补延迟消费的贴水。

在决策和选择研学旅行项目时,须考虑项目经济分析的时间因素,即在研学旅行项目经济评价中所要考虑的资金的时间价值。资金的时间价值表现为:将资金作为某项投资,由于资金的流动可得到一定的收益或利润,资金在这段时间内会产生增值。如果放弃资金的使用权利,相当于失去收益的机会,也就是付出了一定的代价,在一定时期内的代价就是这笔资金的时间价值。比如,把资金存入银行,利息就是其增值;把资金投入生产经营,产生的盈利就是其增值。

资金的时间价值是一种客观存在,资金随着时间的变化具有一定的规律性,只要经济行为存在,就必须考虑资金的时间价值。同时,不同时期、不同技术下投入的费用和产生的收益,其价值是不同的。因此,在对项目方案进行经济效益评价时,必须对各方案的收益与成本费用进行等值计算,才具有可比性。

资金等值是指不同时点绝对值不等但价值相等的资金,比如在利率10%的条件下,现在的100元与5年后的161.051元等值,即

$$100 \times (1+10\%)^5 = 161.051(元)$$

因此,在研学旅行项目方案的比较中,由于资金有其时间价值,使得各方案在不同时点上发生的现金流量无法直接比较,而应按照某一利率折算至某一相同时点,使之等值后再进行比较。

资金等值计算常用的基本公式有以下6个。

1. 复利终值

复利终值是若干期(一期一般指1年)后包括本金(或投资额)和利息在内的未来价值,也称"本利和"。

$$FV_n = PV(1+i)^n = PV \cdot FVIF_{i,n}$$

$FVIF_{i,n}$为复利终值系数,可以通过查阅复利终值系数表得到。

式中,FV_n——n年末的终值(本利和)

PV——本金(现值)

i——利率

n——计息期(年)

$FVIF_{i,n}$——复利终值系数(可以通过查阅复利终值系数表得到)

例1 假设某研学旅行项目现利用一笔1000万的资金投资项目,这个项目10年后将全部置换,其残值与清理费用相互抵消,问该研学项目10年内提供至少多少收益才值得投资?假定年利率为10%,按复利计算。

解:$FV_{10} = 1000 \times (1+10\%)^{10} = 1000 \times (FVIF_{10\%,10}) = 2593.70(万元)$

该研学项目10年内提供至少2593.7万元的收益才值得投资。

2. 复利现值

现值是按复利方式计算以后,若干时期一定数量资金现在的价值。

$$PV = \frac{FV_n}{(1+i)^n} = FV_n \cdot \frac{1}{(1+i)^n}$$

式中,PV——本金(现值)

FV_n——n年末的终值(本利和)

i——利率

n——计息期(年)

$\dfrac{1}{(1+i)^n}$ ——复利现值系数,可用 $PVIF_{i,n}$ 表示

例 2 已知某研学旅行项目两年后需要支付一笔款项 800 万元,如年利率为 11%,这笔款项的现值是多少?

解:$PV = FV_2 \cdot \dfrac{1}{(1+11\%)^2} = 800 \cdot PVIF_{11\%,2} = 800 \times 0.812 = 649.60$(万元)

这笔款项的现值约为 649.60 万元。

3. 年金终值

在项目经济分析中,常须计算由一系列期末等额支付累计而成的一次终值。

一定时期内,每期等额的系列付款,称为"年金"。在经济生活中,折旧、利息、分期等额存款、保险金等都是年金的具体形式。

年金按付款的情况不同,可分为后付年金、先付年金、延期年金和永续年金四种。

后付年金(普通年金)是指每期期末收付款项的年金,如采用直线法计提的单项固定资产的折旧(折旧总额会随着固定资产数量的变化而变化,不是年金,但就单项固定资产而言,其使用期内按直线法计提的折旧额是一定的)、一定期间的租金(租金不变期间)、每年员工的社会保险金(按月计算,每年 7 月 1 日到次年 6 月 30 日不变)、一定期间的贷款利息(即银行存贷款利率不变且存贷金额不变期间,如贷款金额在银行贷款利率不变期间有变化可以视为多笔年金)等。

先付年金是指每期期初收付款项的年金。

递延年金是指在预备计算时尚未发生收付,但未来一定会发生若干期等额收付的年金,一般在金融理财和社保回馈方面会产生递延年金。递延年金在做投资或其他资本预算时具有相当可观的作用。

永续年金即无限期连续收付款的年金,最典型的就是诺贝尔奖奖金。

下面重点介绍后付年金终值和先付年金终值的计算。

(1)后付年金终值。

后付年金是指每期期末等额系列付款的年金。后付年金没有第一期的付款,而有第 n 期的付款。

后付年金的终值计算如图 8-3 所示。

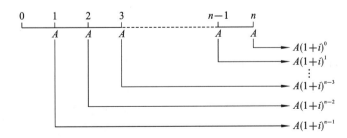

图 8-3 后付年金终值

图 8-3 中,A 为年金,FVA_n 为后付年金终值。

$$FVA_n = A(1+i)^0 + A(1+i)^1 + \cdots + A(1+i)^{n-2} + A(1+i)^{n-1}$$

两边各乘$(1+i)$,得

$$FVA_n(1+i)=A(1+i)^1+A(1+i)^2+\cdots A(1+i)^{n-1}+A(1+i)^n$$

两式相减,得 $FVA_n(1+i)-FVA_n=A(1+i)^n-A$

移项后得 $FVA_n=A\dfrac{(1+i)^n-1}{i}$

$ACF_{i,n}=\dfrac{(1+i)^n-1}{i}$ 表示年金复利系数或年金复利终值系数。

例 3 某研学旅行项目筹建期为 5 年,每年年末向银行贷款 100 万元,年利率 8%,该项目正式运营时一次性偿还贷款本息,第 5 年年末应偿还多少?

解:$FVA_5=100\times\dfrac{(1+8\%)^5-1}{8\%}=586.66$(万元)

第 5 年年末应偿还约 586.66 万元。

(2) 先付年金终值。

先付年金是指在每期期初等额系列付款的年金。先付年金终值如图 8-4 所示。

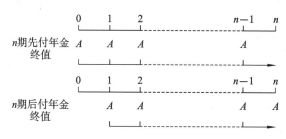

图 8-4 先付年金终值

其公式为:

$$XFVA_n=A\cdot ACF_{i,n}(1+i)$$

n 期先付年金终值要比 n 期后付年金终值多计算一期利息。

例 4 某研学旅行项目筹建期为 5 年,每年年初向银行贷款 100 万元,年利率 8%,该项目正式运营时一次性偿还贷款本息,第 5 年年末应偿还多少?

解:$XFVA_5=100\times\dfrac{(1+8\%)^5-1}{8\%}\times(1+8\%)=633.59$(万元)

第 5 年年末应偿还约 633.59 万元。

4. 年金现值

年金现值就是在已知等额收付款金额未来本利、利率和计息期数 n 时,考虑货币时间价值,计算出的这些收付款到现在的等价票面金额。

年金现值也可分为普通年金现值、先付年金现值、递延年金现值、永续年金现值。下面重点介绍后付年金现值(即普通年金现值)、先付年金现值的计算方法。

(1) 后付年金现值。

后付年金现值就是将每期期末等额系列付款的款项折现成现值之和。后付年金现值如图 8-5 所示。

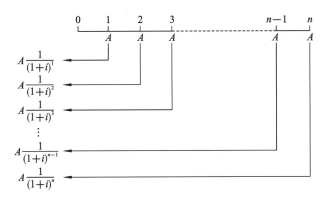

图 8-5　后付年金现值

$$PVA_0 = A\frac{1}{(1+i)^1} + A\frac{1}{(1+i)^2} + \cdots + A\frac{1}{(1+i)^n}$$
$$= A\left[\frac{1}{(1+i)^1} + A\frac{1}{(1+i)^2} + \cdots + A\frac{1}{(1+i)^n}\right]$$
$$= A\sum_{t=1}^{n}\frac{1}{(1+i)^t}$$

$\sum_{t=1}^{n}\frac{1}{(1+i)^t}$ 为年金现值系数，用 $ADF_{i,n}$ 表示

将 $\sum_{t=1}^{n}\frac{1}{(1+i)^t}$ 求和，可得

$$PVA_0 = A \cdot \sum_{t=1}^{n}\frac{1}{(1+i)^t}$$
$$= A \cdot \frac{1 - \frac{1}{(1+i)^n}}{i}$$
$$= A \cdot \frac{(1+i)^n - 1}{i(1+i)^n}$$

因此 $ADF_{i,n} = \frac{(1+i)^n - 1}{i(1+i)^n}$

例 5　某研学旅行项目 5 年中每年年末应为研学设备支付维修保养费 300 元，年利率为 11%，该维修保养费的现值是多少？

解：

$$PVA_0 = A \cdot \frac{(1+i)^n - 1}{i(1+i)^n}$$
$$= A \cdot \frac{(1 + 11\%)^5 - 1}{11\% \times (1 + 11\%)^5}$$
$$= A \cdot ADF_{11\%,5}$$
$$= 300 \times 3.696$$
$$= 1108.80(元)$$

该维修保养费的现值约为 1108.80 元。

（2）先付年金现值。

n 期先付年金与 n 期普通年金的收付款次数相同,但由于付款时间不同,n 期先付年金现值比 n 期普通年金的现值多计算一期利息,因此在 n 期普通年金现值的基础上乘以 $(1+i)$,而将分母加 1 就得出 n 期先付年金的现值了。先付年金现值如图 8-6 所示。

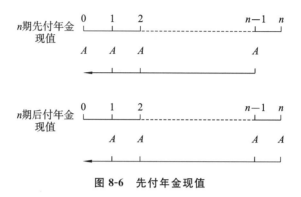

图 8-6 先付年金现值

n 期先付年金现值的计算只比 n 期后付年金现值的计算少贴现一次。
其公式为:

$$XPVA_0 = A \cdot ADF_{i,n} \cdot (1+i)$$

例 6 某研学旅行项目方决定租用一办公室 5 年用于项目办公,每年年初付租金 8000 元,银行利率为 10%,该公司现在应筹集多少资金?

$$XPVA_0 = A \cdot ADF_{10\%,5} \cdot (1+10\%)$$
$$= 8000 \times 3.791 \times 1.1$$
$$= 33360.80(元)$$

该公司现在应筹集约 33360.80 元。

5. 年金偿债基金

年金偿债基金是指为了在约定的未来某一时点清偿某笔债务或积聚一定数额的资金(实际上等于年金终值 F)而必须分次等额提取的存款准备金(等于年金 A)。

假设 n 年后需要基金 F,利率为 i,问 n 年内每年应储备等额多少偿债资金?

年金偿债基金公式是年金终值公式的逆运算,由年金终值公式 $\frac{(1+i)^n - 1}{i}$ 得到年金偿债基金的公式,即

$$A = F \times \frac{i}{(1+i)^n - 1}$$

式中,$\frac{i}{(1+i)^n - 1}$ 为偿债基金利率系数,其表示符号为 $(A/F, i, n)$。

例 7 某研学旅行项目方从现在开始每年等额自筹资金,在 5 年后进行项目升级改造,升级改造项目预计需要资金 150 万元,利率为 10%,每年应等额筹集多少资金?

解:已知 $F = 150$ 万元,$i = 10\%$,$n = 5$,求 A。

根据公式 $A = F \times \frac{i}{(1+i)^n - 1}$,代入数据得出

$$A = 150 \times \frac{10\%}{(1+10\%)^5 - 1} = 150 \times 0.164 = 24.60(万元)$$

每年应等额筹集约 24.60 万元。

6. 年资本回收额

年资本回收额是指在约定年限内等额回收初始投入资本或清偿所欠债务的金额。每次等额回收获清偿的数额相当于年金,初始投入的资本或所欠的债务就是年金现值。

假设起初贷款 P,利率为 i,如果在 n 年内连续每年年末以等额资金 A 回收,则每年应回收多少?

这是一个年金现值公式的逆运算,即已知现值 P,求与之等价的等额值 A,其公式为:

$$A = P \times \frac{i(1+i)^n}{(1+i)^n - 1}$$

式中,$\frac{i(1+i)^n}{(1+i)^n - 1}$ 为"资本回收利率系数",其表示符号为 $(A/P, i, n)$。

例 8 某研学旅行项目期初投资额为 1000 万元,年利率为 10%,计划投入运营后 5 年内收回全部投资,该项目每年需要获得多少收益?

解:

$$A = P \times \frac{i(1+i)^n}{(1+i)^n - 1} = 1000 \times \frac{10\%(1+10\%)^5}{(1+10\%)^5 - 1} = 1000 \times 0.264 = 263(万元)$$

该项目每年需要获得约 263 万元的收益。

(三) 与研学旅行项目有关的成本识别

项目成本估算是指为实现项目的目标,根据项目资源计划确定的资源需求,以及市场上各资源的价格信息,对项目所需资源的成本进行的估算。

研学旅行项目的成本(或代价)是研学旅行项目中所消耗的各种资源,与财务会计中的成本不同,研学旅行项目决策中关注的成本应当是那些会影响未来结果的成本。

1. 沉没成本

沉没成本就是过去已经付出、现在的决策者已无法改变的成本。沉没成本的机会成本等于零。因为对于现在的决策者来说,没有任何选择余地。沉没成本不影响现在做出的任何决策,因为不管现在的决策是什么,花出去的钱已无法收回。

研学旅行项目不仅包括增值成本,还包括过去已经发生而应摊归项目负担的沉没成本。这些沉没成本是指以往发生的但与当前决策无关的费用。从决策的角度看,以往发生的费用只是造成当前状态的某个因素,当前决策所要考虑的是未来可能发生的费用及所带来的收益,而不考虑以往发生的费用。因此,做出项目取舍决策时不应当考虑沉没成本。

例如,某个研学旅行项目在前期筹备的两个月内已经花费了 100 万元,但根据市场调查发现,市场上同质化的研学旅行产品非常多,且市场已经没有需求,此时,决策者应当考虑的是:是否值得继续推进该项目? 如果改为其他项目是否能获得更多收益? 如果决策者此时不愿意放弃原项目,可能导致更大的项目损失。

2. 相关成本

相关成本是指对研学旅行项目管理有影响或在研学旅行项目经营管理决策分析时必须加以考虑的各种形式的成本。相关成本表现形式多样,包括边际成本、机会成本、重置成本、付现成本、可避免成本、可延缓成本、专属成本、差量成本等。

下面重点介绍一下 5 项相关成本。

(1) 边际成本。

边际成本是指业务量变动一个单位时成本的变动部分。在实际的计量中,产量的无限小的变化也只能小到一个单位。所以边际成本的确切含义,就是产量增加或减少一个单位所引起的成本变动。

(2) 机会成本。

机会成本是指放弃另一个方案提供收益的机会。实行某一方案时,失去所放弃方案的潜在收益是实行本方案的一种代价,即该方案的机会成本。机会成本要求人们在决策中全面考虑可能采取的各种方案,以便为既定资源寻求最有利的使用途径。

(3) 可延缓成本。

可延缓成本是指同已经选定但可以延期实施而不会影响大局的某方案相关联的成本。

(4) 专属成本。

专属成本是指可以明确归属于某种、某批或某个部门的固定成本。例如,专门生产某种零件或某批产品而专用的厂房、机器的折旧费、某种物资的商品保险费等。

(5) 差量成本。

差量成本通常指两个备选方案的预期成本之间的差异数,亦被称为"差别成本"或"差额成本"。不同方案的经济效益一般可通过差量成本的计算明确地反映出来。

3. 不可预见成本

初始投资数额大的研学旅行项目,项目费用一般是在初期假设基础上进行估算的。这种假设没有考虑执行中由于一些难以避免的事件和未曾预料的情况所造成的设计变更。例如,未预料到的突发事件、采购价格急骤上涨等不利的情况。在项目费用估算中,一般都假设国内和国际价格不会发生相对变化,执行期间不会发生通货膨胀。在这样的假设基础上做出的估算显然不现实。稳妥的费用估算应事先考虑可能的物质条件变化或造成初始投资数额增加的情况。因此,应在项目费用中列入不可预见成本。

三、研学旅行项目成本管理

(一) 研学旅行项目成本管理的相关概念

研学旅行项目成本管理包括为使研学旅行项目在批准的预算内完成而对成本进行规划、估算、预算、融资、筹资、管理和控制的各个过程,从而确保研学旅行项目在批准的预算内完成。它主要包括项目资源规划、项目成本费用预算及项目成本控制等工作。

(1) 项目资源规划:确定为完成项目需要何种资源、多少资源。包括人、设备、材料等。

(2) 项目成本预算:对完成项目各环节所需要的资源费用的近似估算,将总费用估算分配到各单项工作上。

(3) 项目成本控制:控制项目预算的变更。

研学旅行项目成本管理重点关注完成研学旅行项目活动所需资源的成本,同时也应考虑项目决策对项目产品、服务或成果的使用成本、维护成本和支持成本的影响。例如,限制设计审查的次数可降低项目成本,但可能增加由此带来的产品运营成本。

项目成本管理的另一个方面是认识到不同的相关方会在不同的时间,用不同的方法测算项目成本。例如,对于某采购品,可在做出采购决策、下达订单、实际交货、实际成本发生或项目会计记账时,测算其成本。在很多组织中,预测和分析项目产品的财务效益是在项目之外进行的,但对于有些项目,如固定资产投资项目,可在项目成本管理中进行这项预测和分析工作。在这种情况下,项目成本管理还需使用其他过程和许多通用财务管理技术,如投资回报率分析、现金流贴现分析和投资回收期分析等。

(二)研学旅行项目成本管理过程

如表 8-2 所示,研学旅行项目成本管理过程包括四个阶段。

表 8-2 研学旅行项目成本管理过程

序号	阶段	主要内容
1	规划成本管理	确定如何估算、预算、管理、监督和控制项目成本的过程
2	估算成本	对完成项目活动所需资源成本进行近似估算的过程
3	制定预算	汇总所有单个活动或工作包的估算成本,建立一个经批准的成本基准的过程
4	控制成本	监督项目状态,以更新项目成本和管理成本基准变更的过程

本书将从上述四个阶段介绍研学旅行项目的成本管理。

1. 规划成本管理

规划成本管理是确定如何估算、预算、管理、监督和控制研学旅行项目成本的过程。本过程的主要作用是,在整个项目期间为如何管理项目成本提供指南和方向。本过程仅开展一次或仅在项目的预定义点开展。图 8-7 描述了规划成本管理过程中的输入、工具与技术及输出。

研学项目应该在项目规划阶段的早期就对成本管理工作进行规划,建立各成本管理过程的基本框架,以确保各过程的有效性及各过程之间的协调性。成本管理计划是项目管理计划的组成部分,其过程及工具与技术应记录在成本管理计划中。

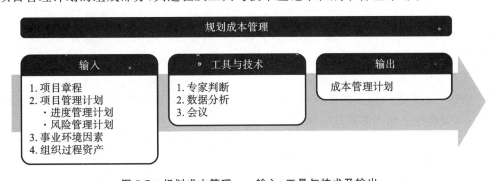

图 8-7 规划成本管理——输入、工具与技术及输出

2. 估算成本

估算成本是对完成项目工作所需资源成本进行近似估算的过程，主要作用是确定项目所需的资金。

研学旅行项目的一般成本包括项目投资成本和项目经营成本两部分。其中项目经营的总成本费用是指研学旅行项目在一定时期内（一般为一年），为设计、研发、筹备、运营研学旅行项目而花费的全部成本和费用。

研学旅行项目成本估算的工具与技术包括：

（1）专家判断。

应征求具备以下专业知识或接受过相关培训的个人或小组的意见。

①进度计划的编制、管理和控制。

②有关估算的专业知识。

③学科或应用知识。

（2）类比估算。

类比估算是一种使用相似活动或项目的历史数据，来估算当前活动或项目的持续时间或成本的技术。类比估算以过去类似项目的参数值（如持续时间、预算、规模、重量和复杂性等）为基础，来估算未来项目的同类参数或指标。在估算持续时间时，类比估算以过去类似项目的实际持续时间为依据，来估算当前项目的持续时间。这是一种粗略的估算方法，有时需要根据项目复杂性方面的已知差异进行调整，在项目详细信息不足时，就经常使用类比估算来估算项目持续时间。

相对于其他估算技术，类比估算通常成本较低、耗时较少，但准确性也较低。类比估算既可以估算整个项目或项目中的某个部分也可以与其他估算方法联合使用。如果以往活动与当前活动是本质上而不是表面上类似，并且从事估算的项目团队成员具备必要的专业知识，那么类比估算就最为可靠。

（3）参数估算。

参数估算是一种基于历史数据和项目参数，使用某种算法来计算成本或持续时间的估算技术。它是指利用历史数据之间的统计关系和其他变量来估算诸如成本、预算和持续时间等活动参数。

（4）自下而上估算。

自下而上估算是对工作组成部分进行估算的一种方法。首先对单个工作包或活动的成本进行具体、细致的估算，然后把这些细节性成本向上汇总或"滚动"到更高层次，用于后续报告和跟踪。自下而上估算的准确性及其本身所需的成本，通常取决于单个活动或工作包的规模或其他属性。

（5）三种估算。

通过考虑估算中的不确定性与风险，可以使用三种估算值来界定活动成本的近似区间，以提高单点成本估算的准确性。

①最可能成本（CM）：指对所需工作和相关费用进行比较现实的估算所得到的活动成本。

②最乐观成本（CO）：指基于活动的最好情况所得到的成本。

③最悲观成本（CP）：指基于活动的最差情况所得到的成本。

基于活动成本在三种估算值区间内的假定分布情况，使用公式来计算预期成本(CE)。两种常用的公式是三角分布和贝塔分布，其计算公式分别为：

三角分布　　　　　　　　　　$CE=(CO+CM+CP)/3$
布贝塔分布　　　　　　　　　$CE=(CO+4CM+CP)/6$

基于三点的假定分布计算出期望成本，并说明期望成本的不确定区间。

成本估算包括对完成项目工作可能需要的成本、应对已识别风险的应急储备，以及应对计划外工作的管理储备的量化估算。

成本估算可以是汇总或详细分列的。成本估算应覆盖项目所使用的全部资源，包括（但不限于）因研学项目产生的直接人工、材料、设备、服务、设施、信息技术以及一些特殊的成本种类，如融资成本（包括利息）、通货膨胀补贴、汇率或成本应急储备。

3. 制定预算

制定预算是汇总所有单个活动或工作包的估算成本，建立一个经批准的成本基准的过程。主要作用是确定可据以监督和控制项目绩效的成本基准。

项目预算包括经批准用于执行项目的全部资金，而成本基准是经过批准且按时间段分配的项目预算，包括应急储备，但不包括管理储备。

制定预算既包括项目成本基准的预算，还应包括项目资金需求的预算。

成本基准是经过批准的、按时间段分配的项目预算，不包括任何管理储备，只有通过正式的变更控制程序才能变更，用作与实际结果进行比较的依据。成本基准是不同进度活动经批准的预算的总和。

项目预算和成本基准的各个组成部分，如图8-8所示。首先，汇总各项目活动的成本估算及其应急储备，得到相关工作包的成本。然后，汇总各工作包的成本估算及其应急储备，得到控制账户的成本。接着，再汇总各控制账户的成本，得到成本基准。由于成本基准中的成本估算与进度直接关联，因此可按时间段分配成本基准，得到一条S曲线，如图8-9所示。对于使用净值管理的项目，成本基准指的是绩效测量基准。最后，在成本基准之上增加管理储备，得到项目预算。当出现有必要动用管理储备的变更时，应该在获得变更控制过程的批准之后，把适量的管理储备移入成本基准。

（1）项目资金需求。

根据成本基准，确定总资金需求和阶段性（如季度或年度）资金需求。成本基准中包括预计支出及预计债务。项目资金通常以增量的方式投入，并且可能是非均衡的，呈现出图8-9中所示的阶梯状。

如果有管理储备，则总资金需求等于成本基准加管理储备。在资金需求文件中，也可说明资金来源。

（2）项目进度计划。

项目进度计划可能记录了各项活动的估算成本。

（3）风险登记册。

将本过程中识别的新风险记录在风险登记册中，并通过风险管理过程进行管理。

4. 控制成本

控制成本是监督项目状态，以更新项目成本和管理成本基准变更的过程。主要作用是在整个项目期间保持对成本基准的维护。本过程需要在整个项目期间开展。

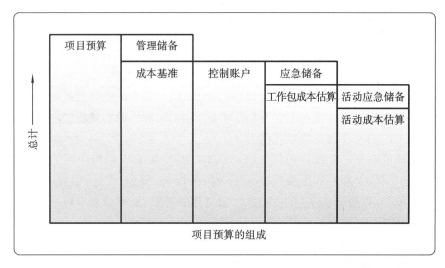

图 8-8 项目预算的构成

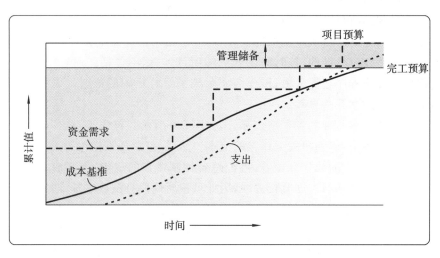

图 8-9 成本基准、支出与资金需求

项目成本控制包括：

(1) 对造成成本基准变更的因素施加影响。

(2) 确保所有变更请求都得到及时处理。

(3) 当变更实际发生时，管理这些变更。

(4) 确保成本支出不超过批准的资金限额，既不超出按时段、按 WBS 组件、按活动分配的限额，也不超出项目总限额。

(5) 监督成本绩效，找出并分析与成本基准之间的偏差。

(6) 对照资金支出，监督工作绩效。

(7) 防止在成本或资源使用报告中出现未经批准的变更。

(8) 向相关方报告所有经批准的变更及其相关成本。

(9) 设法把预期的成本超支控制在可接受的范围内。

第九章
研学旅行项目的评估体系构建

学习目标

1. 了解研学旅行项目评估的基本概念。
2. 了解研学旅行项目评估的基本原则。
3. 掌握研学旅行项目评估的主要内容。
4. 理解研学旅行项目评估开展的实施主体与基本流程。

知识框架

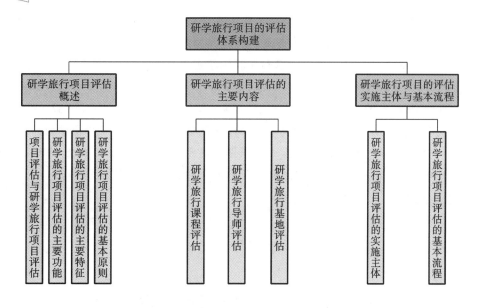

学习重难点

1. 学习重点：研学旅行项目评估的基本概念，研学旅行项目评估的主要功能，研学项目评估的基本原则。

2. 学习难点：研学旅行项目不同评估对象的评估标准和评估方法，不同评估主体对研学旅行项目评估的区别和主要关注点。

新华社武汉10月8日电(记者廖君)把学生带出去研学旅行,最怕的就是出安全事故,最尴尬的是研学变成郊游。武汉市近日公布系列标准,让中小学选择研学服务机构、研学基地等有了"星级"标准。

武汉市旅游发展委员会和武汉市教育局近日联合公布《服务机构评定与服务规范》《研学基地评定与服务规范》和《研学导师评定与服务规范》3个考评标准,对研学旅行做了详细规定。据了解,武汉是全国首个规范中小学研学旅行标准的城市。

按武汉市出台的研学旅行实施方案,武汉中小学生研学旅行原则上安排在学期中间,时间为4—7天,费用由学校、家庭和社会共同承担。同时,学校要逐步建立小学阶段以乡情区情为主、初中阶段以区情市情为主、高中阶段以省情国情为主的研学旅行课程体系,避免"只旅不学"或"只学不旅"现象。

业内人士预测,随着研学旅行纳入中小学教育教学计划,近百所中小学开展试点,研学旅行发展今后将呈井喷态势,但现在学校最担心的是研学旅行质量良莠不齐,研学旅行的收费标准有待明确。

此次发布的研学旅行系列标准里,对研学机构和营地都有明确要求:丙级服务机构应达到3A级及以上旅行社要求,近两年年平均组织和接待中小学生不少于1万人次;研学营地应有法人资质,有营业执照及相关经营许可证,正式运营1年以上;单次能接待500名以上学生集中食宿和开展研学实践教育活动。

此次,除了公布研学旅行系列标准,还公布了评分细则。研学旅行服务机构总分为500分,甲级机构评分应达到400分,乙级达到350分,丙级达到300分。

武汉市教育局有关负责人表示,此次标准公布后,将规范全市中小学的研学旅行市场,指导研学旅行服务机构和基地加强课程建设,使中小学生能安全、系统、科学、趣味地进行研学旅行实践,为学生全面发展提供良好成长空间。

资料来源:新华社。

第一节 研学旅行项目评估概述

一、项目评估与研学旅行项目评估

(一)项目评估的概念

项目评估对于项目的正常运作、企业的盈利能力、市场的平稳运作等都具有重要意义,是一项严谨而又繁杂的系统性工作。研学旅行项目评估是针对研学旅行项目这一特殊评估对象的项目评估,因此在认识研学旅行项目评估之前,本书首先对项目评估的相关概念进行梳理,进而引出研学旅行项目评估的概念与内涵。

总体来说,项目评估可以被理解为对某一个具体项目所进行的评估工作。相关学者对项目评估进行了理论研究,提出了项目评估的相应概念。美国研究者彼得·罗希等人在 2002 年出版的《项目评估:方法与技术》一书中将社会服务项目评估模式及理论方面的项目评估分为需求评估、项目理论评估、项目过程评估、影响评估和效率评估五大组成部分。项目评估中所涵盖的各个要素都具有较高的可预测性,引入项目对于当地经济发展的目标性较强,可以体现当地在区域经济中的定位(潘蔚哲,2019)。王淑云(2007)提出,项目评估是指在汇总风险企业资料和项目可行性研究的基础上,对项目进行全面的技术考察和评价,从而确定项目未来发展的前景。李运(2010)认为,项目评估是指在直接投资活动中,政府机关或者其他机构在投资者所提供的项目可行性分析报告的基础上,根据有关法律法规、相关政策等,运用科学合理的方法,对企业拟投资的项目进行各方面的论证和评价,从而确定投资项目未来发展的前景。曹辉、张依洁(2019)则将评估具体定义为为了描述和判断效果,所体现出的在整个过程中进行的评测估量得到的结果相对于预期结果所达到的完成度,以及对未来培训工作能够提供帮助和指导的程度。

综合已有研究观点,本书认为项目评估是为了减少企业风险、增强项目可行性、规范项目所在市场环境、发展当地区域经济,由政府有关部门进行的,对可预测的项目组成部分进行评价估量并且最终能够用可量化的报告体现的系统性工作。

（二）研学旅行项目评估的概念与内涵

研学旅行项目评估是项目评估的特殊类型,因此既具有项目评估的共性,同时又具有研学旅行项目的个性。本书从研学旅行项目评估的实施主体、评估手段、评估内容、评估目的等方面,提出研学旅行项目评估的定义与内涵:由政府主管部门、相关行业协会、研学旅行企业、研学旅行参与者等多方评估实施主体,通过制定相对权威,适用的项目评估指标,运用综合定量定性的科学评估手段,对研学旅游项目的产品质量、发展状况、综合效益等方面进行评价与估测,从而推动研学旅行项目与相关产品优化提升、研学旅行项目行业科学管理,以及研学旅行项目市场营销的一项系统性工作。

二、研学旅行项目评估的主要功能

研学旅行是集综合性、集体性、教育性于一身的旅行活动,承担着促进学生全面发展、落实教育体制改革的重要责任,因此研学旅行项目评估对于管理侧、供给侧、需求侧都将发挥重要作用。

（一）管理侧功能

研学旅行项目评估对于研学旅行的相关政府主管部门(通常涉及教育部门、旅游部门等)和相关行业协会组织等引领研学旅行行业整体高质量发展具有重要意义。

第一,一般而言,政府主管部门和行业协会组织主要负责制定并定期修正研学旅行企业项目产品评估统一标准、评估参考标准,组织专门人员实地调查评估并生成量化评估结果,进而发布权威榜单,实现对研学旅行行业的引导和科学管理。

第二,由于相关政府主管部门和行业协会组织具有一定的权威性,因此制定的关于研学旅行项目组织形式、组织规模、实施细则、资质要求等方面的评估标准,一方面具有统一、规范、合理的特征,另一方面具有权威性和可推广性。

第三,研学旅行项目的评估,能够为相关政府主管部门和行业协会组织制定和出台有关政策法规和行业标准规范,提供现实依据和实践信息,进而从制度层面推动管理侧更好地为研学旅行行业整体发展提供方向,引导研学旅行行业高质量发展。

第四,在实施评估的过程中,政府主管部门的介入,有利于政府发挥市场监管职能和宏观调控职能,在研学旅行项目评估的工作中起到协调监督的积极作用,促进研学产品的科学规划与发展,并且有利于建立健全政府主导、多部门分工负责、多渠道全方位协作的研学旅行管理机制。

(二)供给侧功能

研学旅行项目评估对于研学旅行项目的开发者、运营者和服务者等供给方的主体(如开发研学旅行产品的旅行社、开展旅游接待的研学营地、开发研学教程教材的机构等研学旅游企业)优化研学旅行项目产品具有重要意义。

第一,由相关政府部门和行业协会组织开展的针对研学旅行项目的服务机构、研学基地(营地)、研学旅行相关的服务人员及导师等的统一评估,能够为供给侧相关主体开发升级研学旅行产品提供发展标杆和参照。

第二,由供给侧主体依照相关行业标准开展的针对自身研学旅行项目和产品的评估,对于其了解自身研学旅行项目优劣势,弥补研学旅行项目和产品的短板,具有实践意义。在动态自查过程中形成的量表和可视化数据,能够使企业精准定位自身的薄弱环节以及优势项目,节省不必要的成本,避免人力、物力和财力的浪费,规避自身的短板,使企业有方向、有针对性地根据自身的优势条件开发新产品,巩固优化相关现有产品,进而充分激发供给侧企业的活力与动力。

第三,从供给侧行业整体的视角看,研学旅行市场具有完全竞争市场的特征,微观企业个体会为了追逐取得比较竞争优势而产生对研学旅行项目提质升级的内驱力,将会促进企业之间的良性竞争,进而带来甚至加速整个研学旅行行业供给水平的提升。

(三)需求侧功能

特别是由政府相关部门和行业协会主导的研学旅行项目评估,由于具有相对权威性和横向可比性,其项目评估结果能够为研学旅行市场受众和决策群体(中小学生及其家长、学校等)选择研学旅行产品提供参考。

第一,研学旅行作为新生业态在近些年得到了快速发展,市场上的研学旅行产品种类繁杂、质量参差不齐,对消费者选择研学旅行产品形成了选择困难和风险。

第二,由于研学旅行项目不是枯燥的教育或单纯的旅游,而是两大领域的有机结合,因此需求侧所追求的不仅要有推进学生素质教育、深化基础教育课程改革的教育意义,还要有陶冶学生情操、让学生放松身心和亲近自然的游玩价值,其多元的价值诉求更加说明研学旅行项目评估为市场受众消费决策提供了重要参考。

第三,研学旅行产品设计环节和要素较多,研学基地(营地)、研学旅行项目产品、研学导师、安全管理等一系列复杂而又烦琐的方面,与需求侧之间存在信息不对称性,因此一个相对稳定而且具体的评估指标、完善的评估机制、可视化的评估结果以及直观可靠的数据能够为需求侧的消费决策提供富有价值的参考。区分不同产品类型,划分不同产品等级,为需求侧提供充足的信息源和快捷的鉴别方式,为学生家长和学校选择研学旅行产品提供依据,引导需求侧选择评估结果较好、质量较高的研学旅行项目产品,降低需求侧的风险系数,保障消费者的合法权益。

三、研学旅行项目评估的主要特征

(一) 综合性特征

第一,研学旅行项目评估的综合性体现在研学旅行项目评估内容的综合性。涉及研学旅行项目众多构成要素,主要包括但不限于研学线路与产品评估、研学教程与导师评估、研学旅行项目效益评估等。

第二,综合性体现在研学项目评估诉求和标准的综合性。例如,研学线路与产品评估需要综合展现其在历史文化、科教、人文、精神传承、环境资源等方面的优势与不足之处;研学教程与导师评估主要关注该教程是否能够从生活性、探索性、理解性、艺术性等方面促进学生综合素质发展,引导学生德智体美劳全面发展;导师的政治方向是否明确,道德素质是否达标,业务能力是否足以支撑研学旅行活动开展;对于研学旅行项目的效益评估则通过社会效益、经济效益、生态效益等进行综合评估。

第三,综合性体现在研学旅行项目实施主体的综合性。实施主体包括政府相关部门、相关行业协会、研学旅行企业、研学旅行参与者等,各个主体评估视角各有差异,其评估结果也需要综合看待。

(二) 客观性特征

客观性是研学旅行项目评估中最基本的要求和特点。研学旅行项目评估对于研学旅游线路是否合理、研学旅行教程是否符合规范、研学旅行产品是否满足要求、研学旅行项目是否能够得到学生、家长以及学校的认可都有着极其重要的参考作用,因此研学旅行项目评估具有客观、科学、公平、用数据说话的基本特征。专业评估人员应当充分利用自身的专业水平,坚守职业素养,给予被评估对象符合客观事实的评估,所有的评估结果也都要建立在真实有效的数据基础上,尽可能地挖掘被评估对象的发展潜力,使研学旅行行业蓬勃有序发展。

(三) 动态性特征

研学旅行项目评估涵盖了从开发到运营再到收益的研学旅行项目全过程,是一个全面并且需要动态监控的过程,因此研学旅行项目评估满足动态性特征。一成不变的评估结果非但不能促进研学旅行相关企业形成良性竞争,反而会使研学旅行市场发展缓慢、停滞,甚至最后可能形成"一家独大"的垄断局面或者高度同质化的局面,项目评估的价值和作用就无法真正发挥。同时，相关企业也需要动态指标来查验自身经营情况，以改进自身产品和经营方式，制定下一阶段的战术目标和中长期战略目标，以获得更大发展空间，巩固自身在研学旅行行业中的地位。因此，研学旅行项目评估动态性还体现在此评估是滚动推进的，被评估对象定期会委托政府相关部门进行复核与审查，比如每年定期评比、定期发布榜单等，以此来激发研学旅游行业高质量发展的积极性。

（四）可比性特征

研学旅行项目评估的可比性特征涉及横向可比性和纵向可比性。

横向可比性是指在同一时段内，不同评估对象的评估结果要可比。参考《研学旅行服务规范》(LB/T 054—2016)，其中将研学旅行项目分为五大类，不同研学旅行供给方有不同类型偏向，因此要想使一个研学旅行项目评估结果为整个行业所认同，就必须保证该评估结果的各项指标全面具体，包含研学旅行项目相关的所有领域，并且具有很强的可比性。

纵向可比性是指在同一评估对象的前提下，不同时间的评估结果要可比。研学旅行企业需要根据研学旅行项目评估结果，进一步观察各时期内的研学旅行项目的运营状况和效益情况，进而为企业完善自身发展，明确下一步发展方向，为研学旅行产品提升质量提供历史依据。

（五）指导性特征

研学旅行项目评估的重要价值诉求是指导和促进研学旅行市场健康可持续发展：一方面，为研学旅行企业开发与优化研学旅行项目和产品提供指导性意见；另一方面，为研学旅行项目和产品的受众在产品选择时提供参考。因此，相关政府主管部门和行业协会组织开展的研学旅行项目评估具有鲜明的指导性特征，其在评估内容、评估标准、评估方法、评估程序、结果发布等方面均应该将保证评估结果更具有科学指导性作为重要的着眼点和出发点。在此过程中，除了秉持公平公正的原则，还应当平衡各利益相关方的关切，使研学旅行项目评估结果具有更强和更广泛的社会认可度和市场接受度，发挥其指导性作用。

四、研学旅行项目评估的基本原则

（一）综合效益评估相结合的原则

研学旅行项目作为综合实践课程和旅游活动的一种新兴业态，具有陶冶情操、加强素质教育等多维价值目标。

第一，从供给侧角度出发，研学旅行项目是一项面向市场的经济产业，对于研学旅行企业来说，研学旅行项目的经济效益是其重点关注的指标。

第二，从社会角度出发，研学旅行还要发挥其对青少年群体的思政教育、科学教育等作用，产生良好的社会效益。

第三，从开发可持续角度出发，研学旅行项目的设计和开发还要关注其涉及区域所产生的生态环境效益，做到生态环境可持续。

综上,在研学旅行项目评估过程中必须注重综合效益相结合的原则,以统领全局的思想整体评估研学旅行项目,需要将多个维度的效益进行综合考量,而不仅仅从某一方面或针对某一效益进行评估。

(二)定性定量评估相结合的原则

在研学旅行项目评估的过程中,定量分析是指用具体的、可量化的数据进行评估并生成评估结果,是使评估结果具有参考价值的基本保障。然而,在评估过程中,有很多指标是无法量化的,需要政府相关部门针对某些被评估指标的特性进行分析后给出定性的评估标准,制定被研学旅行行业所认可的参考标准,并且按照给定的规范、统一的标准进行定量分析,即研学旅行项目的评估需要将定性评估与定量评估相结合,二者缺一不可。只有坚持定性分析与定量分析相结合的原则,才能达到评估效果的最优化、参考价值的最大化,才能确保最终的评估结果客观、准确、科学,具有毋庸置疑的指导性。

(三)多方主体评估相结合的原则

研学旅行项目的评估牵涉方面众多并且参考指标繁杂,不仅要考虑包括政府主管部门、相关行业协会、研学旅行企业、研学旅行参与者在内的多方评估实施主体,还要考虑各类型、各侧重领域的研学旅行项目。因此,研学旅行项目的评估要坚持多方主体评估相结合的原则,注重各个主体之间的联系,使多方主体相互协助,保证不同主体都能站在不同角度参与研学旅行项目的评估,而非某一机构进行单方面的评估,这样既能进行全方位的评估,从而保证评估的综合性和整体性,在社会公众面前树立起公平、公正、公开的评估准则,又能使评估结果全面客观,具有为整个行业所认可的参考价值。

第二节 研学旅行项目评估的主要内容

一、研学旅行课程评估

(一)评估内容

研学旅行本身是一个开放的、动态的、学旅并存的活动,这些特性使其与重结果的传统量化评估方式扞格难通,因此,研学旅行课程的评估需要有范式上的转变。评估内容需要根据不同的主题即时建构,评估内容除了对知识的考查,也应涵盖对学生的能力、品格的评价。在科技工程类研学旅行课程中,准确性、通俗易懂应该成为重点关注的方面;在历史文化类研学旅行课程中,鉴于历史文化潜移默化的育人作用,在知识、能力与品格三维度中,要尤为重视对学生的品格维度的评价,要重视学生情感、态度、品格的发展,真正让这类研学旅行课程行之有效。

高仁爱(2019)认为,研学旅行主要是针对课程实施的结果进行测评,以便检测教学的有效性及成效，也是检测课程是否达到了课程目标。对课程的评估包括对教学者教学活动的测评，也包括对学习者学习效果的评估。评估可以是过程性的，也可以是终结性的。评估结果是对课程设计、实施等阶段的反馈，其结果是作为评价与改进课程方案、教学策略等的重要依据。

（二）评估标准

关于研学旅行课程的评估方面，埃克尔斯与泰普里顿（2002）指出了研学受众能否从研学课程中受益取决于六个方面。

（1）相关知识与技能学习必须满足研学受众的自身需求。

（2）研学受众在参与研学课程的过程中能灵活、自主地发出自己的声音。

（3）研学受众与研学导师在研学课程当中积极互动。

（4）研学课程当中的知识与能力与研学受众的日常生活是息息相关的。

（5）研学课程的设置有一系列完整的框架，而不是不相关、碎片化的研学课程与活动。

（6）研学课程致力于通过有价值的活动与指导，来挖掘研学受众的潜力与提高研学受众的能力。

约瑟夫、里德与埃克尔斯（2005）认为，研学旅行课程的评估标准主要体现在以下几个方面。

（1）研学课程必须为小班教学。

（2）所有研学受众参与不得少于80%的研学课程。

（3）研学受众没有参与研学课程的原因必须记录。

（4）研学课程的教育目的是为所有参与研学课程的受众而设定的。

（5）每个研学课程必须单独撰写课程的设置计划。

（6）每天的研学课程设置必须包括不少于一个半小时的研学知识类课程与不少于一个半小时的体验活动课程。

金淼（2020）研究认为，研学旅行作为一种特殊的旅游产品，对研学旅行课程的评估，也是对这个产品本身的评估，其评估标准应该包括以下五个方面的内容。

（1）研学旅行课程的设计是否合情合理，是否成系统以及是否科学。

（2）课程内容结构是否具有系统性。

（3）课程的实施效果是否良好。

（4）课程的内容否体现了教育性、适切性和多元性。

（5）课程目标的达成度如何。

（三）相关案例

乔家大院坐落于山西省晋中市祁县，是以人文主义旅游资源为特色的全国中小学生研学实践教育基地。国内学者董艳等（2021）系统梳理了情境感知视域下乔家大院民俗博物馆研学基地研学旅行课程评价体系。

1. 乔家大院研学旅行情境类型分析

（1）物理情境：区位、地理环境、建筑风格、地域文化。

（2）社会情境：晋商商规、民宅花园、富贾家财、生活习俗。
（3）历史文化情境：晋商奥秘、"万里茶道"、长途贩运贸易。
（4）价值观情境：祖训文化、诚信价值观、晋商精神、爱国主义情怀。

2．评价体系和评价内容

在情境感知视域下，乔家大院民俗博物馆研学基地研学旅行课程评价体系主要从情感态度、核心素养、理论知识作三个维度开展，共同作用于学生发展（如图9-1所示）。

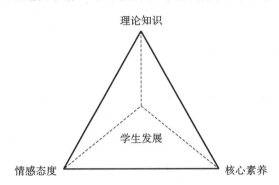

图 9-1　情境感知视域下乔家大院民俗博物馆研学基地研学旅行课程评价体系

（1）态度是学习成功的重要因素。态度以情感为基础，体现特定的价值观。情感态度分为学习动机、学习体验与学习态度。

（2）教学与学习的起点是理论知识，理论知识分为记忆与理解、运用与分析、评价与创造动态发展阶段。

（3）教育目标定位于学生核心素养的培育。文化基础、自主发展和社会参与是核心素养的基本内涵，有利于学生的全面发展。

情感态度表现、理论知识构建和核心素养培养都具有情境性，研学旅行为学生提供了学习情境与建构来源。基于此，以乔家大院民俗博物馆研学基地研学旅行课程为研究基础，综合构建形成情境感知视域下研学旅行课程学习效果评价体系，如表9-1所示。

表 9-1　情境感知视域下乔家大院民俗博物馆研学基地研学旅行课程学习效果评价体系

目标维度	目标子维度	评价内容	评价主体
情感态度	学习动机	对研学旅行感兴趣，积极参加研学旅行的相关活动	带队教师、同学、研学旅行第三方机构、家长协同评价
		对研学旅行途中的情境具有好奇心和求知欲	
	学习体验	在研学旅行中获得快乐与成功体验	
		能够克服研学旅行中的物理环境等困难，树立自信，磨炼意志	
	学习态度	融入情境，在游玩中认真学习	
		在研学旅行中、研学旅行后都能对各种情境进行深入思考	
		在研学旅行中、研学旅行后都能与带队教师或同学合作交流	

续表

目标维度	目标子维度	评价内容	评价主体
理论知识	记忆与理解	获取并理解以情境为分类标准的研学旅行知识	带队教师、同学、研学旅行第三方机构、家长协同评价
理论知识	运用与分析	分析遇到的实际问题,能够将研学旅行中所学的知识运用到其他情境,以解决问题	
理论知识	评价与创造	对研学旅行中的所见所闻进行价值判断,并运用多媒体等手段将所学情境知识产出学习成果,创造学习、娱乐或经济价值	
核心素养	文化基础	积累并理解历史文化情境知识	
核心素养	文化基础	理解、尊重物理情境和社会情境等的多样性	
核心素养	文化基础	具有审美能力,能感知研学旅行中的美	
核心素养	自主发展	面对旅行中的各种情境,能够积极、主动地学习	
核心素养	自主发展	通过互联网等手段,搜集、获取、鉴别和使用相关信息	
核心素养	自主发展	在研学旅行中能管理好自己的情绪,生活和学习能够自理	
核心素养	自主发展	具有安全意识和自我保护能力	
核心素养	社会参与	对自己自尊自律,对他人文明礼貌,互帮互助,团结友善	
核心素养	社会参与	在价值观情境中,培养文化自信和爱国主义精神	
核心素养	社会参与	在研学旅行中能够做一些力所能及的事情,如保护环境、不乱扔垃圾、帮其他同学拿行李等	
核心素养	社会参与	在研学旅行过程中遇事沉着冷静,能够运用智慧巧妙解决问题	

3. 评价原则

研学旅行课程效果评估应以学生为本,以促进学生在旅行情境中获得知识与发展核心素养为目标,在评价过程中须遵从以下原则。

(1)注重将科学性与客观性相结合。评估指标体系要建立在科学的基础上,指标内涵要明确,测定方法与统计计算要准确,同时要符合客观规律,从而真实反映研学旅行的特点。

(2)注重将全面性与针对性相结合。评估指标体系应从多个方面反映研学旅行,可以从学校、教师、学生不同层面构建通用指标,同时针对小学、初中、高中不同学段选取特定的评估指标。

(3)需要重视评价的多元性。教师、学生、研学旅行活动的负责人、家长等共同参与,结合家长评价、学生自评和研学旅行活动负责人评价,综合评定学生的研学效果和研学表现。学生可以采用口头阐述、画画展示、演说、写作等方式展现研学旅行所得,因此评价方式也应多元化。不同学生对同一情境的感知各不相同,这就决定了评价内容应多元化,突出学生的自我学习反思,鼓励创新而非千篇一律。

二、研学旅行导师评估

(一) 评估内容

伍静(2019)在研究中指出,根据研学旅游服务的要求和活动本身的特质,对于研学旅行导师的考核评估应该理实一体化。当前研学活动主要以团队活动为主,团队服务能力作为主要考核评估内容,一般应该包括团队服务的基本知识和活动过程中突发状况的处理,同时研学活动本来是以教育为主,所以教师教育板块也应该纳入其中。

李先跃和张丽萍(2021)的研究认为,研学旅行导师的考核评估主要是对研学旅行导师平时服务质量效果的考核与评估,一般可以从政治思想、工作态度、服务技能和专业知识四个方面来进行。作为研学旅行导师,其政治思想必须过硬,政治思想是条高压线,政治思想出问题将一票否决;工作态度会给服务对象一种强烈的心理感受,直接影响着服务对象的心情,是最容易引起服务对象投诉的内容;服务技能是研学旅行导师在服务过程中灵活运用各种教育方法和技巧的能力,是研学旅行导师综合素质的体现;专业知识是一名合格或优秀研学旅行导师教书育人的基础。考核可以采用笔试、面试方式进行。每一方面的考核内容可细分为不同项目,设计成研学旅行导师带团意见征询表,发给研学学生、带队教师等相关人员填写,回收后交给研学旅行导师所在单位进行存档。如果环节控制有效,意见征询表能较真实地反映研学旅行导师的服务质量。

(二) 评估标准

研学旅行导师是研学旅行活动实施的核心工作者,往往直接影响着活动开展的成败。结合学者对研学旅行导师评估内容的研究,研学旅行导师评估的标准主要包括以下四个方面。

1. 教育教学知识

这部分内容应该包括:会利用教育教学、心理学的基础知识和理论分析、解决研学旅行中的实际问题;会根据学生身心发展的规律和特点,运用德育教育理论和方法,在研学旅行中有针对性地开展德育教育活动;会根据学生学习的规律,指导学生有效学习;会根据对象的不同,设计与规划研学旅行课程。

2. 研学旅行活动服务规范

这部分内容应该包括:会看研学旅行组织机构的活动计划表,会根据旅行活动的主要程序,准备并安排研学旅行接待任务;会安排线路、用车、用餐、入住等相关准备工作;会按照规范要求,安排迎接学生的准备工作,能准确识别研学团队,致欢迎词;会提供抵站、停留和离站等服务;会提供途中讲解教育服务;会和学校教师、研学旅行机构负责人核对和商定日程安排,妥善处理接待变更等情况;会按规范提供参观游览服务;会根据研学旅行对象和需求的不同,提供不同的讲解和服务方式;会处理后续工作。

3. 研学旅行活动服务流程

这部分内容应该包括:会判断迎送服务中的漏接、空接、错接故障;会根据迎送服务中的漏接、空接、错接故障的处理流程处理相应问题;有漏接、空接、错接故障的预防措施;会处理误机(车、船)事故;会根据行李破损和遗失的处理流程处理相应问题,有行李破损和遗失的预防措施;会根据火灾事故的处理流程处理相应问题,有火灾事故的预防措施;会根据丢失物品的处理程序处理相应问题,有物品丢失的预防措施;会根据学生走失的处理程序处理相应问题,有研学旅行团队走失的预防措施;有研学旅行团队患病、死亡故障的处理流程;会判断旅游交通故障的种类,采用不同的处理流程和预防措施解决可能出现的旅游交通故障;有对自然灾害的正确应对措施;能明确旅游故障的责任归属;熟悉法律法规,会按照规定协商处理各类故障问题。

4. 安全急救知识

这部分内容应该包括:会识别面临的安全故障情况;能用正确的知识与方法进行救护;能进行外伤止血;能用两种以上方法进行创伤包扎;能在有夹板和无夹板的情况下进行有效的骨折固定;能徒手和在有同伴的情况下搬运护送;能进行 CPR 和气道异物梗阻急救。

(三) 相关案例

武汉市一直以来积极探索研学旅行,率先编制发布中小学生研学旅行标准,推进全国中小学研学旅行试验区工作方案实施,取得了一定成果。2020 年,武汉职业技术学院的胡驰课题组通过对武汉市多个开展研学旅行的中小学校进行初步调研,总结出包括研学课程设计、导师职业态度、研学专项能力等在内的 43 个研学旅行导师初始满意度评估指标。

为确保评价指标要素的精确性,课题组又分别对 30 位旅行社研学部门中高层管理人员、20 位旅游和教育领域专家学者,共计 50 人进行逐个访谈。根据拟定的访谈提纲对评价指标要素进行讨论,并根据访谈笔录和音频整理每个人的访谈资料。

通过访谈法对 43 个初始职业能力满意度指标进行整合梳理,同时结合 ACSI 模型(即顾客满意度指数模型),最终得到包括 3 个一级指标、7 个二级指标和 21 个三级指标在内的研学旅行导师职业能力满意度评估指标体系(见表 9-2)。

表 9-2 研学旅行导师职业能力满意度评估指标体系

一级指标	二级指标	三级指标
课程研发（A1）	研学课程设计（B1）	课程设计编写合理(C1)
		活动方案设计得当(C2)
		行程安排科学安全(C3)
	研学教学设计（B2）	教学目标明确(C4)
		教学内容合理(C5)
		教学过程规范(C6)
		教学方法多样(C7)

续表

一级指标	二级指标	三级指标
课程实施（A2）	研学导师职业态度（B3）	仪容仪表得体（C8）
		爱岗敬业责任心（C9）
		爱心耐心亲和力（C10）
	导游服务能力（B4）	导游讲解能力（C11）
		组织协调能力（C12）
		危机应变能力（C13）
	研学专项能力（B5）	研学课程讲解（C14）
		研学活动组织（C15）
		引导观察与合作（C16）
课程效果（A3）	学生兴趣提升（B6）	学习兴趣提升（C17）
		文明旅游兴趣提升（C18）
	学生能力提升（B7）	主动学习能力（C19）
		集体协作能力（C20）
		知行实践能力（C21）

对研学旅行导师职业能力的测评应该贯穿于整个研学旅行活动的始末，因此专家组认为整个评价指标可以分为3个大类，即前期的"课程研发"、中期的"课程实施"、后期的"课程效果"。其中，"课程研发"（A1）主要包括研学课程设计、研学教学设计2个指标；"课程实施"（A2）主要包括研学导师职业态度、导游服务能力、研学专项能力3个指标；"课程效果"（A3）主要包括学生兴趣提升和能力提升2个指标。

研学课程设计（B1）是考察研学旅行导师对整个研学课程的宏观把控，主要包括课程设计编写合理、活动方案设计得当、行程安排科学安全；研学教学设计（B2）侧重对研学导师教学能力的测评，主要包括教学目标明确、教学内容合理、教学过程规范、教学方法多样。

研学导师职业态度（B3）是对研学旅行导师的价值观、职业素养的测评，主要包括仪容仪表得体、爱岗敬业责任心、爱心耐心亲和力；导游服务能力（B4）则是对研学导师导游服务能力的测评，包括导游讲解能力、组织协调能力、危机应变能力；研学专项能力（B5）则是对研学导师所需要具备的专项技能的测评，主要包括研学课程讲解、研学活动组织、引导观察与合作。

学生兴趣提升（B6）和学生能力提升（B7）作为对整个研学旅行课程的最终效果反馈，最能反映出研学旅行导师职业能力水平，其中兴趣提升包括学生对学习兴趣和文明旅游兴趣的提升，能力提升包括对学生主动学习、集体协作和知行实践能力的提升。

三、研学旅行基地评估

（一）评估内容

研学旅行基地的评估，实际上是研学旅行项目的综合评估考核，除了前文介绍的研学旅行课程评估和研学旅行导师评估,研学旅行基地的评估侧重于基本条件、组织保障、安全保障等方面的评估。

（二）评估标准

结合当前各地陆续出台的研学旅行基地评估办法和标准,研学旅行基地的评估标准,主要包含以下几方面。

1. 基本条件

研学旅行基地的基本条件应该达标,主要关注规模和布局、环境及卫生条件、标识标牌、基地及周边资源、运行条件等方面。

2. 组织及安全保障

发展规划、师资力量、组织管理、设施设备保障、人员保障等方面,是研学旅行基地评估应该重点考核的领域。

（三）相关案例

根据教育部等11部门《关于推进中小学研学旅行的意见》（教基一〔2016〕8号）、教育部《关于支持海南深化教育改革开放实施方案》（教发〔2019〕5号）、《中小学综合实践活动课程指导纲要》（教材〔2017〕4号）和海南省教育厅等12部门《关于推进中小学生研学旅行的实施意见》（琼教〔2017〕90号）等文件精神,为进一步加快推进海南省研学旅行基地建设,适应海南省研学旅行发展需要,打造海南省研学旅行特色新名片,提升海南自由贸易港品牌效应,结合海南省研学旅行实际情况,海南省教育厅研究制定了《海南省研学旅行基地评估认定及管理办法(试行)》。其中,在研学旅行基地评估认定标准方面,海南走在了全国的前列(见表9-3)。

表9-3 海南省研学旅行基地评估认定标准

	评估认定内容		一级分项	二级分项	三级分项	四级分项
1	基本条件		100			
1.1	规模及布局			22		
1.1.1	基地内有硬化的道路,有与接待能力匹配的停车场				4	
1.1.2	基地有可供学生集中学习、体验、休整的场馆场地,功用齐全、布局科学合理				5	
1.1.3	配有必要的研学用具、器材,性能完好				4	
1.1.4	参观、游览路线的布局应合理,方便游览与集散				4	
1.1.5	景点类的游览路线设计与研学课程主题或相应景点景观相关				5	
1.2	环境及卫生条件			18		
1.2.1	环境整洁,周围500米范围内无污染源				3	
1.2.2	室内空气无异味,能提供相关部门有效的监测资料				3	

续表

评估认定内容		一级分项	二级分项	三级分项	四级分项
1.2.3	设电子信息屏,及时向学生提供紫外线指数及灾害性天气预警等气象信息			3	
1.2.4	厕所布局合理,数量适宜,标识醒目,地面及厕位无污渍、无异味			3	
1.2.5	人流密集区安放适合垃圾分类投放的垃圾桶,垃圾桶上有醒目的垃圾分类投放标识及引导语			3	
1.2.6	存放垃圾的设施设备和场地清洁,有防蚊、蝇、虫、鼠等措施			3	
1.3	标识标牌		12		
1.3.1	基地内道路的交通标志明显和标线设置合理			3	
1.3.2	基地的安全警告和危险标志、标识应醒目,便于识别			3	
1.3.3	基地的火灾报警装置标志、紧急疏散逃生标志、灭火设备标志、禁止和警告标志、方向辅助标志、文字辅助标志符合国家相关要求			3	
1.3.4	公共信息标识标牌的布局合理,图形符号符合国家的相关要求			3	
1.4	基地及周边资源		16		
1.4.1	基地自身能开设研学课程的资源丰富,并已编制出相应的课程			4	
1.4.2	基地的乡土乡情资源具有明显的区域特色			4	
1.4.3	周边有其他教育资源			8	
1.4.3.1	独特的民俗文化				2
1.4.3.2	革命传统教育				2
1.4.3.3	国防科工教育				2
1.4.3.4	自然(科技)或人文社会教育				2
1.5	运行条件		32		
1.5.1	基地有医疗救助室			3	
1.5.2	基地自身能提供食宿条件			5	
1.5.3	用餐条件			4	
1.5.3.1	能提供200人以上的用餐服务。用餐环境干净、整洁、卫生				2
1.5.3.2	营业执照、食品经营许可证、消防安全许可证、员工健康证等证件齐全				2

续表

评估认定内容		一级分项	二级分项	三级分项	四级分项
1.5.4	住宿条件(或周边住宿条件)			20	
1.5.4.1	能同时满足200人的住宿需求				2
1.5.4.2	营业执照、公共卫生许可、特种行业许可证、消防安全许可证齐全				2
1.5.4.3	有男生和女生分区住宿要求及相应的管理制度				4
1.5.4.4	房间内有小型消毒柜				1
1.5.4.5	房门能自动闭合,有门窥镜、门铃及防盗装置				2
1.5.4.6	房内显著位置张贴应急疏散图及紧急求助电话				2
1.5.4.7	房内按床位数配有足够的防毒面罩				2
1.5.4.8	房内有卫生间				2
1.5.4.9	有冷热水供应				1
1.5.4.10	搭建帐篷的露营地地面有防潮地板、有配套的洗澡间和卫生间,能保障学生住宿时的基本安全				2
2	研学课程	80			
2.1	课程设置★		40		
2.1.1	有适合不同学段学生的系列研学课程体系			4	
2.1.2	研学课程的内容与学校教育关联度较强			4	
2.1.3	课程体系较为完整,具有知识性、趣味性的体验互动研学课程项目不少于10项			4	
2.1.4	研学课程的主题特色鲜明、学习目标明确、富有教育功能			4	
2.1.5	课程内容注重培养学生在价值体认、责任担当、问题解决、创意物化等方面的意识和能力			4	
2.1.6	研学课程方案有具体的内容、实施环节和评价等方面内容			4	
2.1.7	研学课程方案的讲解词内容科学、规范			4	
2.1.8	课程方案中的学习方式多样化,有实地观察、考察、访谈、探究、实验、劳作、反思等方式			4	
2.1.9	课程方案中的研学路线设计合理			4	
2.1.10	学生学习、实践、体验活动时间编排合理			4	

续表

评估认定内容		一级分项	二级分项	三级分项	四级分项
2.2	课程的质量★		28		
2.2.1	有利于学生德、智、体、美、劳全面发展			3	
2.2.2	能让学生了解所处社会的文化、历史、文明成果			3	
2.2.3	课程应有利于中小学生从个体生活、社会生活及与大自然的接触中获得丰富的情感体验和实践经验			3	
2.2.4	能提升学生热爱自然、热爱集体、热爱生活的情感			3	
2.2.5	能让学生树立集体意识、公共观念及社会责任感			3	
2.2.6	有利于学生养成自理自立、文明礼貌、互勉互助、吃苦耐劳、艰苦朴素等优秀品质和精神			3	
2.2.7	能让学生学会交流、合作及分享			3	
2.2.8	在本地具有较高历史价值、文化价值或科学价值			3	
2.2.9	有利于提升学生发现、分析和解决问题的能力,有利于学生体验和感受生活,提升实践创新能力			4	
2.3	研学活动的评价		12		
2.3.1	有学生研学实践教育效果测评制度,测评内容能真实反映学生知识、技能的掌握情况			3	
2.3.2	有学生研学满意度调查制度,有满意度大于90%的佐证材料			3	
2.3.3	建立家长评价制度,有家长对研学实践教育活动支持率、满意度大于90%的佐证材料			3	
2.3.4	建立学校评价制度,有学校对基地各项工作的综合评价材料,有认可度和满意度大于90%的佐证材料			3	
3	组织保障	73			
3.1	发展规划		6		
3.1.1	基地制定有近中期(2—5年)发展规划,规划内容涵盖教学计划、课程体系、研学线路、保障体系等核心内容,目标明确、措施可行			3	
3.1.2	基地对中小学生研学实践教育活动有计划、有安排、有措施、有落实			3	

续表

评估认定内容		一级分项	二级分项	三级分项	四级分项
3.2	师资力量★		24		
3.2.1	设有专门的研学机构,负责统筹协调研学的各项工作			3	
3.2.2	能根据基地提供的课题,配备适合中小学各学段的研学导师			3	
3.2.3	研学导师持有参加专业培训(或有相关资质)的材料证明			3	
3.2.4	能按低于1∶50的师生比例给每个研学团体配置专职或兼职的研学导师及安全员			3	
3.2.5	基地研学导师具备相应的教学教育能力,具备与学生互动体验等方面的知识和技能			3	
3.2.6	有与在校大学生、退休教师(干部)、社会能工巧匠等兼职导师签订的合作协议及兼职导师管理档案			3	
3.2.7	定期组织开展研学导师培训,注重研学导师业务素养和能力提升(提供培训的佐证材料)			3	
3.2.8	与家长等志愿者建立研学指导志愿服务协议(提供佐证材料)			3	
3.3	组织管理		43		
3.3.1	机构			6	
3.3.1.1	设有研学机构或部门,配备联络员、辅导员、项目专员和医务人员				2
3.3.1.2	各岗位分工明确,职责清晰				2
3.3.1.3	能定期向上级教育行政主管部门汇报基地研学实践教育工作情况				2
3.3.2	制度管理			9	
3.3.2.1	有健全的研学旅行教育活动管理制度及接待标准,能适时更新				3
3.3.2.2	有规范的研学旅行接待协议(合同)				3
3.3.2.3	有研学旅行的安全管理防控制度				3
3.3.3	学生档案管理★			4	
3.3.3.1	建立中小学生研学旅行教育活动档案				2

续表

评估认定内容		一级分项	二级分项	三级分项	四级分项
3.3.3.2	档案内容包括研学时间、研学对象、研学课程内容、研学信息反馈等				2
3.3.4	投诉管理			8	
3.3.4.1	有投诉及处理制度				2
3.3.4.2	设有投诉专线				2
3.3.4.3	投诉处理及时、妥善				2
3.3.4.4	建有投诉记录档案				2
3.3.5	经费管理			10	
3.3.5.1	设有研学活动财务科目				2
3.3.5.2	研学经费使用的监管流程清晰				2
3.3.5.3	建有研学经费开支台账并符合相关要求				2
3.3.5.4	研学教育活动的日常运转经费来源稳定				2
3.3.5.5	有研学旅行年度经费预算计划				2
3.3.6	优惠政策			6	
3.3.6.1	正常收门票的基地,制定针对中小学生的门票减免政策				2
3.3.6.2	基地对家庭经济困难学生实施费用减免措施				2
3.3.6.3	基地对中小学生研学旅行活动及食宿实施价格优惠政策				2
4	安全保障★	47			
4.1	基本保障		27		
4.1.1	安全管理制度健全,并报上级主管部门备案			3	
4.1.2	建立辐射全基地的防火电子监控系统和完善的防火安全制度			3	
4.1.3	有完善的安全保障措施			3	
4.1.4	有安全责任落实的过程记录材料			3	

续表

评估认定内容		一级分项	二级分项	三级分项	四级分项
4.1.5	有传染病预防及应急措施。防控新冠肺炎疫情措施落实到位,配有测温设施、隔离室等,与当地医疗机构建有通畅的救治机制。境外学生到基地开展研学要按照国家和省有关防控规定执行			3	
4.1.6	制定有特种设备事故应急预案			3	
4.1.7	对各种安全应急预案有培训及演练记录			3	
4.1.8	室内外建有全天候、全覆盖的监控系统,影像资料保存90天以上			3	
4.1.9	建立紧急救援体系,公布内部救援电话,电话畅通有效			3	
4.2	设施设备保障		14		
4.2.1	公众聚集场所醒目位置应放置消防器材,并定期检验、维修,保证消防器材完好有效			2	
4.2.2	有特种设备的应提供检验合格报告			2	
4.2.3	有特殊研学用具及器材的应配备安全使用说明			2	
4.2.4	基地内及附近区域可能发生危险处应当设有安全防护设施,有安全警示标志			2	
4.2.5	设有专门的安全应急通道,各类安全设施设备运作良好			2	
4.2.6	基地内通信设施布局合理,手机信号接收良好,广播能覆盖基地所有研学活动区域			2	
4.2.7	配备的教育教学用具、器材,应环保且性能完好(提供有效的合格证)			2	
4.3	人员的保障		6		
4.3.1	活动过程中,配有专职医护人员、日常药品、急救箱,能够及时开展救护服务			3	
4.3.2	设有安全保护机构,配备数量充足的专职安保人员			3	
	合计	300			

第三节 研学旅行项目的评估实施主体与基本流程

一、研学旅行项目评估的实施主体

(一) 政府主管部门

目前,国内各地方教育行政部门是研学旅行基地评估的主要机构,出台了一系列研学旅行基地评估管理办法,形成了省(区、市)、县一体的评估体系。

研学旅行基地评估对象涵盖了爱国主义教育基地、国防教育基地、革命历史类纪念设施遗址、优秀传统文化教育基地、文物保护单位、科技馆、博物馆、动植物园、生态保护区、自然景区、美丽乡村、特色小镇、科普教育基地、科技创新基地、非物质文化遗产、传统手工艺制作坊、示范性农业基地、高等院校、科研院所、知名企业以及大型公共设施、重大工程基地等各个领域的研学旅行基地。

(二) 相关行业协会

研学旅行导师的评估考核主要是由各地研学旅行学会负责开展,初步形成了初级、中级、高级的评价体系。

国家层面,《研学旅行指导师(中小学)专业标准》(T/CATS 001—2019)《研学旅行指导师培训考核管理办法(试行)》《全国研学旅行指导师培训基地管理办法(试行)》和《关于开展 2019 年全国研学旅行指导师考试的通知》(中旅社协发〔2019〕24 号)等行业标准和规定,全面落实先培训评估认定,再持证上岗的原则。

二、研学旅行项目评估的基本流程

研学旅行基地是研学旅行项目的核心,基地的评估考核是关系到研学旅行项目品牌化发展的重要工作,各地方教育行政部门非常重视,初步形成了以下评估考核流程。

(一) 自愿申报

按照属地管理、逐级申报的原则,具备条件的企事业单位向所在市(县)教育局提交书面申报,提交的资料包括以下内容。

(1) 研学旅行基地申报表。

(2) 营业执照、单位法人登记证、消防验收合格证等。

(3) 正常运营一年以上的佐证材料及近三年内未发生重特大安全责任事故证明,成立不足三年的申报单位提供成立至今未发生重特大安全责任事故证明(由相关行业监管部门出具)。

(4) 申报单位内部设施设备等功能布局图及能同时容纳不少于 200 名学生开展研

学旅行活动的佐证材料。

（5）研学岗位管理责任机制及与周边医院联动救治机制材料。

（6）符合综合实践活动课程理念，并且主题鲜明，利于培养学生探究能力的研学系列课程。

（二）组织评估

（1）由申报单位所在市（县）教育局牵头，联合相关部门，对申报单位的材料进行初审和现场审核，并将所有初核条件均合格的申报单位名单报送省级教育行政部门。

（2）由省级教育行政部门牵头，联合相关部门，组织熟悉研学旅行的专家组成评估专家组，对市（县）报送的申报单位进行材料评审及现场评估。

（3）经专家组评估，确定拟认定候选名单。

（三）公示认定

由省级教育行政部门将拟认定为省级研学旅行基地的名单向社会公示，公示期为五个工作日，公示无异议后认定为省级研学旅行基地，并颁发相关牌匾。

（四）实行复审制度

（1）对已认定的省级研学旅行基地每三年组织一次全面复审。复审工作由省级教育行政部门牵头组织实施。

（2）复审达标的，继续保留省级研学旅行基地称号。

（3）对不达标的基地，复审暂缓通过，并予以半年时间整改。经过整改后达标的，继续保留省级研学旅行基地称号。经过整改仍未达标的，取消省级研学旅行基地称号，撤回所颁发的牌匾，并向社会公告。

课后训练及答案

第十章
研学旅行项目的支撑体系构建

学习目标

1. 了解研学旅行项目的决策支持系统的核心概念。
2. 了解研学旅行相关政策的演进。
3. 了解研学旅行项目的政策保障体系。
4. 了解研学旅行项目的社会支持系统的核心概念。
5. 了解研学旅行项目的社会支持主体。

知识框架

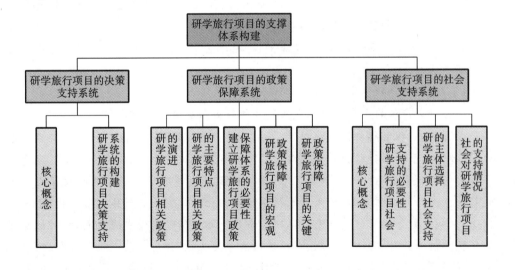

学习重难点

1. 学习重点:研学旅行项目决策支持系统、政策保障系统、社会支持系统的概念、演进与特色等。

2. 学习难点:分析研学旅行项目决策支持系统、政策保障系统、社会支持系统的影响因素,结合区域或项目特点进行具体系统构建。

成都市教育局关于对市政协十五届四次会议第 185 号提案答复的函

彭小利委员:

您提出的《抢抓天府新区省级教育综改试验区先行优势,打造全域研学中心平台》(第 185 号)收悉,现答复如下。

近年来,市教育局坚持把加强学生研学旅行作为落实立德树人根本任务、培育和践行社会主义核心价值观的有效途径,同时把中小学生研学旅行作为弘扬中华优秀传统文化、弘扬天府文化、推进文旅融合、助推乡村振兴的重要抓手。

一、研学旅行开展情况

2019 年,市教育局等 11 部门印发了《关于推进中小学生研学旅行的指导意见》(成教办〔2019〕1 号),将研学旅行作为学校教育与校外教育衔接的创新方式,为学生全面发展提供良好成长空间。

(一)开发一批研学旅行活动课程

以天府文化为内核,开发"天府学堂"研学课程。推动各区(市)县和学校结合地域特点和自然禀赋,不断将研学课程融入公园城市、"三城三都"的全域表达,开发 100 余门育人效果突出的非遗文化、职业生涯、饮食教育、爱国主义课程,如金牛区"绿道行"课程、新都区九龙园瓜果蔬菜栽培课程、龙泉驿区街道劳动教育联盟厨艺课程等,天府新区融合第一课堂、第二课堂、行走课堂,创建以生态、人文、科创为内容的天府研学课程。

(二)建设一批研学实践基地

联合市文广旅局等部门推动成都博物馆等 8 所公益性场馆建设成为国家级研学实践教育基地,推动郫都区战旗村等 15 所公益性场所建设成为省级研学实践教育基地,联合市文明办创建社会主义核心价值观教育基地 177 个,联合市关工委创建青少年社会实践教育基地 60 个,推动 11 家单位建设成为四川省中小学红色教育研学实践基地。支持蒲江明月村、崇州竹艺村等历史文化村落发展非遗传承活化利用,支持宝山村、铜鼓村等村落推进亲子红色研学实践。指导劳动研学实践基地打造,如龙泉驿区授牌校外劳动实践基地,联合"锦绣田园劳动基地"开展劳动+研学教育;锦江区发布全国首套县域《劳动教育指南》,授牌 12 家校内外劳动教育实践基地;天府新区整合区域资源,发布《关于有序组织中小学到国企建设研学旅行基地开展活动的通知》,使研学基地成为中小学生接受校外教育的重要场所,同时以研学教育为支点,助力产业振兴和经济发展。

(三)打造一批研学线路和品牌

进一步推动"研学+"融合,打造一批天府文化精品研学线路和品牌。依托汶川特大地震纪念馆、建川博物馆等,开发红色励志型研学旅行线路;依托金沙遗址、武侯祠等旅游资源,开发历史文化型研学旅行线路;依托在蓉高校、成都科技馆等资源,开发知识科普型研学旅行线路;依托成都熊猫文化、三国文化、红色文化等天府文化,推出一批传统文化型、民族文化型、红色文化型主题研学旅游活动和线路。目前成都市已逐步形成资源整合、全域推动的研学格局。如市教育局发布首批 8 条研学主题线路;成都"航天科创科普研学线路"入选全国优秀科普研学品牌项目;天府新区集聚新区资源,吸纳企业,探索研学产业联盟,打造"天府乐学"品牌;青羊区结合建党 100 周年发布青羊区区域中小学红色研学路线图。

(四)建立一套研学旅行工作和保障机制

出台《成都市教育局关于进一步规范中小学生研学旅行工作的通知》(成教函〔2019〕96 号),加强研学旅行规范,严把线路关、课程关、安全关,防止"游而不学"。制定中小学生研学旅行工作规程,通过家委会、承诺书等多种形式,提前告知家长费用收支、出行线路和安全事项,做到"活动有方案,行前有备案,应急有预案"。规范研学旅行市场,强化对研学旅行企业的准入、服务监管。出台《成都市中小学农事教育指导意见》(成教办〔2016〕3 号),推动城市与乡村结对,让城市学生走进"农夫学堂"体验农村生产生活。推进"小手拉大手",助力家庭旅游、亲子游的旅游增长点。为达到研学目的和保障研学实效,市教育局将研学旅行纳入中小学生教学计划和综合素质评价体系;成都职业技术学院、成都农业科技职业学院先后成立创新、创业学院,以生产生活劳动、职业体验劳动、专业实践劳动等为教育内容,为青年创新创业搭建发展平台。

二、下一步工作

我们将积极采纳您的建议,加强研学旅行工作,助力打造全域研学中心平台。

(一)加强研学实践基地打造

以弘扬天府文化为抓手,在疫情防控常态化背景下用好和开发本土研学资源,借鉴天府新区国企助力研学平台建设模式,规范研学市场,推动研学旅行,培育研学旅行新业态,提高研学实效。

(二)加强研学活动推广

持续开展中小学生研学活动,开展旅学活动分享会,广泛开展旅学活动宣传,通过"成都教育发布"等平台加大宣传力度。

(三)完善研学评价机制

进一步落实中小学生研学活动课程和综合素质评价;部门联动,整合资源,培育一批具有示范作用的研学基地,促进文旅特色发展,推动乡村振兴。

感谢您对成都市教育工作的关心和支持,希望继续提出宝贵的意见和建议。

资料来源:成都人民政府网站。

思考:

1. 成都教育局在政策保障的体系建设上有哪些具体措施能帮助研学实践项目落地?

2. 除了教育局这样的主管部门能为研学提供政策保障,还有哪些组织或机构可以为研学旅行提供其他支撑与保障?

第一节　研学旅行项目的决策支持系统

一、核心概念

(一) 决策支持系统

20世纪70年代以来,人们对决策支持系统(Decision Support Systems,DSS)进行了大量的研究,决策支持问题的研究已逐步受到管理科学、经济学、应用数学、工程技术、信息科学等领域的重视。学者们研究各种决策分析方法,通过多学科的交叉并结合新近发展的人工智能技术、网络技术、通信技术和信息处理技术,解决了一系列具有代表性的决策支持问题,决策支持正朝着规范化、科学化的方向发展。

决策支持系统的科学性是指整个决策过程中的各个部门在决策活动中的组织形式,它由决策系统、参谋系统、信息系统、执行系统和监督系统组成。各个子系统既有相对独立性,又能够密切联系、有机配合,并且决策系统遵循科学的决策过程。决策过程包括提出问题和确定目标、拟定决策方案、决策方案的评估和优选、决策的实施和反馈。正确的决策必须按照决策程序办事。

(二) 旅游出行决策支持系统

1. 旅游出行决策支持系统的概念

旅游出行决策支持系统是一个智能空间决策支持系统,在游客出行的过程中,旅游出行者是主体,其个人因素包括个人的教育程度、性格爱好、性别、年龄、收入水平、家庭状况、社会阶层、文化背景、生活经验等。由于个人因素的差异,不同旅游出行者对相同的旅游目的地的感受差别很大。旅游出行决策支持系统给旅游出行者提供多模式认知工具,如文字、图片、声音、视频、虚拟场景等,还给旅游出行者提供信息查询服务、出行规模预测和容量评价等多模型、多预案以及知识库的决策支持服务(客源地)。当旅游出行者具备出行的时间和经济条件后,就要把旅游出行付诸实施,此时旅游出行决策支持系统提供交通和电子商务服务(旅游通道);当旅游出行者到达旅游目的地,可以利用系统提供的旅游出行时空运筹模型和旅游出行线路来进行旅游活动;当旅游出行者返回到居住地,旅游出行者会重新认识旅游目的地,对旅游出行线路形成评价和反馈,此时旅游出行决策支持系统为其提供对旅游目的地重新认知和旅游线路评价与反馈的平台服务,使这些信息可以传播给周围人群,成为他们消费时的参考,同时,旅行商的市场营销部门可以得到这些信息,作为他们调整营销策略的参考。旅游出行决策支持系统如图10-1所示。

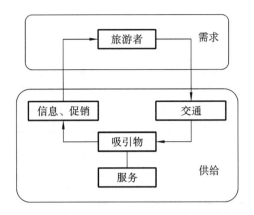

图 10-1　旅游出行决策支持系统

2. 旅游出行决策的制定过程

从游客空间认知的角度,分析游客的出行决策过程及为其提供的服务。

第一,是游客的原始意愿。在长期的社会生活中,每个人都会得到一些地方的自然与人文资源信息,在心目中对这些地方产生好奇之心,随之产生到这些地方游览的原始意愿。

第二,是游客对旅游资源的认知。游客在电视广告、网络宣传、亲友和同学的介绍等因素的影响下,产生了对这些旅游目的地的空间认知。

第三,在游客具备了时间和经济这两个最重要的旅游制约条件后,便有了旅游出行的冲动。

第四,旅游出行方案付诸实施。当旅游出行方案符合个人的消费需求,那么旅游者就会将旅游出行付诸实施。

第五,旅游消费行为完成阶段。旅游出行完成后,游客会重新认识旅游目的地,对旅游出行线路形成评价和反馈。

旅游出行决策制定过程如图 10-2 所示。

(三) 研学旅行项目决策支持系统的概念

研学旅行项目决策支持系统脱胎于旅游出行决策支持系统,与一般的旅游出行决策支持系统不同的是,研学旅行决策者通常不是由研学活动的主体(即学生)来进行,而是由学校及家长来进行选择,同时研学旅行具有公益性与周期性等特征,因此在决策过程中不能用旅游出行冲动来解释其旅游行为,应当从教学任务安排来进行诠释。结合研学旅行特征,我们将研学旅行项目决策支持系统分为五个部分。

1. 研学旅行出行信息的查询、分析和输出功能,提供信息查询服务

为了使学校、家长及学生了解旅游目的地和旅游景点的详细信息,加深对旅游景点的空间认知,研学旅行出行决策支持系统提供旅游出行信息的查询、分析和输出功能,因此研学旅行决策系统需要建立线上信息查询、分析及输出子系统。

2. 研学旅行出行决策支持服务

研学旅行出行决策支持系统通过整合目的地相关研学产品为研学旅行出行者(包

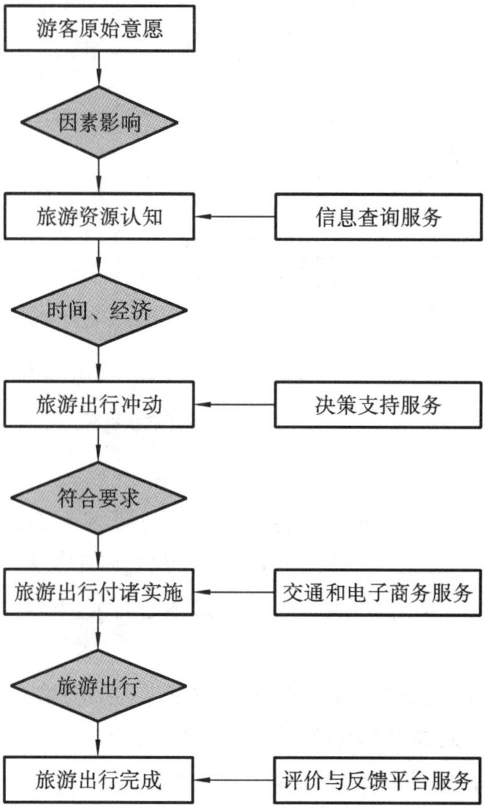

```
          ┌─────────────┐
          │  游客原始意愿  │
          └──────┬──────┘
                 ▼
          ◇ 因素影响 ◇
                 │
                 ▼
          ┌─────────────┐      ┌─────────────┐
          │  旅游资源认知  │◄─────│  信息查询服务  │
          └──────┬──────┘      └─────────────┘
                 ▼
          ◇ 时间、经济 ◇
                 │
                 ▼
          ┌─────────────┐      ┌─────────────┐
          │  旅游出行冲动  │◄─────│  决策支持服务  │
          └──────┬──────┘      └─────────────┘
                 ▼
          ◇ 符合要求 ◇
                 │
                 ▼
          ┌──────────────┐     ┌──────────────────┐
          │ 旅游出行付诸实施 │◄────│  交通和电子商务服务  │
          └──────┬───────┘     └──────────────────┘
                 ▼
          ◇ 旅游出行 ◇
                 │
                 ▼
          ┌─────────────┐      ┌──────────────────┐
          │  旅游出行完成  │◄─────│  评价与反馈平台服务  │
          └─────────────┘      └──────────────────┘
```

图 10-2 旅游出行决策的制定过程

括学校、家长及学生)的出行决策提供支持服务,该子系统需要提供多媒体和虚拟场景作为旅游出行决策的辅助工具。

3. 研学旅行服务系统

在研学旅行出行者确定了旅行方案后,就要付诸实施。研学旅行服务系统提供交通和旅游电子商务服务。方便相关服务机构统一安排学生的出行与住宿,提供安全便捷的研学旅行服务系统。

4. 研学旅行出行决策方案实施反馈服务

当研学旅行出行者完成旅行后,会重新认识旅游地、旅游线路,研学旅行出行决策方案实施反馈服务给出行者提供对旅游地的重新认识工具、出行者对旅游线路的评价与反馈平台以及出行者对旅游决策支持系统的建议。

5. 研学旅行出行的多源数据集成和编辑功能

研学旅行出行决策支持系统的数据类型包括文字、图片、水平等属性数据和基础地图、旅游资源数据、遥感影像等空间数据,这些数据数量庞大且种类繁多,因此需要建立科学的组织方式和编码方式。为了保证数据的定期更新,需要建立数据处理子系统,对旅游数据进行输入、管理和编辑,进行旅游制图、数据输出以及数据入库等处理。研学旅行项目决策支持系统如图 10-3 所示。

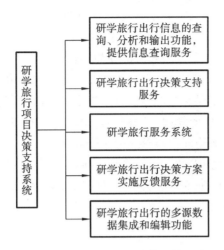

图 10-3 研学旅行项目决策支持系统

二、研学旅行项目决策支持系统的构建

(一) 专家系统

专家系统有基于规则的专家系统(Rule-Based Expert System)和基于案例的专家系统(Case-Based Expert System)。

基于规则的专家系统使用一套包含在知识库内的规则,通过推理机制推断出新的信息,从某种意义上说,基于规则的专家系统就是基于知识的专家系统。基于规则的专家系统关键是知识的表示、存储和知识的推理两部分。

基于案例的专家系统简称为"案例推理",是近年来人工智能领域兴起的一项基于经验知识进行推理的技术。与基于规则的推理模式不同的是,它不必像基于规则的推理那样每一次都需要从头开始,而是通过一些特征值访问案例库中的同类案例(源案例)进行适配和修正,从而获得当前问题(目标案例)的解。案例推理可以在无法获取机理模型、确定规则或统计模型时,采用历史相似性推理实现问题的定量求解和预测。案例推理克服了基于规则的专家系统当前所面临的难题,具有简化知识获取、提高问题求解效率、改善求解质量和进行知识积累等优点,被认为是人类认知心理学理论给人类解决问题提供的一种认知模型,提供了一种与人类解决问题的方法甚为近似且易突破知识系统脆弱性的方法。而当在案例库中没有检索到相似案例时,就只能从知识库中进行知识推理。

从某种意义上说,基于规则的专家系统和基于案例的专家系统各有优缺点,互为补充。

(二) 知识管理

所谓知识,即人类在实践中所积累的认识和经验的总和,它是经过削减、塑造、解释、选择和转换的信息,由特定领域的描述、关系和过程组成。在研学决策支持系统中的知识属于研学旅行专门领域的知识,分为范畴性知识和启发性知识两类。范畴性知识是指研学领域专业人员所共有的或意见一致的理论知识,如教科书中的理论和各种规范与技术标准等。而启发性知识是从一个领域中的正确实践和正确判断中得到的知识,这是凭经验得到的知识,是专家独有的联想和推理知识。

知识库是本领域知识的存储器,表现为以特定的数据结构所记述的人类知识的集合(专家知识、经验、书本知识及常识),以备系统推理判断之用。

推理机能利用知识库中的规则对数据和模型进行匹配、调用与运算,从而获得对问题的解答,并能对推理的结论进行回溯式的逐步解释。

知识库管理系统负责知识的获取及管理。研学旅行出行决策支持系统要获得生命力,必须能对自身的知识库进行动态的维护、更新;知识库管理系统功能包括知识的浏览查询、增加、删除和编辑。

第二节　研学旅行项目的政策保障系统

一、研学旅行项目相关政策的演进

研学旅行是受我国经济水平不断提升、旅游业快速发展以及对中小学生特定学习要求等因素综合影响而产生和发展起来的一种综合性活动。自2004年以来,教育部等相关部门先后发布了一系列涉及研学旅行的相关政策,纵观这些政策,可以将我国研学旅行划分为三个发展阶段。

(一)研学旅行的起步发展阶段(2013年以前)

初期的研学旅行发展可以分为两个阶段:一个是针对国内学生,基于国家在不同社会发展时期对教育的不同要求,学校组织了各类夏令营、红色旅行、地质考察等带有研学性质的活动,成为初期研学旅行的主要形式;另一个是改革开放以后,伴随着旅游业的发展,一些国外"修学旅行团"来华开展研学旅行,在此背景下国内旅行社相继开展"修学旅行"活动,开展各类接待与服务。受国外研学旅行思想和理念的影响,国内研学旅行开始逐渐兴起。

2003年,上海成立了"修学旅行中心",编写出版了《修学旅行手册》,提出联合江、浙、皖等地区打造华东研学旅行黄金线路。2004年2月,中共中央、国务院发布了《关于进一步加强和改进未成年人思想道德建设的若干意见》(中发〔2004〕8号),提出要丰富未成年人节假日参观、旅游活动的思想道德内涵,精心组织夏令营、冬令营、革命圣地游、红色旅游、绿色旅游以及各种参观、瞻仰和考察等活动,把深刻的教育内容融入生动有趣的课外活动,用祖国大好风光、民族悠久历史、优良革命传统和现代化建设成就教育未成年人。这成为新时期鼓励和支持开展未成年人研学旅行的重要指导性文件,也明确了研学旅行的教育目标。2006年,"首届孔子修学旅行节"成功举办,成为我国第一个研学旅行节庆活动,其后各地也相继打造"修学旅行"品牌,研学旅行以各种形式逐步进入人们的视线。2012年4月,教育部、外交部、公安部、国家旅游局联合发布了《关于进一步加强对中小学生出国参加夏(冬)令营等有关活动管理的通知》(教外监〔2012〕26号),指出中小学生出国参加夏(冬)令营等有关活动,对培养中小学生综合素质、开阔国际视野、了解不同文化和锻炼对外交往能力等具有积极意义,但同时要求要加强参加夏(冬)令营管理,使夏(冬)令营等活动切实起到教育作用。这一文件的出台,为进一步开展研学旅行,为维护旅游者合法权益和实现研学旅行的教育目标提供了保障。

(二)研学旅行的试点探索阶段(2013—2016年)

2013年,教育部发布了《关于开展中小学生研学旅行试点工作的函》,决定在河北等地开展针对中小学生研学旅行的试点工作,并规定了研学旅行活动的范围、时间、形式等。2013年2月,国务院办公厅印发了《国民旅游休闲纲要(2013—2020年)》(国办发〔2013〕10号),提出鼓励学校组织学生进行寓教于游的课外实践活动。2014年7月,教育部发布了《中小学学生赴境外研学旅行活动指南(试行)》,对中小学生寒暑期赴境外"游学"团体的教学内容、时空跨度和安全责任机制等做了规定,其中特别指出境外研学旅行的教育教学内容和学习时长所占比例一般不少于在境外全部行程计划的1/2,对研学旅行从时间维度和教育质量上提出了要求。2015年8月,国务院办公厅印发了《关于进一步促进旅游投资和消费的若干意见》(国办发〔2015〕62号),明确提出支持研学旅行发展,把研学旅行纳入学生综合素质教育范畴,支持建设一批研学旅行基地;加强国际研学旅行交流,规范和引导中小学生赴境外开展研学旅行活动。这些政策与文件,进一步激发了国内研学旅行的市场,也成为国内研学旅行初始探索的引导性文件。在这些政策支持及市场需求的激发下,"中国课程化研学旅行联盟""内地游学联盟大会"等产业联盟也相继成立,成为我国研学旅行开展的重要平台。

(三)研学旅行的快速推行阶段(2016年至今)

在积极总结国内研学旅行试点经验、有效借鉴国外研学旅行成功案例的基础上,针对持续升温的研学旅行市场需求,2016年11月,教育部等11部委联合发布了《关于推进中小学生研学旅行的意见》,提出我国已进入全面建成小康社会的决胜阶段,研学旅行正处在大有可为的发展机遇期,各地要把研学旅行摆在更加重要的位置,推动研学旅行健康快速发展。这一文件成为我国发展研学旅行的纲领性文件,标志着我国研学旅行从试点探索积极转入快速推进阶段。为配合研学旅行的规范健康发展,2016年12月,国家旅游局发布了《研学旅行服务规范》(LB/T 054—2016),对研学旅行服务提供方、人员配置、产品、服务项目以及安全管理等内容进行了详细规定。之后,国家旅游局决定授予北京市海淀区、浙江省绍兴市、安徽省黄山市、江西省井冈山市、山东省曲阜市、河南省安阳市、湖北省神农架区、广西壮族自治区桂林市、四川省绵阳市、甘肃省敦煌市10个城市和地区"中国研学旅游目的地"称号,授予北京市卢沟桥中国人民抗日战争纪念馆等20家单位"全国研学旅游示范基地"称号;教育部陆续公布两批全国中小学生研学实践教育基地(营地)名单,助推研学旅行在全国范围的全面推广。2019年,教育部基础教育司工作要点中明确提出,要继续实施中央专项彩票公益金支持校外教育事业发展项目,加强研学实践教育基地(营地)课程资源和服务平台建设,遴选推广典型线路。伴随着国家的政策支持与引导,安徽、河北、海南等全国多数省份出台了关于研学旅行的落实政策,制定了省级研学旅行基地(营地)建设与评定标准,并发布了各省研学旅行的实践教育基地(营地)、研学旅行精品线路等,研学旅行转入了快速推行与健康发展期。

二、研学旅行项目相关政策的主要特点

为鼓励和引导研学旅行开展,教育部等11个部门于2016年颁布并实施了《关于推进中小学生研学旅行的意见》。此后,各省(区、市)将此作为地方研学旅行政策的制定依据,结合区域实际制定研学旅行实施意见等配套文件。截至目前,据不完全统计,国内已有24个省(区、市)颁布了地方中小学生研学旅行相关政策文件。纵观这些文件,从制定、发布到实施,具有以下特点。

(一)制定主体的官方性与多元化

无论是教育部牵头制定的国家层面的研学旅行政策,还是各地出台的地方层面的研学旅行政策,多是以教育主管部门为主导,协同旅游、发改委、财政等多个政府部门共同制定和颁布。多部门的参与,凸显了研学旅行政策的官方性与参与主体的多元化,突出表现在实施过程中的权威性与协调性。但也有不同的是,一些地方政府,如上海市是直接贯彻执行国家研学旅行政策,而海南、重庆等多个省(区、市)均是结合区域实际制定了更加适合本地的研学旅行政策。

(二)政策的渐进性与内容的系统性

为鼓励与促进研学旅行的有序开展,从国家到地方,在研学旅行政策设计上基本都经历了从宏观到具体、从整体支持项目开展到具体产品设计、从教育引导公益性到课程设计质量性、从号召经费支持到明确经费额度等阶段,还有在范围上从开始试点到全面铺开,从鼓励企业参与规范研学基地(营地)建设等,系统设计和定位了研学旅行的重要意义、工作目标、基本原则、主要任务、组织保障等重要内容,形成了系统性的研学旅行促进与管理规范,为研学旅行项目开展奠定了基础。

(三)坚守原则性和突出协调性

各个地方出台的研学旅行政策,大多延续了国家层面提出的研学旅行必须坚持教育性、实践性、公益性、安全性的原则,突出体现了研学旅行政策更加关注的是社会效益、文化效益而相对弱化经济效益的整体思考。同时,为了促使三大效益均衡以及保障研学旅行产业能够可持续发展,海南等省份还增加了协同性原则,黑龙江增加了普惠性原则,湖南增加了规范性原则,突出了研学旅行政策"教育性与公益性"的主导地位,以及"规范性与协同性"的可持续发展路径。

(四)"过度"安全性与欠缺创新性

鉴于研学旅行的参与主体主要是中小学生,其活动经费除了政府划拨,更多经费主要由学生所在的家庭承担,因此,各地政策对中小学生人身安全、研学旅行产品以及涉

及的旅程安全给予了最大限度的重视,甚至超出了对研学旅行课程质量的重视,政策的创新不足。安全第一和"一票否决"导致地方政府有要求,学校及教师不敢组织、怕承担责任的思想较重,在活动上不敢作为,更不敢有创新,政策在一定程度上限制了发展。

(五) 职责模糊性与督查不足性

多部门参与研学旅行政策制定,保证了研学旅行能够最大限度地调动多方资源来实现综合性目标。多个地方性研学旅行政策都是照搬国家宏观性的政策设计,但具体到实际都没有结合本地实际情况成立专门性的领导机构和建立有效的协作机制。例如,不少政策中提出各市县要成立相应的研学旅行协调机构,但是否成立、是否推进,以及未能推进如何处置并没有详尽规定和真正督查。这就导致了政策的实际约束力小,具体推进中协调成本大、推进难度大的问题。

三、建立研学旅行项目政策保障体系的必要性

(一) 有效引导项目有序开展的需要

研学旅行涉及"研学"与"旅行"两大内容,参与的主体以及利益相关者众多,要保证研学旅行项目从策划、组织、实施、管理、监督、协调、评价等方面的全面发展,既需要各参与主体之间自主有序衔接,更需要立足需求,从多角度建立完善的政策保障体系,对研学旅行项目从需求、市场、产品、质量等多方面予以规范,以保证研学旅行项目能够在突出"研学"基础上有效开展,确保研学旅行项目不会转变为单纯的游览项目或盈利性项目。

(二) 弥补市场调节失灵的需要

市场经济的一个显著特征就是市场秩序通过"看不见的手"来调节,但是市场并不是万能的。由于市场中存在不完全竞争、经济主体非理性以及市场信息的不充分和不对称,市场机制难以发挥作用,资源的优化配置难以实现。在此状况下,通过政府制定和发布相关的政策和法规,可以引导研学旅行项目在满足市场需求的前提下确保市场秩序的规范。

(三) 促使项目效益均衡发展的需要

研学旅行项目会产生经济效益、社会效益和文化效益。但主体政府、学校、学生家长等期待研学旅行能够更多凸显社会效益、文化效益,甚至环境效益等,而具体承办研学旅行的企业或基地,基于企业自身属性不可避免地要追求经济效益。在此背景下,建立科学有序的保障体系,可以始终围绕研学旅行的目标,确保研学旅行能够实现效益均衡,保证各利益相关者的合法合理权益。

(四) 保证项目质量和促进提升的需要

研学旅行存在和发展的核心之一,在于其对研学旅行者,尤其是中小学生的教育性和引导性。伴随着信息化的发展,只有传统的研学旅行方式和内容等持续更新,才能积

极契合新时代青少年的研学需求和探知愿望。持续提升研学旅行基地质量,加快产品的转型升级,提供更多多元化的教育和体验方式与途径是关键。而这需要研学旅行企业或基地积极对接,更需要政府从土地、资金、教育平台等多方面予以支持。建立系统的保障体系,为提升研学项目质量提供基础保障。

四、研学旅行项目的宏观政策保障

立足于研学旅行发展的整体,必须建立研学旅行的宏观政策保障体系,以维护与支持研学旅行的有序开展。

(一)制定研学旅行的产业发展战略

产业发展战略是对产业长远发展的一个总体安排,既为产业的发展指明方向和阶段性目标,又有利于产业实现可持续发展。同时,产业发展战略还可以较好地协调产业发展过程中的长远目标与短期利益之间的关系。因此,对于国家或地方而言,要发展研学旅行,必须制定和明确其作为产业的发展战略,从本国或区域的社会、经济、文化、教育等角度给予精准的定位。同时,在产业发展战略引导下,还应该制定研学旅行的产业发展规划,做好研学旅行的顶层设计,以此带动产业主体共同对产业结构进行调整与优化,促进和提升研学旅行在国民经济中的重要地位。

(二)制定研学旅行产业政策和相关法律法规

研学旅行作为一项综合性强、专业性强、行业跨度大和关联度极强的产业,尤其需要政府发挥其宏观调控作用加以大力扶持。

(1)制定产业发展政策。伴随着国家经济体制改革的不断深入和市场调节机制的持续加强,政府在市场和产业中的主要作用就是通过制定产业发展政策来引导市场发展,从全局的高度为区域产业经济的发展指明方向,研学旅行的发展需要国家政策的持续引导。

(2)出台相关法律法规。研学旅行虽然经历了一段时期的发展,但其产业的规模、形成的影响力仍相对有限,当下研学旅行主要依靠教育部等部门颁发的法规及《旅游法》等进行规范。伴随着未来产业发展和规模扩大,为了维护正常的旅游市场秩序和确保教育目标的实现,也需要政府通过出台更多针对性法律法规来保障研学旅行活动的有效开展。

(三)制定优化研学旅行市场主体的政策

研学旅行项目的实施和产业的可持续发展,始终离不开与之相关的研学旅行的各类市场主体的发展与支撑。鉴于在三大效益中研学旅行更加突出社会效益,以及更需要发挥公益性而弱化营利性等特征,必须建立更为便利和优化的市场主体政策,来吸引、拓展更多的市场主体共同发展研学旅行。因此,必须按照现代企业组织原则来改造和优化研学旅行企业的组织结构,以增强其活力和提高其经营管理水平。对研学旅行企业组织结构进行改造和优化的政策主要包括:一是从企业注册、设立上减少限制性壁垒,增加市场主体的数量;二是出台政策拓宽优秀研学旅行企业的资金融通渠道,提升企业融资效率,以壮大企业实力与提升品牌影响力;三是改善企业的外部经营环境,促进企业在研学旅行行业共同合作、共同发展,形成长效发展的动力与机制。

(四)加强研学旅行基础设施建设的政策

研学旅行的开展必须依靠系列的研学旅行基地、设施等作为支撑,这些基地、设施不仅从数量、容量上有要求,更重要的是必须能够凸显研学的特点和特色。这些建设对于财力、人力及物资设备的要求较高,即需要以政府投入为主导,也需要政府引导企业、各类组织共同介入。由于基础设施直接关系到研学旅行发展的潜力和持续性,因此政府可以在建设研学旅行的设施、道路、通信、环保,以及规划研学旅行线路、设立研学基地等方面,提供具有倾斜性的支持性政策,以吸引社会资金投资,鼓励社会力量积极利用自身资源拓展研学旅行项目等。

五、研学旅行项目的关键政策保障

除了宏观政策保障体系,研学旅行项目及其产业发展,还需要建立市场保障、人力资源保障、基础设施与服务保障、安全保障等系统的政策保障体系,以促进研学旅行规范化、质量化发展。

(一)研学旅行项目的市场保障

1. 市场保障的意义

一是提高市场配置资源的效率。在市场经济条件下,社会资源的合理配置是通过市场完成的。在研学旅行开发过程中,针对市场发展机制和环境制定相关的保障性政策,可以预防发展过程中的市场效率低下或失灵的现象。

二是增强研学旅行企业的竞争力。面对日益激烈的竞争环境,企业必须自发明晰产权,提升技术创新能力,完善生产方式和管理方式,精准市场定位和瞄准关键人员,并以最佳方式配置资源,从而实现自身竞争力提升的目标。

三是保障市场机制的稳定运行。公平和公正已经成为当今社会普遍认可的价值观念,市场保障政策将综合运用经济政策、经济杠杆、法律法规以及特殊情况下的行政手段,调节经济发展速度,干预垄断、商业欺诈和不公平的竞争行为,维护市场机制运行的稳定。

2. 市场保障的内容

一是强化和完善行业管理制度。行业管理是企业自发形成的对运作规范化的监督工具,也是研学旅行市场保障体系规划的重要内容。行业管理手段可以划分为三类,即行政管理手段(如审批、检查、监理、考核、命令等手段)、经济手段(如计划、服务、舆论、奖励等手段)以及法律手段,这三类行业管理的手段形成一个完整的行业管理体系。

二是市场规则的制定和实施。市场规则的制定和实施是借助外界的力量对企业市场行为予以控制和管理。目前研学旅行已经拥有了国家的规范标准,伴随着研学旅行规模的扩大,在不违反国家标准的基础上,各区域可结合实际,制定和实施更加符合本地实际的标准体系。尤其是旅游管理部门、教育部门等,可以与质监部门合作,建立研学旅行标准管理体系,包括人员培训标准体系、市场营销标准体系、游客信息标准体系、服务规范标准体系、票务管理标准体系和财务管理标准体系等,提升研学旅行的规范性和特色化。

三是服务质量监控与价格管理。研学旅行的主要对象是中小学生,研学旅行的服务质量和价格既是行业管理的关注焦点,也是社会、学校、学生家长关注的焦点。在注重研学旅行特殊性和维护相对公益性的基础上,抓好服务质量和价格管理,可以维护市场良性的竞争环境,保障研学旅行者的切身利益。当然,由于各地旅游业和经济发展情况不同,在管理时不需要采取统一的模式,可以在充分调研的基础上努力探索符合本地特色的价格社会化监控网络及联合管理体系。

(二) 研学旅行的人力资源保障

1. 建立人力资源保障的意义

一是满足研学旅行发展对人才的需求。任何产业或行业的发展,都离不开人才的支撑,人力资源是生产力的基础保障。近年来,伴随着国家政策导引催生的研学旅行需求日益旺盛,市场对项目、产品和服务的高质量需求都需要人才来支撑和实现。尽管当前我国旅游人才的培养规模持续扩大,但旅游人力资源开发尚未形成完整的体系和适度规模,针对性的研学旅行人才培养还比较少,从业人员中不少员工只接受过笼统的旅游培训或教育培训而并未接受针对性的专业培训,不利于研学旅行的长远发展。因此,需要根据实际需求加快研学旅行人力资源的开发。

二是体现市场竞争对于人才的要求。旅游市场中的竞争是人才、价格、产品、服务的竞争。其中,人才对于产品的价格、服务质量等都产生决定性影响。因此,要想在竞争中取胜,首要任务是培养有经验、有能力、高素质的员工队伍。这就要求旅游管理部门和企业、行业重视研学旅行人才的开发规划,在经营中注重人力资本的开发和对智力资源的投入,谁拥有高质量的专业人才,谁就能在激烈的市场竞争中占据优势。

三是符合旅游质量管理的要求。在质量管理体系与竞争体系中,人才作为软件比基础设施等硬件更能形成企业持久的竞争力和影响力。在研学旅行发展过程中,更加需要对人力资源的开发和培养加以重视,只有在人力资源上加大投入,才能推出更多的研学旅行创意产品,进而加速提高区域研学旅行的质量水平。

2. 人力资源保障的内容

一是教育与培训体系的设计与优化。教育与培训是自主培养研学旅行专业人才的重要途径之一,能有效缓解产业发展中人才供需间的矛盾,主要包括以下三个部分。

(1) 教育机构的体系优化。目前,国内从事旅游教育与培训的机构主要是学校(包括高职高专和各类高等院校等)和政府或社会主办的培训机构。这两类机构在主要功能和培养目标上都不同,形成了相互补充的关系。在研学旅行发展过程中,要针对当地人力资源的供求以及开发现状,提供优化和调整教育机构的方案和路径。

(2) 教育模式的创新设计。政府或者企业应根据本地教育机构的现状,结合区域研学旅行发展的实际情况和市场需求,不断创新效果佳、成本低的教育模式并将之运用于教育实践。

(3) 区域研学旅行人才培训计划。政府、行业协会甚至企业,可以将本区域作为一个整体,提出全局化、标准化的研学旅行人才培训计划,有针对性地培养高质量的专业化人才。

二是从业人员数量与结构的调整与设计。

(1) 研学旅行从业人员的数量。对于区域而言,人才需求数量是开发人力资源的重要内容之一。当前,各区域的研学旅行专业化人才整体是不足的,但在具体实践中可以将三个指标作为具体的测量依据:旅游业和研学旅行发展的总体增长速度和总体规模;配合研学旅行发展所需的人才需求总量及其结构;借鉴国内外研学旅行从业人员结构配比的经验系数。

(2) 研学旅行从业人员的结构。研学旅行人才需要具备旅游、教育、管理、营销、服务等多方面的技能,因此在结构上应予以重视,要对目前从业人员的行业分布结构、年龄分布结构、学历结构以及职称结构等进行综合考察,针对上述结构中的不合理现象加以剖析并提出优化调整的建议。

(3) 设置人力资源开发的阶段目标。在对上述区域研学旅行从业人员的数量和结构研究的基础上,根据旅游地不同发展阶段对人力资源的要求,制定人力资源开发的阶段目标,通过"自主培养+人才引进"等方式,不断推广服务标准化,提升人才标准化水平,全面保障和促进研学旅行的发展。

(三) 基础设施与服务保障

1. 基础设施与服务保障的意义

伴随着旅游消费需求的持续增长,旅游业逐渐从商业服务业中分化出来,形成以旅游经济活动为中心,根据游客需求,把多个企业和行业集合起来,向游客提供综合性旅游产品和专门服务的新兴产业。而这些专门经营旅游产品和服务的企业,尤其是旅行社、酒店和旅游交通企业,不仅对旅游产业的形成和发展具有十分重要的作用,而且成为现代旅游业的三大支柱,标志着现代旅游产业的成熟。对旅游服务设施和基础设施的建设和发展加以设计和规划,可以更好地支撑区域旅游发展。研学旅行作为旅游的一种特定形式存在,其快速健康发展也需要基础设施与服务保障。

2. 基础设施与服务保障的内容

一是基础设施保障。研学旅行基础设施保障与规划是在区域现有的基础设施基础上,根据研学旅行当下和未来发展的需要,对涉及的产品展示、体验平台、道路交通系统、能源电力系统、给排水系统等加以调整。基础设施与城市规划的关系较为紧密,需要专业部门与人员、技术的支持,更重要的是研学旅行基础设施要考虑其主要对象中小学生的实际,提出基础设施的优化设计方案,体现对以中小学生为主的研学旅行者的人性化理念。随着信息化的应用,数据支持也成为一项重要基础设施。如果地方能够设立大数据分析和处理中心,就能够在很大程度上支持区域研学旅行的开发与发展。一般而言,数据中心可划分为数据获取系统、数据存储系统、数据安全系统、灾难恢复及业务连续性系统、数据挖掘与决策支持系统。

二是旅行服务设施保障。服务设施主要从研学旅行住宿设施、餐饮服务、咨询中心、环境卫生等方面加以设计和安排。

(1) 住宿设施的规划与保障。研学旅行的住宿不同于一般的度假酒店,要尽可能规划在研学旅行基地内,或是安排在针对中小学生设计的研学旅行酒店、民宿、特色小屋内，要考虑研学旅行组织者对研学旅行者的便利管理与安全管理；对于住宿设施的发展规模要加以计算，计算的依据是规划各阶段研学旅行者的接待规模，以及本区域其他酒店可以给研学旅行提供的住宿支持程度等。

（2）餐饮服务的规划。餐饮是研学旅行者非常关心的服务类型，同时也是旅游地发掘自身资源潜力、增强盈利能力的重要途径之一，餐饮保障主要包括餐饮的类型结构和餐饮规格。研学旅行的餐饮不仅要综合考虑中小学生的餐饮消费量，还要注重提供有特色的餐饮类型或主题性餐饮类型，在餐饮供给中融入教育性，尤其要注意食品的安全卫生和营养。

三是游客咨询服务保障。研学旅行游客咨询服务主要包括研学项目咨询，以及对研学基地的咨询，服务对象主要为研学旅行的组织者、旅行者以及家长等。因此，对于游客咨询服务要设有专门的中心，中心应该设置在所有研学旅行者最便于到达的地点，并且预留有较大的活动空间。在外形上，中心也要与研学旅行基地功能、区域文化特征等相融合，达到功能完善、设备先进、宣传资料齐备有特色、服务规范且热情的要求。尤其在咨询服务中，要注意对以中小学生为主的研学旅行者的教育引导和耐心解释。

（四）研学旅行安全与危机管理保障

1. 旅游安全及危机管理的概念

从现有的理论研究和实践看，广义的旅游安全是指旅游现象中的一切安全现象，包括旅游活动中各相关主体的安全现象，以及人类活动中与旅游现象相关的安全事态和社会现象中与旅游活动相关的安全现象。狭义的旅游安全是旅游活动中各相关主体的一切安全现象的总称，它既包括旅游活动各环节中的安全现象，也包括旅游活动中涉及人、设备、环境等相关主体的安全现象。旅游安全是研学旅行得以存在和持续推进的基础，任何形式的研学旅行都必须高度重视安全问题。对此，我国颁布了《旅游安全管理办法》，从经营安全、风险提示以及安全管理等方面对旅游安全的管理提出了具体的管理要求。

危机是事物由于量变的积累，导致事物内在矛盾的激化，事物即将发生质变和质变已经发生但未稳定的状态，这种质变会给组织或个人带来严重的损害。为阻止质变的发生或减少质变所带来的损害，需要在时间紧迫、人财物资源缺乏和信息不充分的情况下立即进行决策和行动。危机具有突发性、破坏性、不确定性、紧迫性等特征。从时间上，危机的发展可以划分为危机开始阶段、危机爆发阶段、危机持续阶段以及危机结束阶段。对个人和组织危机之后的发展方向产生重要影响的因素就是其在危机爆发过程中的管理能力。危机管理是个人或组织为了预防危机的发生，减轻危机发生所造成的损害，尽早从危机中恢复过来，而针对可能发生的危机和已经发生的危机采取的管理行为，危机管理能力越强，个人或组织受到的损失就越少。

2. 研学旅行安全及危机管理保障体系构建

一是安全及危机管理的体系构成。主要包括以下内容。

（1）信息收集子系统，是对有关安全及危机风险源及危机征兆等信息进行收集，要求信息全面、真实，并分析风险源。

（2）信息加工子系统，其功能包括信息整理和归类、信息识别和信息转化，应该在识别真假信息和排除干扰信息的基础上,将信息转化成为危机管理系统所用的有用信息。

(3)警报子系统,是向危机反应者和危机潜在受害者发出明确无误的警报,使他们采取正确的措施。

(4)决策子系统,是根据研学旅行安全和危机发生的实际情况,为旅游地提供一系列可行的决策和补救措施,尽量减少旅游地因危机遭受的损失。

二是研学旅行安全与危机管理的举措。主要包括以下内容。

(1)做好充分的调研与资讯储备。研学旅行安全与危机问题的出现主要源于研学旅行基地等管理组织不当,如出现机械设备故障、食品安全问题等,或者源于旅行者自身安全意识淡薄导致的疏忽和大意。因此,要通过对以往安全事故的分析、专家的探讨等方法,不断整理和总结研学旅行的安全及危机产生的源头,引导研学旅行组织者及基地等以此开展安全及危机防范的预警工作;同时针对游客开展安全认知调查,了解游客在安全意识方面的状态,从消费者角度了解他们对于旅游安全状态和潜在问题的认知,以此有针对性地做好教育和防御。

(2)建立研学旅行安全重点保障机制。主要涉及行业安全保障和活动安全保障两个部分,在行业安全保障上主要以旅游交通、设施、餐饮安全为重点,严格制定安全标准,加强安全检查,落实安全责任,消除安全隐患;在针对重点项目或活动安全保障上,制定有针对性的安全保障措施。

(3)建立紧急救援体系。各个研学旅行基地要结合自身实际,以及中小学生防范能力差、安全意识淡薄等特点,建立本基地的紧急救援体系,完善应急处置机制,增强应急处置能力;建立危机管理预案,建立健全紧急救援体系和工作预案;在大规模的研学旅行基地、景区和服务中心等设立医疗救护点;提高政府有效预防和处置各类研学旅行紧急事件的能力,保障企业的合法权益和旅行者的生命财产安全;增强研学旅行行业整体抗风险能力,促进行业安全、有序、可持续发展。

(4)建立研学旅行危机管理机制。积极采取包括监督、检查、环境监视、制定应急预案等措施,有效地化解危机;设立旅游与新闻宣传、交通、公安、文化、园林、环保、气象以及旅游企业等相关单位的联动机制,制定危机管理的战略、政策、措施及危机应急预案等;在危机中,应特别注意及时、准确掌握旅行者的安全信息,与危机事件受害者的主体,如学生家长、学校、教育部门等保持联系;严格执行新闻发言人机制,确保社会公众在第一时间,通过统一的口径了解事件的真实情况。

第三节 研学旅行项目的社会支持系统

一、核心概念

(一)社会支持与社会支持系统

1. 社会支持

研学旅行具有综合性、集体性、教育性等基础特征,决定了研学旅行的具体实施与目标实现是一个复杂的巨系统,研学旅行需要依靠各个子系统的支持才可以顺利开展,这其中就涉及研学旅行的社会支持。

"社会支持"于20世纪70年代最初由Raschke提出,最早开始引入是在精神病学的文献中,并逐步在心理学、社会学等领域展开相应研究。基于综合管理角度,社会支持本被认为是运用一定的物质和精神手段对社会弱势群体进行无偿帮助的行为总和,是与弱势群体的存在相伴随的社会行为。最初的社会支持主要限定于社会心理健康领域,但之后国内外对社会支持的使用都将其扩展为一种用于为弱势群体提供精神和物质资源,以帮助其摆脱生存和发展困境的社会行为的总和。而从广义角度看,随着研究的不断深入和实践的验证,人们认为社会支持不单单是一种单向的外部帮助、关怀或支持,也不仅仅是自身内外的供养与维系,而逐步演变成为一种特定情况下的社会交换,在多重帮助、支持和交换系统的作用下项目得以可持续发展或目标得以实现。

因此,结合研学旅行的自身特征,研学旅行的社会支持可以界定为为研学旅行项目顺利实施或为满足研学旅行者特定需求而提供的所有物质或精神上的帮助和服务。

2. 社会支持系统

构筑科学的社会支持系统,是有效利用各类帮助和服务以最大限度、最高效率实现目标的重要手段。Caplan(1974)认为,社会支持系统是连续不断的社会聚合,借由与他人、社会网络、团体或组织的持续互动,有助于个体面对压力和困难,帮助个体调整自身的适应能力。基于个体的研究认为,社会支持系统是个人在自己的社会关系网络中所能获得的、来自他人的物质和精神上的帮助和支援;一个完备的支持系统不仅包括亲人、朋友、同学、同事、邻里、老师、上下级、合作伙伴,等等,还应当包括由陌生人组成的各种社会服务机构,其中每一种系统都承担着不同功能。

综上所述,社会支持系统是一个复杂的系统,由主体、客体和介质共同组成,其中主体是社会支持的主要提供者,客体是社会支持的需求者,而介质是为实现目标而在主体和客体间发挥作用的途径与内容。

(二) 研学旅行项目社会支持系统的概念

社会支持系统立足于需求与目标实现,很好地分析与定位了项目涉及的利益群体以及能够提供的各类支持,为项目分析与促进项目发展提供了很好的依据。对于研学旅行项目而言,立足于研学旅行的教育性与休闲性、公益性与产业性、政府性与民间性等特点,可以构建起研学旅行项目自身的社会支持系统。

从需求—供给的两侧看,政府基于教育引导的需求、旅行者内在的学习与休闲需求、市场与企业潜在的产业发展与经济驱动需求等,是研学旅行从理论研究进入产业实践的重要驱动轮,并在需求驱动下激发了核心部分——研学旅行;需求的存在必然牵动供给链条,要实现研学旅行教育引导、群体休闲与产业促进协调发展的综合目标,从社会支持系统来看,其支持(供给)不但与出于经济驱动的研学旅行基地或旅游企业关系密切,更与出于教育公益目的的为主的政府机构、学校、民间组织、家庭以及研学旅行导师等直接关联。在此过程中,不同组织或群体的社会支持角度与内容不同,但整体上形成了核心支持供给层(产品与服务)和基础支持供给层(经费、环境、安全、规范与秩序)。

系统性实现供给侧改革,保证需求与供给的均衡,最大限度地挖掘与发挥社会支持系统的作用,要求与供给核心相关的社会支持的基础层必须安全。

在内部作用机制中,在"创新—协调—绿色—开放—共享"的理念支持下,促进健康旅游相关者对依托的资源、环境、文化等要素切实"负责任",精准有效地实现供给与需求的对接,促进健康旅游要素深入融合与产业高品质发展。研学旅行项目社会支持系统如图 10-4 所示。

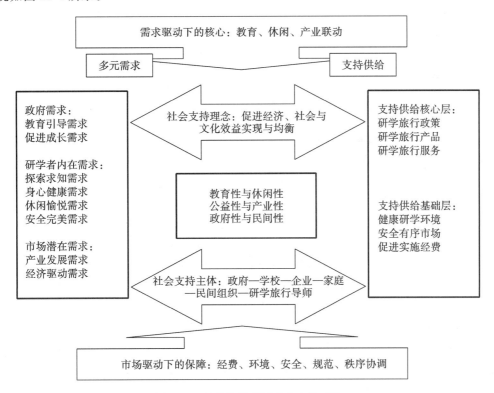

图 10-4 研学旅行项目社会支持系统

二、研学旅行项目社会支持的必要性

(一)研学旅行需要政策提供支持与保障

研学旅行参与的主体以中小学生为主,中小学生的日常管理在于学校,而政府主管部门是学校和教师的主要管理与考核机构。要组织好研学旅行,既要从旅行角度保障学生有时间、有经费,又要保障研学的质量。一旦缺乏了政策支持和保障,学校往往因安全忧患、经费限制以及影响整体教学或升学等因素,放弃开展研学旅行的机会。且从近年来的实践看,尽管从国家到地方出台了研学旅行的支持政策,但研学旅行开展的规模、效果等未能达到预定的目标,其核心的原因在于没有政府的政策支持或者有政策难以落实。除了前期已出台的政策,鉴于实际执行过程中的困境,还需要各级相关部门制定更多具体的政策,为中小学生提供更多的研学旅行机会。单纯依靠学校或研学旅行基地,是无法很好地组织研学旅行的。

（二）研学旅行需要更为严格的安全保障

不同于一般旅行的特点，研学旅行的参与主体主要为未成年的中小学生，他们具备更强求知欲、探索欲的同时，存在着年龄小、自我管理能力与防范风险能力差等特点。研学旅行要坚持安全第一，建立安全保障机制，明确安全保障责任，落实安全保障措施，确保学生安全。因此，在研学旅行筹备期，既需要学校与学校教师、研学基地、研学导师、家长等合理认识和分析研学旅行的各类风险，通过制度性、机制性规范预防风险发生；又需要研学基地在基地建设、课程设计、专项体验等环节中，更加注重风险意识和风险防控；还需要在整个研学旅行中，发挥政府、研学基地、学校和家庭在安全监督上的相互监督与协调责任，研学旅行的安全推进需要各方面齐抓共管。

（三）研学旅行需要解决好经费保障

研学旅行需要合理的经费支持保障，这是研学旅行能否实现的保障。教育部等国家部委文件提出，各地可采取多种形式、多种渠道筹措中小学生研学旅行经费，探索建立政府、学校、社会、家庭等共同承担的多元化经费筹措机制。在此基础上，尽管一些地方也出台了鼓励研学的政策，政府在经费上也给予了政策支持，例如海南出台的"对四年级至八年级、高一至高二年级学生按每名学生每年100元的标准拨付经费补贴学校开展研学旅行活动；从2019年开始，省属学校所需经费根据上年实际参加活动的学生数由省财政承担，市县所属学校（含民办学校）所需经费根据上年实际参加活动的学生数由省、市、县按照5∶5比例分担，开展活动所需经费不足部分由学生个人承担"，但一些市、县或者家庭出于经费原因，往往不支持学生研学；尽管政府也倡导相关部门，如交通、旅游、文化等部门对中小学生研学旅行进行票价优惠和费用减免等，但因所涉部门众多，相互之间缺乏自主协调机制，实施中需要建立由相关部门、组织共同参加的研学旅行协调机构，提供组织支持，保证活动顺利开展，为研学项目的质量与安全提供可靠保障。

（四）研学旅行需要均衡研学与旅行的关系

作为一种特定的学习与旅游方式，研学旅行既要防止转变为"有游无学"的一般性观光游览，又要防止成为不遵从中小学生兴趣与求知意愿的统一式学习。中小学生研学旅行要想取得预期的效果，离不开学习和心理支持。在研学线路与产品设计上，不仅要积极发挥旅游线路对于中小学生的吸引力、刺激性，以及求知、体验的满足，还要注重学习环节与体验的设计。研学旅行要结合不同地域、不同年级学生实际的知识掌握情况与兴趣爱好，需要为不同年龄段的学生提供符合其认知水平和能力的研学产品，并给予科学的知识整合与引导解说，直至反思总结。

三、研学旅行项目社会支持的主体选择

从社会支持的主体看，出于自身诉求及其产生的相应动机，利益相关者是最有可能和条件发挥社会支持作用，并由此实现自身目标的群体。研学旅行所涉利益相关者构成复杂，包括政府机构（教育部门或旅游行政部门）、学校、研学旅行基地或旅游企业、民间组织、家庭、研学旅行导师等,这些利益群体基于自身职责或利益驱使等,都可以成为研学旅行的社会支持主体。当然,每个主体在其中发挥的支持作用也存在一定的差异,但在引导和支持研学旅行的目标中发挥着协调作用。研学旅行社会支持主体及其责任或角色如表 10-1 所示。

表 10-1　研学旅行社会支持主体及其责任或角色

社会支持主体	责任或角色
政府机构（教育部门或旅游行政部门）	制度制定者、产业引导者、经费保障者、市场监督者、安全管理者
学校	项目组织者、活动主导者、安全监督者
研学旅行基地或旅游企业	项目组织者、产品供给者、安全维护者
民间组织	项目支持者、产品供给者、经费保障者
家庭	项目支持者、经费保障者、安全监督者
研学旅行导师	产品供给者、安全维护者

四、社会对研学旅行项目的支持情况

基于利益相关者分析、社会支持主体归类等角度,可以将社会对研学旅行项目的社会支持划分为以下几种。

(一) 政府机构支持

政府机构主要包括教育部门、旅游行政部门,以及地方政府和其他相关职能部门。政府机构是研学旅行的发起者,也是制度制定者、产业引导者、经费保障者,还是市场监督者、安全管理者,其最终目标是推进研学旅行成功举行,实现实践育人的目标。在此过程中,支持研学旅行项目的发展,既是政府机构的主动作为,也是其职责所在。政府机构的支持主要体现在政策支持与引导,例如近年来国务院、国家部门以及各地相继出台的支持中小学生研学旅行的文件、引导研学旅行产业发展的政策、规范研学旅行基地建设与评价的标准等,使研学旅行的发展具有了良好的综合环境。在此基础上,政府还出台文件持续规范研学旅行具体项目设计、课程设计、线路设计、经费保障、导师要求等,保障研学旅行项目的质量和研学旅行者的安全。

(二) 学校支持

各地中小学校是研学旅行的直接实施主体,也是研学旅行项目组织者、活动主导者、安全监督者。研学旅行项目从筹备到实施再到总结,始终离不开学校的参与。作为一种特殊的旅行与教育方式,中小学校在当地教育部门的引导下,积极与学生家长沟通协调,在做好安全论证与保障、规划研学旅行时间等的基础上,积极组织中小学生参与研学旅行项目,持续做好活动的安全保障。一些学校,尤其是民办中小学校,不但创新了研学旅行的形式,还自主承担了部分研学旅行的费用,给予研学旅行多方面的支持。

（三）研学旅行基地或旅游企业支持

研学旅行的需求来自政府、学校和以中小学生为主的研学旅行者，而供给方主要是研学旅行基地或旅游企业。研学旅行基地或旅游企业在研学旅行过程中没有完全必要性的职责，但出于追求自我利益或发展等动机，主动承担起了研学旅行社会支持的责任。在趋利动机的促使下，研学旅行基地或旅游企业具有了比政府机构、学校更强的支持意愿和能力，其支持主要体现在提供研学旅行组织支持、产品支持、学习和心理支持、安全和服务支持等。

《关于推进中小学生研学旅行的意见》中提出，学校组织开展研学旅行可采取自行开展或委托开展的形式。对于中小学校而言，自主开展研学旅行往往需要耗费较大的人力、物力和精力等，在涉及费用缴纳和支出过程中还往往容易受到学生家庭的质疑和主管部门的审计等，程序较为烦琐；而且学校在研学旅行上也存在专业知识不足等问题，因此多数学校都愿意将研学旅行委托给专门的研学旅行基地或旅游企业直接承办。研学旅行基地或相关企业是研学旅行的实际组织者，也是研学旅行产品的供给者，还是研学旅行质量保障者和安全维护者。作为研学旅行的重要支持主体，研学旅行基地与旅游企业将研学旅行纳入其重点盈利项目，在深度考虑学生在校学习和研学旅行时间的基础上，设计和规划了更适合中小学生的研学旅行产品与线路；在自身营利的同时，也最大限度地兼顾研学旅行的公益性目的，从产品质量的保障、研学费用的分担等方面给予了保障。这样，一方面促使研学旅行能够始终坚持教育性和公益性原则，另一方面也使研学旅行基地和旅游企业凭借为学生提供优质的学习与心理支持、安全与服务支持，优化研学体验，树立了鲜明的企业品牌形象。

（四）民间组织支持

研学旅行因其参加群体主要是中小学生，以及兼具的公益性，也得到了共青团、妇联以及一些民间组织的关注与支持。尽管从职责分工上，这些民间组织并没有硬性的支持国家政策执行的义务，但不少组织利用其可以动员的社会资源、良好的行政能力等，提供学习支持、场地支持、经费支持、安全与服务支持等。尤其是共青团，通过与爱心企业、研学旅行基地、学校等建立协同关系，组织开展了不少免费的研学旅行活动；组织志愿者积极参与研学旅行产品设计、线路设计和志愿服务等，为研学旅行提供了学习支持以及安全与服务支持。

（五）家庭支持

家庭是中小学生研学旅行是否能够成行的关键。研学旅行中家庭最关注的一个问题是中小学生的安全，另一个问题是研学旅行的费用。没有学生家长的经费支持和对研学旅行项目的支持，研学旅行就会因为中小学生无法参加而中断；而学生家长一旦认识到研学旅行的重要价值，其支持力量就会格外明显，有条件的家庭除了提供经费和心理支持，还会提供出行知识方面的引导和帮助。因此，在一些研学旅行项目中，学校、企业等还会邀请学生家长共同参与或作为安全志愿者参与，为中小学生提供安全支持与服务支持。

(六)研学旅行导师支持

研学旅行导师是最直接参与研学旅行项目的主体,也是最直观体现社会支持的主体。研学旅行导师不同于中小学生的普通教师,他们不但有丰富的理论知识,更重要的是具备通过研学旅行的参观、体验和操作来提升学生认知与意识的能力。研学旅行导师不仅规范执行已经确定的研学旅行线路和体验特定的产品,还通过现场的实际与应变来提高研学的整体效果。因此,研学旅行导师用自己的专业素养,为研学旅行提供了服务支持和安全支持等。

课后训练及答案

参考文献
References

[1] Keller K L, Swaminathan V. Strategic Brand Management: Building, Measuring, and Managing Brand Equity[M]. Harlow: Pearson, 1998.

[2] Kotler P, Armstrong G, Ang S H, et al. Principles of Marketing: An Global Perspective[M]. Cincinnati: South-Western Publishing Co., 2008.

[3] Balakrishnan M S, Nekhili R, Lewis C. Destination Brand Components[J]. International Journal of Culture, Tourism and Hospitality Research, 2011(1).

[4] 滕丽霞,陶友华.研学旅行初探[J].价值工程,2015(35).

[5] 李先跃.研学旅行发展与服务体系研究[M].武汉:华中科技大学出版社,2020.

[6] 彭其斌.研学旅行课程概论[M].济南:山东教育出版社,2019.

[7] 马勇,李玺.旅游规划与开发[M].4版.北京:高等教育出版社,2018.

[8] 李岑虎.研学旅行课程设计[M].2版.北京:旅游教育出版社,2021.

[9] 孙兆俊.旅游体验与审美教育:研学旅行的美学内涵与美育特质[J].美育学刊,2019(6).

[10] 邓月.宜昌研学导师服务质量提升问题的思考与建议[J].教育现代化,2020(15).

[11] 张瑞霞.旅游演艺产品策划及评估方法研究[D].沈阳:辽宁师范大学,2011.

[12] 李运.招商引资项目评估模型研究[D].大连:大连理工大学,2011.

[13] 杜筱莹.云南少数民族节庆的品牌建设与品牌管理[D].昆明:昆明理工大学,2014.

[14] 辛欢.孔子课堂文化活动策划与管理模式初探[D].天津:天津师范大学,2015.

[15] 陈伟.旅游体验及其影响因素与游后行为意向的关系研究[D].昆明:云南大学,2015.

[16] 丁聆可.新媒体环境下旅游品牌形象危机传播研究[D].西安:西北大学,2016.

[17] 李伟涛.基于"国家教育科学决策服务系统"的教育决策支持体系研究[D].上海:华东师范大学,2017.

[18] 蒋谊芳.基于体验学习的地理研学旅行研究[D].南宁:广西师范大学,2019.

[19] 赵艳红.地域文化视角下的胶东海草房研学基地环境设计研究[D].山东建筑大

学,2020.
[20] 彭爽.红色研学旅游基地服务质量评价研究[D].长沙:湖南师范大学,2020.
[21] 金淼.基于层次分析法的研学旅行综合评价指标体系研究[D].太原:山西大学,2020.
[22] 潘蔚哲.江苏滨海经济开发区招商项目评估体系构建研究[D].西安:长安大学,2019.
[23] 陈凯.温州市乡村研学旅行市场开发研究[D].南宁:广西师范大学,2021.
[24] 丁红玲.体验背景下旅游体验质量影响因素研究[J].经济研究导刊,2010(25).
[25] 宋咏梅.关于体验旅游的特点与设计原则[J].特区经济,2007(1).
[26] 杜裕民.研学旅游动机对体验影响研究——以北京游为例[J].德州学院学报,2017(2).
[27] 芮田生.旅游体验与旅游产品策划研究[D].成都:四川大学,2007.
[28] 张文静.六西格玛管理在服务型企业的应用研究[D].长春:吉林大学,2008.
[29] 赵艳.风险投资项目评估体系与决策研究[D].长沙:中南大学,2008.
[30] 贺绍磊.文化类电视节目策划的策略研究[D].济南:山东师范大学,2008.
[31] 马张宝.旅游出行决策支持系统的方法和技术研究[D].青岛:山东科技大学,2009.
[32] 董守业,戚庭跃.研学旅行对构建学生地理核心素养的作用研究[J].农家参谋,2018(23).
[33] 陈伟.旅游体验及其影响因素与游后行为意向的关系研究[D].昆明:云南大学,2015.
[34] 周晓雷,刘运涛.基于红色诗词体验的旅游产品策划探讨[J].老区建设,2016(18).
[35] 胡红杏.项目式学习:培养学生核心素养的课堂教学活动[J].兰州大学学报(社会科学版),2017(6).
[36] 项丽娜.体验式学习理论及其对成人教育的启示[J].中国成人教育,2017(3).
[37] 朱洪秋."三阶段四环节"研学旅行课程模型[J].中国德育,2017(12).
[38] 刘璐,曾素林.国外中小学研学旅行课程实施的模式、特点及启示[J].课程·教材·教法,2018(4).
[39] 董艳,和静宇,王晶.项目式学习:突破研学旅行困境之剑[J].教育科学研究,2019(11).
[40] 刘继玲.研学旅行中体验式学习评价标准开发与应用[J].中小学教师培训,2018(9).
[41] 徐锦霞,钱小龙.基于体验学习理论的MOOCs教学系统构建研究[J].外国教育研究,2014(9).
[42] 殷世东,汤碧枝.研学旅行与学生发展核心素养的提升[J].东北师大学报(哲学社会科学版),2019(2).
[43] 谢彦君.旅游体验——旅游世界的硬核[J].桂林旅游高等专科学校学报,2005(6).

[44] 李文.国家级研学基地资源课程化开发——以中国船政文化景区为例[J].地理教育,2021(10).

[45] 匡红云,江若尘.旅游体验价值共创研究最新进展及管理启示[J].管理现代化,2019(1).

[46] 邱珊珊.从卢梭的自然教育理念看研学旅行的育人价值[J].黑龙江教育学院学报,2018(2).

[47] 戴晓光.《爱弥儿》与卢梭的自然教育[J].北京大学教育评论,2013(1).

[48] 滕珺,杜晓燕,刘华蓉.对项目式学习的再认识:"学习"本质与"项目"特质[J].中小学管理,2018(2).

[49] 李强,卫海燕,王威.面向游客旅游决策支持系统的设计与实现——以西安翠华山国家地质公园为例[J].测绘科学,2008(6).

[50] 马静,张河清,王蕾蕾.研学旅游的价值与意义及研学基地建设实践研究[J].产业与科技论坛,2019(14).

[51] 石雷山,王灿明.大卫·库伯的体验学习[J].教育理论与实践,2009(29).

[52] 殷世东,程静.中小学研学旅行课程化的价值意蕴与实践路径[J].课程·教材·教法,2018(4).

[53] 丁运超.研学旅行:一门新的综合实践活动课程[J].中国德育,2014(9).

[54] 杨艳利.研学旅行:撬动素质教育的杠杆——访上海师范大学旅游学系系主任朱立新教授[J].中国德育,2014(17).

[55] 钟林凤,谭诤.中小学研学旅行安全保障体系的构建[J].成才,2018(1).

[56] 陆庆祥,程迟.研学旅行的理论基础与实施策略研究[J].湖北理工学院学报(人文社会科学版),2017(2).

[57] 刘宇青,邢博,王庆生.旅游产品创新影响体验感知价值的构型研究[J].经济管理,2018(11).

[58] 杨晓.研学旅行的内涵、类型与实施策略[J].课程·教材·教法,2018(4).

[59] 劳银姬,林小标,伍世代.国家级研学基地空间格局及其发展影响因素分析[J].福建师范大学学报(自然科学版),2021(2).

[60] 徐虹,梁燕.旅游目的地品牌资产研究综述:概念、测量及理论框架[J].旅游论坛,2019(5).

[61] 姜诚.自然教育:需要尽快补上的一课[J].环境教育,2015(12).

[62] 杨红玲,高涛.广发银行内部雇主品牌建设探索[J].征信,2015(1).

[63] 陆庆祥,程迟.研学旅行的理论基础与实施策略研究[J].湖北理工学院学报(人文社会科学版),2017(2).

[64] 顾仙宇.打造研学基地 带动学科实践[J].基础教育课程,2022(6).

[65] 于书娟,王媛,毋慧君.我国研学旅行问题的成因及对策[J].教学与管理,2017(19).

[66] 黄蕊玉,冯信群.乡村研学基地的景观叙事设计——以上海灿辉研学基地景观设计为例[J].现代园艺,2022(2).

[67] 周萍.卢梭自然教育理论探析[J].教育科学,1994(4).

[68] 杨晓.研学旅行的内涵、类型与实施策略[J].课程·教材·教法,2018(4).

[69] 伍静.研学旅行导师考核的初步研究[J].科技视界,2019(35).

[70] 周晓雷,刘运涛.基于红色诗词体验的旅游产品策划探讨[J].老区建设,2016(18).

[71] 高仁爱.基于ADDIE模型的研学旅行课程开发——以福州市小学阶段历史文化类型为例[J].林区教学,2019(11).

[72] 许春晓,莫莉萍.旅游目的地品牌资产驱动因素模型研究——以凤凰古城为例[J].旅游学刊,2014(7).

[73] 杨振之,谢辉基.旅游体验研究的再思[J].旅游学刊,2017(9).

[74] 杨振之.旅游原创策划[M].四川大学出版社,2005.

[75] 杨振之.旅游策划与后旅游策划[C].科学发展观与区域旅游开发研究——第十届全国区域旅游开发学术研讨会文选,2004.

[76] 任毅.基于地理实践力的高中研学旅行方案设计研究[D].石家庄:河北师范大学,2018.

[77] 周敫源.生态旅游及其产品营销策略研究[D].长沙:中南林业科技大学,2003.

[78] 樊友猛,谢彦君.旅游体验研究的具身范式[J].旅游学刊,2019(11).

[79] 马天.旅游体验质量与满意度:内涵、关系与测量[J].旅游学刊,2019(11).

[80] 郑伯铭,明庆忠,刘宏芳.中国旅游策划研究:回顾与展望(1993—2019)[J].四川旅游学院学报,2020(2).

[81] 母泽亮.旅游目的地品牌系统建设研究[J].中国市场,2006(36).

[82] 刘璐,曾素林.中小学研学旅行研究进展与反思[J].教育探索,2018(1).

[83] 曹辉,张依洁.基于柯式模型的企业高管培训评估体系及其应用[J].山西财经大学学报,2019(S2).

[84] 胡驰.基于SPSS的研学旅行导师职业能力满意度调查研究——以武汉市为例[J].武汉职业技术学院学报,2020(5).

[85] 董艳,高雅茹,赵亮,等.情境感知视域下研学旅行课程设计探究——以"乔家大院民俗博物馆研学基地"为例[J].现代教育技术,2021(4).

[86] 万田户,廖淑婷,吴玲丽.中国研学旅行标准分析及构建策略[J].四川轻化工大学学报(社会科学版),2021(3).

[87] 夏可军.研学旅行中值得关注的问题[J].中国民族教育,2017(3).

[88] 杨德军,王禹苏,余发碧.满意与期待:北京中小学研学旅行课程实施状况调研[J].中小学管理,2021(2).

[89] 钟志平,刘天晴.研学旅行示范基地政策评价与需求方强相关性因素研究[J].湖南社会科学,2018(6).

[90] 邱涛.地方性地理研学旅行基地建设研究[J].中学地理教学参考,2017(7).

[91] 张安富.创新实习基地建设探索学研产育人新机制[J].中国高等教育,2008(20).

[92] 付金梅.红色研学旅行基地建设探究——以重庆红岩研学旅行基地为例[J].中国集体经济,2021(17).

[93] 严梓溢,沈世伟.研学旅行研究的中外发展新趋势[J].生产力研究,2021(6).

[94] 臧锐.财务成本控制在公司项目管理中的应用分析[J].环渤海经济瞭望,2020(10).

[95] 李瑞杰.上海迪士尼乐园项目建设管理及成本控制的思考[J].建设监理,2017(3).

[96] 许丽霞.PPP模式投资项目财务风险分析与应对策略[J].纳税,2021(36).

[97] 周尹.基于财务管理的项目过程控制[J].财经界,2021(35).

[98] 彭斌.非营利组织财务内部控制规范化研究[J].市场观察,2019(4).

[99] 毛传菊.非营利组织的财务管理探析——以行业学会为例[J].会计师,2016(8).

[100] 黄怡翔.加强旅游景区酒店财务管理成本控制分析[J].商业故事,2016(18).

[101] 陈会.教育项目资金监管及财务管理研究[J].财会学习,2021(34).

[102] 张海婷.研发中心财务内控管理浅析[J].全国流通经济,2020(19).

[103] 虞西霞.基于业务全过程的项目财务预算管控模式探究[J].经济研究导刊,2016(30).

[104] 张学彬,赵杰,沙晨雨,等.关于中学地理低成本研学旅行的初步思考[J].中学地理教学参考,2019(8).

教学支持说明

普通高等学校"十四五"规划旅游管理类精品教材系华中科技大学出版社"十四五"规划重点教材。

为了改善教学效果,提高教材的使用效率,满足高校授课教师的教学需求,本套教材备有与纸质教材配套的教学课件(PPT电子教案)和拓展资源(案例库、习题库等)。

为保证本教学课件及相关教学资料仅为教材使用者所得,我们将向使用本套教材的高校授课教师免费赠送教学课件或者相关教学资料,烦请授课教师通过电话、邮件或加入旅游专家俱乐部QQ群等方式与我们联系,获取"教学课件资源申请表"文档并认真准确填写后发给我们,我们的联系方式如下:

地址:湖北省武汉市东湖新技术开发区华工科技园华工园六路

邮编:430223

电话:027-81321911

传真:027-81321917

E-mail:lyzjjlb@163.com

旅游专家俱乐部QQ群号:487307447

旅游专家俱乐部QQ群二维码:研学旅行专家俱乐部

扫一扫二维码,加入群聊。

电子资源申请表

填表时间：_____年___月___日

1. 以下内容请教师按实际情况写，★为必填项。
2. 根据个人情况如实填写，相关内容可以酌情调整提交。

★姓名		★性别	□男 □女	出生年月		★职务		
						★职称	□教授 □副教授 □讲师 □助教	
★学校				★院/系				
★教研室				★专业				
★办公电话		家庭电话				★移动电话		
★E-mail（请填写清晰）						★QQ号/微信号		
★联系地址						★邮编		
★现在主授课程情况		学生人数		教材所属出版社		教材满意度		
课程一						□满意 □一般 □不满意		
课程二						□满意 □一般 □不满意		
课程三						□满意 □一般 □不满意		
其 他						□满意 □一般 □不满意		
教 材 出 版 信 息								
方向一			□准备写 □写作中 □已成稿 □已出版待修订 □有讲义					
方向二			□准备写 □写作中 □已成稿 □已出版待修订 □有讲义					
方向三			□准备写 □写作中 □已成稿 □已出版待修订 □有讲义					

请教师认真填写表格下列内容，提供索取课件配套教材的相关信息，我社根据每位教师填表信息的完整性、授课情况与索取课件的相关性，以及教材使用的情况赠送教材的配套课件及相关教学资源。

ISBN(书号)	书名	作者	索取课件简要说明	学生人数（如选作教材）
			□教学 □参考	
			□教学 □参考	

★您对与课件配套的纸质教材的意见和建议，希望提供哪些配套教学资源：